比較福祉の方法

久塚純一 著
HISATSUKA Junichi

成文堂

目　　次

[開講の章]
この「本」で学ぶことは……。 …………………………………………1
1　安易な研究・安易な実践にサヨウナラ
　　　　──所与の前提の存在 ……………………………………………2
　　1　大衆化した「福祉」　2　　2　福祉を支える所与の前提　5
　　3　再生産の構造　6
2　「なに」を「どこから」観察しているのか
　　　　──「観察」と「表現」が意味するもの……………………………7
　　1　絵・写真・論文　8　　2　「福祉の対象者」や「権利の主体」は
　　どのようにして選ばれるのか　9　　3　研究の「対象」を選ぶこと
　　にまつわる欲望　11
3　さあ始めよう！
　　　　──気をつけるべきこと ……………………………………………12
　　1　意識して質問しよう！　12　　2　意識して考えよう！　13
　　3　考える順序・本書の構成　14

1章　比較福祉論への接近
　　　　──「何」を「いかに」問題とすべきか？ ………………………17
1　社会保障制度の歴史的広がり
　　　　──「情報の入手」と「注意すべきこと」 ………………………17
　　1　歴史的広がりについての情報　18　　2　情報に対しての態
　　度　20
2　普遍的に実施されるようになった社会保障
　　　　──「情報」として登録されるもの ………………………………22
　　1　現状についての情報　22　　2　現状についての情報に対する

　　　　態度　29

　　3 比較のための加工
　　　　──「ナマの実態」と「加工された結果としての一覧表」……………32
　　　　1　「ナマの実態」の加工　33　　2　「加工の例」と課題　34

2章　比較福祉研究の現状
　　　　──「何」と「何」を比較しようとしているのか ………………37

　　1 私たちの身近にある比較
　　　　──日常生活を安定させる？……………………………………37
　　　　1　日常会話でも使用されている比較　37　　2　大きいゴジラは小さい？　39　　3　メディアで利用される比較　41　　4　統計に表れる数値と比較　43

　　2 比較のための操作と概念の統一化
　　　　──ナマデータのままでは，比べられない ……………………47
　　　　1　「交通事故死」についての国際比較　47　　2　抽象化や概念の統一化　51　　3　「ソレ」を「もっともソレたらしめているもの」　53

　　3 社会保障の国際比較の現状
　　　　──私たちの行っている国際比較とは ……………………57
　　　　1　自分たちの方法を知ることの大切さ　57　　2　私たち＝あなたたち＝の手法　59　　3　手法を支えている論理性　61

3章　比較福祉の重層的構造
　　　　──比較福祉の基礎となるデータの重層性……………………67

　　1 日常生活を構成する重層的構造
　　　　──福祉をめぐる多くの困難性……………………………………67
　　　　1　「福祉の対象の把握」と「対応の方法」　68　　2　「言語」の問題　71　　3　「連帯」することの難しさ　75

　　2 比較福祉の基礎となるデータ
　　　　──比較のために必要とされる「生もの」の概念的統一化作業 ……79

1　「失業率」の国際比較　　80　　2　「乳児死亡率」の国際比較　　83
　　3　「専門職」の国際比較　　88　　4　「平均入院日数」の国際比較　　89

3　基礎データを支える専門性
　　——「いいかげんではだめだ」という構造 …………………………93
　　1　「保健室」の情景　　93　　2　「視力検査」は緊張する　　95
　　3　「病」・「障害」の認定　　99　　4　「専門性」と「抽象化」　　100

4章　比較福祉研究の方法
　　——社会保障の日仏比較歴史からのアプローチ ………………………111

1　「テーマ」を発見することの重要性
　　——事実を前提とすることの重要性 …………………………………113
　　1　医療保険制度の形成をめぐる日仏の差異　　113　　2　結果についての評価　　114　　3　評価の背景に潜んでいるもの　　119

2　現代に潜む歴史性
　　——フランスにおける「償還制」と「診療報酬超過請求権」の存在理由 …121
　　1　今でも見られる「償還制」と「診療報酬超過請求権」　　121
　　2　「償還制」と「診療報酬超過請求権」の由来　　122　　3　医師と患者が報酬や謝礼を決定していたことの崩壊過程　　127　　4　1928年の社会保険の登場　　132　　5　県レベルの協約から全国協約へ　　134
　　6　「償還制」と「診療報酬超過請求権」の意味　　136

3　福祉における「民間団体」の役割
　　——「公共性」の誕生 …………………………………………………140
　　1　「社会事業法」(昭13年・法59) 制定時の議論 (「民」から「公」へ)　　141
　　2　GHQとの文書の往復 (「公的責任」への一本化)　　142
　　3　〈「措置」から「契約」へ〉という図式の登場 (「公的責任」の変容)　　144
　　4　いわゆる「NPO」をめぐる議論に見る「民」と「公」(「民」への期待)　　145　　5　介護保険をどのように見るか　　152　　6　フランスのAssociationからのヒント　　153

5章　比較福祉研究と歴史的時期区分
　　　──「旧い論理」と「新しい論理」の相互関係 ……………………157

[1] フランスにおける医師への謝礼をめぐる「旧い論理」と
　　「新しい論理」
　　　──「歴史的経緯」と複数の論理の併存 ………………………………157
　　　1　問題の設定　158　　2　医師への謝礼と近代市民法についての
　　視点　160

[2] 医師への謝礼をめぐる法的紛争
　　　──当事者の論理と裁判所の判断 …………………………………………163
　　　1　医師への謝礼と近代市民法との接触　163　　2　フィルターにな
　　るもの　165　　3　「医師への謝礼の額」を判断する際の基準につい
　　て　167　　4　時効について　170

[3] 医師への謝礼を規律したもう一つの要素としての医師組合運動
　　　──伝統的自由医療の系譜 ……………………………………………………172
　　　1　医師の組織化　173　　2　医師組合の法認　177　　3　医師
　　組合規約　179

6章　福祉と「セックス」・「ジェンダー」比較
　　　──「約束された議論」の前提 ………………………………………………183

[1] 福祉と「セックス」・「ジェンダー」
　　　──整理してから問題を設定する ……………………………………………183
　　　1　トピックス　184　　2　議論の流れを整理してみると　189
　　　3　女性／男性という切り口　191

[2] 「『女性』という用語」と「意味しようとしている『女性』」
　　　──具体的事例を介しての理解 ………………………………………………194
　　　1　発端　194　　2　いかに「調査」したか　201　　3　結
　　果　207　　4　何がわかってきたか　210

[3] 福祉の専門職性と性
　　　──「性」を消すことと「性」を前面に出すこと ………………………213

1　社会保障や社会福祉制度に潜む女性性と男性性　213　　2　障害者や高齢者と性　216　　3　専門職と性　217

7章　比較のための「圏域設定」
　　　──「地域医療計画」の設定をめぐっての調査から …………223

1　「地域医療計画」からみる比較の圏域の意味
　　　──「行政の圏域」と「生活の圏域」……………………………223
　　1　「地域医療計画」とは　224　　2　「地域医療計画」にいう「必要病床数」とは　225　　3　病床数比較の前提　227

2　地域医療計画にみる圏域設定
　　　──福岡県における地域医療計画の策定を素材として……………230
　　1　福岡県で生じたこと　230　　2　病床は過剰だったのか？　不足だったのか？　233　　3　比較の空間的単位は適正であったのか？　235

3　「地域医療計画」策定と病床数の推移
　　　──くり返される患者の争奪戦 ……………………………………248
　　1　各都道府県で二次医療圏はどのように設定されたか　248
　　2　病院病床の過剰・不足都道府県と増床との関係　253　　3　開設・廃止（動態）と増床　260

8章　福祉の国際比較と「ケース」検討
　　　──「実態」のとらえ方と「再構成」の手法 ……………………267

1　生ものを把握し記録する技術
　　　──どのように記録されるか ………………………………………267
　　1　観察者の位置と被観察者の位置　268　　2　「あっち」と「こっち」　269　　3　「ナマ」の記録について　270

2　いわゆる「ケース」検討について
　　　──専門（家）的試みとは……………………………………………273
　　1　「ケース」検討について　273　　2　ある医師の試み　279
　　3　「知的障害者の言語」についての研究の試み　281

3 翻訳者は「誰」の「何」を代弁しているのか
　　──「本人の意図」とは……………………………………285
　　1　翻訳者は「何」を代弁しようとしているのか　285　2　裁判制度の代理人の役割　286　3　自己決定とパターナリズムの力学　287

あとがき

［開講の章］
この「本」で学ぶことは……。

A　4月か……いよいよ新学期だね。

B　えーと，アレと……そしてコレと……そしてソウ！「比較福祉論」も登録したんだ。

A　「比較福祉論」でしょ。私も登録しちゃった。ところでテキスト買ったの？

B　うん。でも，想像してたものとちょっと違うような気がするけど。

A　チョット見せて。いろんなことが書いてあって楽しそうじゃない？　講義に出ればいろんなことがわかるよ。あのヒゲの先生さぁ，ロックミュージックが好きなんだって。

　1999年に本書を出版した後，著者である私に届けられた感想のいくつかは，「この本には『比較福祉論』というタイトルがつけられているが，むしろ，『「比較福祉論」論』というタイトルにしたほうが良いのではないか」というものであった。内心「（見破られた）しめた！」と思った。なぜなら，この本は，実は，「福祉というものを取り巻いている約束事（のようなもの）」を，（研究者やいわゆる現場の専門職を含めて）読者自身に感じ取ってもらえれば……ということを意図して書かれたからである。その意味では，第一段階は成功したと考えている。しかし，『比較福祉論』というタイトルを見て，著書の内容を「福祉の制度の国際比較」と期待してしまった人にしてみれば，「何だァこりゃー」ということになったかもしれない。従って，そのような

研究者にとっては，正統な書評もできないし，受講生より下手なコメントしかできないことになる。そのようなこともあったので，大幅に手を加え，そして，タイトルも『比較福祉の方法』とした。さあ，事前のレッスンを始めよう！

1 安易な研究・安易な実践にサヨウナラ
──所与の前提の存在

　〈確実にやってくる「少子高齢化社会」を目前に〉というフレーズは，今や日本の合い言葉のようになっている。さまざまな分野で，そして，さまざまな次元での動きの多くが，このフレーズのもとで展開されている。介護・育児・年金財源の確保，高齢者医療などの制度改革とともに，「ヒューマンパワー」の育成・確保も重要な課題とされている。「ヒューマンパワー」の育成・確保の必要性は，〈「ヒューマンパワー」を育成・確保するための「ヒューマンパワー」〉＝いわゆる研究者・教育者＝の育成・確保をも要請することとなる。需要と供給のバランスなどというまでもなく，このことは，研究者や教育者の質（？）とも関係してくることとなる。読者の中には，「研究者や教育者の質（？）とまで大げさに言わなくても……」と考える方もおられるかもしれない。まずは，このことから考えてみよう。

1　大衆化した「福祉」

　現代日本において，「福祉」は大衆化したといってもよい。言い換えれば，『「福祉」について考えたり，実践したりすることは特別のことではない』という時代となったのである。このことについては，単純に「よかった，よかった」というわけにはいかない。ここで注目しなければならないことは，福祉の大衆化という現象が，「福祉」に関しての現実的ニーズの高まりとセットになっていることについてである。「質」はともかく，

「量」的ニーズに応えるためには，「福祉の大衆化という現象を創出すること」にとどまらず，〈「福祉」について考えたり，実践したりすることは大切なことである〉という価値付与が同時になされなければならない。「みんなで良いことをしようよ！　という構造」の胎内から産出されたものは，いったい，何であったのか。それは，〈大切なことについて考えていたり，実践していたりしているのであるから，技術的なことについての議論をすること＝より良い技術を模索すること＝はありえても，「福祉についての研究や実践のありよう」自体について根本から疑うようなことをしてはならない〉というイデオロギーであった。このイデオロギーが，良くも悪くも，福祉をとりまく今日のさまざまなことを規定することになっているのである。

「福祉」に関しての現実的ニーズに応えるためには，「さらになされなければならない大切なこと」がある。それは，「すでに価値付与されたもの」の価値をさらに高めることである。それを具体化するための早道は，「誰でもできるレベルのこと」とは次元の異なる，「限られた人だけができるレベルのこと」を人為的に創出すること＝「ヒューマンパワー」や「専門職」についての国家による資格の認定＝である。ここにおいては，もはや，ギルドは存在しえないのである（気持ち的には，専門職とされる人々に対して，「自分たちで，自分たちの仲間の能力を認定できるぐらいしっかりしろ！」といいたいのだが……）。国の制度として，いわば，排他的な状態を人為的に創出するのであるから，結果として生じることは，福祉の世界における「専門家化の時代」＝「認定権限へのすり寄り」ということとなる。読みとれる構造は，「ちゃんとした資格がほしい」という専門職予備軍の意図と，「ちゃんとした資格を持っていない者は駄目だ」という大衆＝クライアントの心性の微妙な交錯ということになる。ところが，残念なことに，急速なニーズの高まりは，「養成に長時間を要するような専門家」や「悩んでしまうような専門家（？）」を待ってはくれないのである。結局のところ「俄(にわか)仕立てのプロ」の氾濫が生じることとなる。注意しな

ければならないことは，その「俄仕立てのプロ」の氾濫が，「ソレ」にとどまるようなものではないということについてである。やっかいなことに，「ソレ」は「俄仕立て」であったとしても，「創出された排他的な地位（を得た者）」であることには間違いがないのである。したがって，私たちが「俄仕立ての人に看てもらうのはイヤだ！」と叫ぼうとも，その人たちは「認定された専門家」以外の何者でもないのである。たとえば，三歳児検診の後や，就学前の診断の後に，地域福祉，地域保健の実践と称して訪問してくる専門家に対して，「うちの子は大丈夫ですから……」と発言したとしても，「素人は黙ってて下さい！」という勢いに押されて，ズルズルと何年か経過していった経験はないだろうか。

　このような現象が「福祉の研究」のレベルにまで広がってくると，「楽屋落ち」が（いわゆる）「研究（にまで昇華したもの）」として登場することさえありうることとなる。なぜなら，彼らの研究の実態が，「もっぱら，私的な経験に裏打ちされたレベルのもの」＝「俄仕立て」でしかないとしても，同時に，彼らは，（たとえば，福祉の専門家を育成する研究・教育者という）「（システムとしての）お墨付きをいただいたもの」として存在することになっているからである。審議会や検討会での「私の家では介護はコレコレのように……」という，私的な経験にのみ依拠した発言が，（「審議会の委員として認定されたあの先生」が言うのだから）「良い介護はコレコレのように……」というのが一般的なことなのであろうという具合に，普遍性を持つようなものに変質してしまうのである。この構造を読みとることはきわめて大切である。

　新聞，テレビに溢れる介護・育児・ボランティアについての情報を見ていただきたい。いかに多くの人々が，知恵を授ける専門家として氾濫していることか。発言を受け取る側も，それほどしっかりしていないものだから，（実際も知らないし，普遍的な構造も知らないにもかかわらず）「ソウ！ソウ！　うちもソウだったワ」という具合になってしまうのである。たとえて言えば，その場に居る誰も知らない「隣のおじさんの物真似」をして

いるのに、「スッゴォーイ！ 似てるぅ」と安易に感情を共有するようなものだ。たとえ、実際には、隣におじさんがいなかったとしても、（認定されたあの人がやっているのだから）「すごく似てる！」ということになるのだ。

2 福祉を支える所与の前提

　このような現象は「福祉」にとどまらず、私たちの身の回りに氾濫している。言い換えれば、これは現代日本における「知についての構造」ということとなろう。バラエティー番組での芸能人同志のやりとりや会話を見ていただきたい（あまり見てないかもネ）。さらには、芸能人が数多くの素人（？）集団とやりとりしている番組を見ていただきたい。そこで繰り広げられているのは、「私的な出来事（として話されていること）」がそれにとどまらず、いとも容易に「一般化した関心事とされるもの」に変質することなのである。「限られた関係でのみ通用する私的な会話」が宝物のように扱われ、人気アイドルグループの「〇〇君の××」を知らないことが、「何も知らない駄目な人」とイコールというような発言を許すことになっていることは極めて危険である。ここで気づかなければならないことは、いったい誰が、「価値がある大切な物とされるもの」を創出できる立場にあることになっているのか、ということについてである。そこでは、すでに、「権力」ができあがっているのである。このことは、拒否できないくらいの価値がすでに付与されている「福祉」を取り巻く状況と酷似している。

　福祉の研究や実践と称して、実際に行われていることの多くは、かなりの部分で自己完結性を持っているといえよう。表現を少し変えると、閉ざされた関係の中での「約束事」の積み重ねということになるかもしれない。この〈福祉ワールド〉では、核心に迫ろうと試みたとしても、「最初の約束事」の厚い岩盤に阻まれてしまうこととなる。それ以上に深いところにまでつっこんでゆくことは、まず、ない（だろう）。いったいなぜなのであろうか。このことについて考えるために、簡単な例を挙げてみよう。たとえば、〈ある地域において、障害者のための施設が、質と量で十分では

ないので何とかしようとしている場合〉を想像していただきたい。よくあるような場面であるが、この場面を支配しているのは、いくつかの「すでに、約束されていること」なのである。a. まず、あるのは、「質と量で十分ではない」ということについての認識方法についての約束事である。b. また、「施設を利用する人々はどのような人々か」ということについての前提があることも指摘できる。c. さらに、「施設を利用する人々」であると判定する専門職も、前提的な形で存在する。d. そして、「ある地域」という空間の設定についても前提があることを想像していただきたい。私たちが、前述したような〈場面〉に出くわした時に、（違和感なく）スーッと議論に入っていけるとしたら、そこには「約束された前提の存在については疑いを持つな」というコードがあり、私たちはそれに支配されているということになるのである。

3　再生産の構造

　これは後に見ることであるが、現代日本の福祉研究において使用されている情報の主流は「与えられた情報」であるといってもよい。残念なことに欠けているものは、「自分なりの情報」ということとなる。では、いったい、なぜ、そのようなことになっているのであろうか。〈「与えられた情報」を情報の主流としてしまうこと〉を支えているのは、「問いを発してはならない」という考え方である。保健・福祉・医療の専門職についていうなら、「資格を取ろうとするのであれば疑わずに覚えなさい！」ということになる。

　量産過程にある「教育者・研究者予備軍」に要請される能力がどのようなものであるかは、例えば、「教員公募」の書類に掲載された担当科目群を解析すれば判断できるであろう。そこに掲載されている科目群の多くは、疑ったり、考えたりすることが許されないものとなっている。したがって、「教育者・研究者予備軍」が、首尾よく「教育者・研究者」として採用されようと意図するならば、「疑ったり、考えたりすることが許されないも

の」を習得しておかなければならない。さらに，このようなことは，首尾よく採用された数多くの「教育者・研究者」によって，研究と教育の過程で再生産されることとなる。彼らの実践することの多くは，「資格を取ろうとするのであれば疑わずに覚えなさい！」ということと直結しているのである。

そのような実践を受け容れる側の立場である専門職の予備軍は，当然のように「資格を取ろうとしているのだから覚えよう！」ということになる。なぜなら，専門職の予備軍にとって，「資格の取り方」を最もよく知っているのは，「覚えるべき事柄を教えてくれる先生である」ということになっているからだ。「よい先生」とは，「再生産」について最もよい効果を上げる人のことを意味することになってしまうのである。

2 「なに」を「どこから」観察しているのか
―― 「観察」と「表現」が意味するもの

> 日常生活で，私たちは膨大な情報と接触している。そのことに関して，私たちは，〈「何か」を見たり，「何か」を聞いたりしている〉と表現する（ことが多い）。しかし，私たちには，私たちを取り巻く膨大な情報すべてを受け取るほどの能力がないのが現実であるから，私たちはそれらの情報のうちから，（意識しているか，していないかは別として）なんらかの形で選ばれたものに限定して「見た」といったり，「聞いた」といったりしている。
>
> もちろん，このことは，保健・福祉・医療の専門職が職業上の対象を見たり，観察したりする場合においても同様である。さらに，社会科学の研究者が研究の対象を選択する場合も同様である。
>
> ところで，専門職であれ，素人であれ，そのような人々が〈「なに」を「どこから」観察しているのか。ということ自体〉を知るためにはどうすればよいのであろうか。

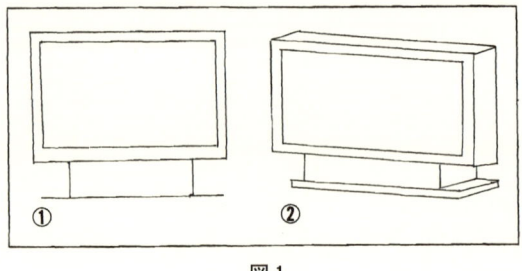

図1

1　絵・写真・論文

　図1を見ていただきたい。(へたな) この絵は，一応〈テレビ〉のつもりである。ここで皆さんに考えていただきたいことは，この絵が上手か，下手かということではない。この絵を見てわかることは何か，ということについて考えていただきたいのである。「そんなこと，わかりきっているではないか！ それは，少し横に長いテレビがあるということだ」という答えが返ってきそうであるが，そう単純ではない。この絵を見てわかることには，少なくとも，二つのことがあるのだ。わかることの一つ目は，(皆さん方が考えたように)「縦と横の比率がこのようになっているテレビがある」ということである。そして，わかることの二つ目は，「①の図を描いた人は対象を正面から見たということ」であるし，「②の図を描いた人は対象を斜め上から見たということ」である。実は，この二つ目のことが決定的に重要なのである。簡単に言ってしまえば，「描かれたもの」を見れば，「描いた人の位置」がわかるということである。

　図2を見ていただきたい。図2は頭の写真である (実は，著者の頭を撮影したものであって，特定の薬品のコマーシャルではない)。さきほど述べたように，これからわかることは「この人の頭や頭髪はこうなっている(だいぶ薄いなー)」ということと，「写真を撮影した人は真上から撮影した」ということである。ところで，図3のように，Aさん，Bさん，Cさん，Dさん，Eさん，Fさんが撮影した写真が，すべて図2と同じだった

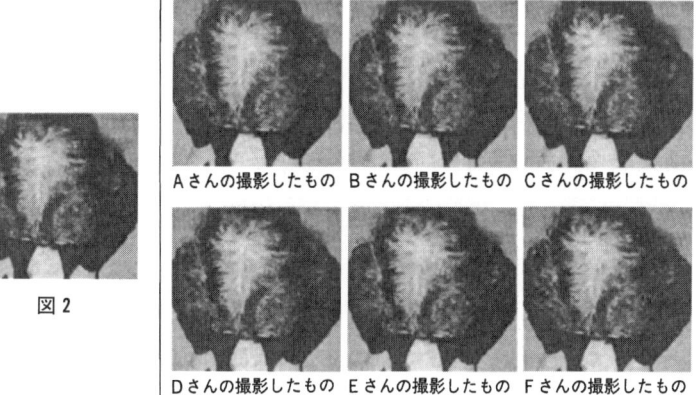

図2

図3

としたらどうだろう。わかることの一つは「対象となった人の頭や頭髪はこうなっている」ということであるが，もう一つは「Aさん，Bさん，Cさん，Dさん，Eさん，Fさんがすべて真上から撮影した」ということである。

　さて，問題となるのは次だ。福祉に関するいろいろな論文を読んでいただきたい。

　その結果として，もし，「同じような検討対象や論点のみの論文ばかりだ」ということが生じているとしたらどういうことになるだろう。そのことが意味していることは，「膨大にある対象に対して，論文を書いた人々が，局限されたところから光をあてた」ということになるだろう。「第2章」に述べるように，日本の研究者が実践している「福祉の国際比較研究」には，「対象となっている国や地域が限定されている」という特徴を見てとることができるのはなぜなのだろうか。

2　「福祉の対象者」や「権利の主体」はどのようにして選ばれるのか

　「要介護認定の手法」をみても，「障害の認定」をみても，「Aさん」が

「要介護状態」や「障害者」に該当するか，についての手法は，（多少の改訂は繰り返されているものの）原型はほぼ確定している。そこに存在しているのは，a.「コレコレの状態にあたるものを障害者とするという考え方」と，b.「Aさんという個別具体的な人」ということとなる。なされる作業を大ざっぱに言えば，「個別具体的なAさんの状態が，（すでに決定されている）コレコレの状態にあたるのか，否か」という，いわば，要件を充足しているか，否かというような当てはめの作業なのである。

　「そこまでは理解できた！」としよう。では，「コレコレの状態にあたるものを障害者とする」ということはどのようにして決められたのであろうか。このようなことを書いてしまうと，「厳密なことは分からないが，生活しづらいだとか，対象物がよく見えないだとかいうようなことは自明のことではないか！」というような反論が待ち受けているかも知れない。ところが，事柄はそう簡単ではない。なぜなら，「対象物がよく見えない」という単なる事実と，「ある兆候を示す人のことを，対象物がよく見えない人であると認定して，その対象物がよく見えない人について，対象物がよく見える人とは別の範疇の人を作り出す＝障害者とする」こととは決定的に異なるからである。

　簡単に言ってしまおう。私たちは，いったい，どのようにして「対象物がよく見えない（とされる）人」を発見したのであろうか。このことこそが問われるべきこととなるのだ。「そんなことは簡単だ。様子を見ればわかるではないか！」といわれるかも知れない。確かに……。しかし，私たちは，小学校に入る前の百万人以上の児童の様子をいちいち観察しているだろうか。そこでなされていることは，様子を観察することではなく，（ドーナツの一部分が欠けたような）「ランドルト環」を使用して，1.0だとか，0.3だとか視力を計ることなのである。あの「ランドルト環」の，あの大きさがなぜ1.0なのだろうか。多少のズレや修正は仕方がないとしても，「正常な視力とされる状態の人と，そうではない状態にある人とを選り分ける装置」をどのようにして造り出したのであろうか。答えは簡単

だ。まずなされることは，ある集団の中から，「様子を見ていて，対象物がよく見えないと思われる人」を除外する作業である。除外されずに残った人々は，その集団の中で，「様子を見ていて，対象物がよく見えると思われる人＝その社会の中で問題をかかえている人ではない人＝」ということとなる。「残った人々」は「その集団が定めた規範との関係で，正常視力があるとされる人々」ということとなる。次に行われる作業は，「正常な視力がありそうだと思われる人々にとって，一定の距離から判読できるギリギリの大きさのもの」を確定させることである。その後は，確定されたものを基礎にして，数多くの被験者が検査を受けることとなるのである。その後，改良を繰り返すこととなる「視力検査表」の創造過程は，私たちに大きなことを教えてくれる。

　このようにして，その社会を規律する力をもった人々によって「当該社会にとって，問題がありそうだと考えられる人」が選び出され，結果として「当該社会にとって，問題がありそうだと考えられる人ではない人」が選び出されることとなる。「選び出された（正常な）人」について，いろいろな角度から観察をして，「できることのギリギリ」を確定させていった結果として生み出されたものが，選別のための基準として存在することとなったのである。

　「もっともらしく確定された基準」によって選別されることとなった人々に対しての処遇技術についてのマニュアル化した発言＝福祉の大衆化＝は繰り返されていても，「もっともらしく確定された基準」を支えている考え方に対しての発言は皆無なのである。

3　研究の「対象」を選ぶことにまつわる欲望

　そうすれば，問題となるのは「対象として選ばれるもの」ということとなる。今一度振り返ろう。私たちは，いったい，どのようにして，実際，「当該社会にとって，問題がありそうだと考えられる人」を発見する装置を作ってきたのか。「当該社会にとって，問題がありそうだと考えられる

人」は、〈「当該社会にとって、問題がなさそうだと考えられる人」ではない人〉という形で確定されていった。そこには、「集団にとっての厄介者か、否か」という判断が介在するが、もっと重要なことは、「そのような判断をする権限を有することになっている人」が存在しているということに気づくことである。

類似することは、研究や福祉の実践と称してなされる場合にも生じる。膨大な情報のうちから、「対象」＝「検討課題としてふさわしくないものではないもの」を選択して、ことに取りかかっている。ところが、そのような研究や福祉の実践と称してなされていることは、実は、それにとどまらないこととなるのである。それらは、実は、行為者の社会化された意志の表明であるのである。研究や福祉の実践を行う者が、「検討課題としてふさわしくないものではないもの」としてなした社会的な意志の表明は、「問題」を所与のものとして提示することとなる。とすれば、どのようなことが待ち受けているのであろうか。

極端な言い方をすれば、存在しているものは、私的な欲望を社会的なものへと変換させることを巡っての争奪戦ということになる。

3 さあ始めよう！
——気をつけるべきこと

今まで述べてきたようなことが、この本を読むに当たっての下準備ということになる。少々乱暴な表現もあったかもしれないが、それ位しておかないと、「立ちはだかっている分厚い約束事」を突破することは困難なのである。さて、次は技術的なことだ。

1 意識して質問しよう！

始めることは簡単なことからだ。それは「質問をする」ということからになる。繰り返し述べてきたように、私たちの回りには膨大な情報があふ

れている。〈福祉ワールド〉では，それらの内から選ばれるものも決定されているし，情報の使用方法も，ほぼ決まっている。選ばれなかった情報のほとんどのものは，(通りすがりの人のように)黙っていればすぐ消え去ってしまうようなものばかりだ。もし，なんらかの取っ掛かりをつけようと，(一瞬であれ)考えたのであれば，「ソレ」に対して「質問」をしなければならない。

　ここで重要になってくるのが，質問をする対象をどのようにして発見するのか，ということである。質問の対象を確定するために避けて通れない作業は，「質問をしなくても済んでいるとされる多くの事柄」の存在に気づくことであり，それらを貫いている考え方が存在していることに気づくことである。実際，福祉の研究や現場での実践の多くが，「根本を揺るがすような事柄については疑問を持ってはならない」という構造をもっている。このことについては，いずれ，本文のどこかで一緒に考えることとなるであろう。

2　意識して考えよう！

　次に大切なことは「考えることを意識的な営みとする」ということになる。言い換えれば，「考えていることについて考える」ということになろう。少し奇妙なたとえであるが，「合わせ鏡の中の自画像」をその外側から見ているような場面を想像していただきたい。

　本書は，一応の流れは持っているものの，さらに考えたいと思っている人々には物足りないものとなっているかもしれない。本書を書いた意図の一つである〈質問をしよう・考えよう〉ということからすれば，〈考えたい・質問したい〉と思っている読者にある程度の情報を提供することも悪くはないであろう。そこで，各章・各節の最後に，〈もっと考えてみたい人へ／テーマ〉のコーナーを設けた。これらは，著者の考えているものである。これらに限定されることなく，どのようなものでもよいから，いくらでもテーマを掲げて欲しい。それに加えて，同じく，各章・各節の最後

に,〈もっと考えてみたい人へ／本〉のコーナーを設けている。〈考えたい・質問したい〉と思っている読者にとって,「あっ！ コレだ！」と直感する一冊があるはずである。なかには,「これはダメだ！」というものもちりばめておいた。実際に読んでみて,本当に「あっ！ コレだ！」と思えるのであれば,しばらくは,その一冊を「大切な一冊」として,意識して考えることを試みてはどうだろう。

3　考える順序・本書の構成

　では,どうすればよいのだろうか。いろいろな方法が可能であろうが,ここでは本書を構成している手順を示しておこう。

　まずなされるべきことは,多分,「私たち自身のやっていること」はどのようなことなのかを知ることである。そして,次には,〈「私たち自身のやっていること」に妥当性を与えることになっている理屈〉を見つけだすことである。

　本書の第1章から第3章までは,上述したことに接近することに当てられることとなっている。何気なく,したがって,当然のようになされている私たち自身の方法について,意識的に接近してみようというのが主な狙いである。

　福祉の研究についての特徴的なことは,歴史研究についても見て取ることができる。それは,一定の時期区分という形で表現される。日本の研究者に特徴的な態度は,「一定の時期以前のものは,多分,現代の制度とは切断されているだろう」という態度である。これについては,「決して,そうではない」ということについて,第4章と第5章で扱った。

　さらに,私たちの方法を拘束しているものがある。それは,「性」にまつわることである。たとえば,「セックス」と「ジェンダー」は恰好のテーマを与えてくれることとなる。ただし,用心しなければならないことは,多くの議論が,「いったん,確定された性」を前提としてなされていることについてである。じつは,確定されたあとの議論はさほど難しいもので

はない。重要なことは，現代の私たちが，「どのような状態」をもって「男性」としたり，「女性」としたりしているのかということ自体を知ることである。そのようなことについてこだわらずに，「確定された結果としての性」から出発する議論は，さほど難しいものではないし，あまり生産的なものでもない。このようなことについては第6章で扱った。

　比較を試みる場合に忘れてはならないことは，比較のための空間をどのように設定するかである。福祉のシステム自体が生活と密着していることであるから，すでにある「行政の圏域」に対して，「生活の圏域」を対置することが求められることとなる。私たちの比較の多くは，すでにあるデータを基礎として行われる。ところが，気にかけなければならないことは，そのデータがどのような圏域で収集されたのか，ということについてである。収集した範囲を少しずらしてみると全く違う姿が現れることがある。このことについて，「地域医療計画」を素材として具体的に考えてみるのが第7章である。

　さらに，福祉についての私たちの営みの多くが，「対象の把握」と「把握されたものの再構成」という構造になっていることも忘れてはならない。いかに専門家であろうと，対象となっている人々をすべての角度から捉え，記述することは不可能である。したがって，実際になされていることは，「対象となるものの一部分を選択して把握し，記述する」というものである。では，「その対象をもっともよく表現するためには，この部分を把握すればよい」というようなことは，誰がどのようにして決めたのであろうか。さらに，「その把握した部分」を記述するための技術は，どのようになっているのであろうか。このようなことは「ケース検討」というような場面で気に懸けられるべきであろうが，残念なことに，「賞賛されるべき技法」は専門家によって権威的に確定されているといってもよい。このようなことについて考えてみるのが第8章ということになる。

1章 比較福祉論への接近
——「何」を「いかに」問題とすべきか？

　比較福祉論というと，まず，思いつくのは「社会保障や社会福祉に関する各国の制度の比較」である。そのためには，世界の国々で，どのように社会保障が実施されるに至ったかを知り，また，どれくらいの規模でどのような社会保障や社会福祉が実施されているかを知る必要がある。ただし，その作業にとりかかる前の段階で片付けておかなければならない課題がある。それについては後ほど述べるとして，まずは，a. 社会保障制度の歴史的広がりのありよう，b. 社会保障の普遍化をめぐる情報とそれに対しての態度，c.「ナマの実態」と「一覧表への加工」ということから接近してみよう。

1 社会保障制度の歴史的広がり
——「情報の入手」と「注意すべきこと」

　ごくわずかな国や地域で実施されていた制度が，その後，世界的な規模で拡大していくことはよく見られる。社会保障制度もそのようなものの一つといえる。そして，社会保障の歴史的広がりには，何らかの傾向が認められるというのが一般的な考え方となっている。いったい，その傾向とはどのようなものなのだろうか。さらに，そのようなことについて考える場合，念頭に置かなければならないことはどのようなことなのだろうか。

1　歴史的広がりについての情報

　Social Security の歴史的な広がりについての情報を手に入れようとする場合に役に立つのは，何らかの「基準」に従って情報を収集したものである。なぜなら，対象となる Social Security というものに，何でもかんでも持ち込まれては困るからである。たとえば，United States Social Security Administration では，1937年に28の国々の Social Security について要約して以来，今日に至るまで，世界の国々の Social Security について調査し，その結果をまとめている。まとめられた "Social Security Programs Throughout the World" というタイトルの文献は，Social Security についての世界的な規模での情報を私たちに提供している。

　ここまで読んだ読者の中には，著者が「社会保障」といわずに "Social Security" と繰り返していることが気にかかった人もいることだろう。このことについては，後ほど述べることになるのだが，実は，このようなことにも重要な意味がある。歴史的に見るなら，1935年にアメリカで Social Security Act が制定されたのが Social Security という名称を付された最初の法律だといわれている。

　読者の中には，「あれ？　まてよ，"Social Security" というものには，少なくとも二通りの使われ方がなされているのでは……」と感じた方もいることだろう（もちろん，感じなくてもよいのだが）。

　これまで使用してきた Social Security というものの中には，a. アメリカにおける，1935年の Social Security Act というような，固有名詞として，Social Security という名称が付されたものと，b. 抽象化された Social Security が含まれている。したがって，たとえその制度の名称が「XXX」であっても，「ととと」であっても，「○○○という質をそなえているのであの制度は Social Security に該当するものだ」ということがあることになる。ここで私たちが対象とするものは，むしろ後者である。すなわち，それに付与されたものがどのような名称であるかとは関係なしに，

表1-1　社会保障の給付類型別実施国数，各年

給付類型	1940	1949	1958	1967	1977	1987	1989	1993	1997
何らかの給付を実施	57	58	80	120	129	141	145	163	172
老齢，障害，遺族給付	33	44	58	92	114	130	135	155	166
疾病，出産給付	24	36	59	65	72	84	84	102	111
労災給付	57	57	77	117	129	136	136	155	164
失業給付	21	22	26	34	38	40	40	63	68
家族手当給付	7	27	38	62	65	63	63	82	86

（出所）　Social Security Programs Throughout the World-1993, xxxviii, 1997. xiv.

　私たちが社会保障や社会福祉として観念しうる抽象的なものとの関係で「ソレ」が社会保障といえるか否かは確定されることになる。その意味では，この確定作業は歴史的にかなり以前にまでさかのぼることも可能である。歴史をさかのぼれば，遙か以前の救貧法制や共済組合制度等が目に留まるが，それが社会保障の前身的形態であるか否かを検討すること自体が，ここでの方法論に関わることとなる。もっとさかのぼるとすれば，1601年のエリザベス救貧法を指して「あれは社会保障だ」だとか，「あれは社会保障ではない」と発言することがあるだろう。その場合，私たちは「私たちの考える（抽象化された）社会保障」に，「（具体的な）エリザベス救貧法」が当てはまるか否かという観念的操作を行って結論を出しているのである。

　歴史的な事をどのように理解するかは後に考えるとして，Social Security Programs Throughout the World［以下 SSP と略す］－ 1997（United States Social Security Administration）によれば，1997年の段階で172の国で何らかの社会保障が実施されているとされる。このように世界の数多くの国々で Social Security は実施されるに至っているのである。そこで，表1-1を手がかりにして考えてみよう。表1-1を見れば現代に至るまでのおおざっぱな歴史的経緯をうかがうことができる。表1-1から読みとれることは，私たちがイメージするようなトータルな姿の社会保障が当初から存在したものではないことや，社会保障が，まず

は，労働災害に対しての給付を行う機能をもったものを軸として登場したことである。そして，近年では老齢，障害，死亡などのできごとに対して，年金などの給付を行うものが広がりをもっていることも示してくれる。意外なことに，傷病や出産に対しての給付を行っているものは，数的にはそれほど多くないことや，失業に対しての給付を行っているものは，今日でも数が少ないこともわかる。

　表1-1　から想像できることはほかにもある。それは，1940年代という早い時期から社会保障を実施していた先行の国々では，たとえば，老齢，傷病，労災というように，複数の種類の事故に対する給付をセットで用意していた傾向が見られるのに対して，1990年代に至ると，単発的な給付を実施する国々が増えているというようなことである。このようなおおざっぱな制度史からうかがえることは，先行的に社会保障制度を作り上げた国々が労働者の労働力の確保を念頭においた制度形成を実施していった傾向をもっていることであり，後発の国々が単発的な問題に対応した制度形成を実施していった傾向をもっているということである。

2　情報に対しての態度

　しかし，ここで疑問がわいてくる。それは，1940年代において実施されていたものは，はたして，Social Security＝社会保障＝なのであろうか，というようなものである。その当時のものは，いずれの国の制度も，人的適用範囲，給付の内容，権利性という点で限定されたものであっただろう。実際，日本においても，「健康保険法」が制定された1922年当時は，人口5700万人程度の国で，わずか190万人に適用があるのみであった。それにもかかわらず，私たちは「1922年に健康保険法が制定された」と発言するのである。この場合重要なのは，ある国で制度ができたからといって，その制度がその国のすべての人々を対象とすることにはならないということに気づくことである。言い換えれば，「……年にこれができた」というように＝年表のように＝歴史を理解するのみでは不十分であるということで

ある。

　もう少しこだわって，SSP-1997の記述がどのようになされているかをみてみよう。それをもとにして，とりあげるのはJapanである。実際，xivページと194ページ以下の記述を見ると，Japanでは，1940年代において Old Age, Disability, Death, Sickness and Materniy, Work Injury の分野でSocial Securityが実施されていたことをうかがわせることになっている。しかし，現代の日本において，私たちは，その当時のものについてどのように表現しているだろうか。数多くのテキストや専門書は，1940年代に「健康保険法」などの個別の法律が存在していたことは認めるものの，「それらは社会保障の前身的な形態である」とされるにとどまっており，社会保障であるという表現には至っていない。そこで生じていることは，以下のような二つのことである。まずは，社会保障とは，個別の具体的法律や制度が積み重なることによって，認識されることとなる抽象的な概念であるにもかかわらず，ひとたび，現代において認識・把握される＝抽象化が完了する＝と，そのルーツとなった個々の制度をSocial Securityとしてしまうという態度である。そして，第二には，それと同時に，抽象化されたSocial Securityからみて，個々のものをSocial Securityに該当しないと判断する態度もとられる。

●もっと考えてみたい人へ／テーマ

1　表1-1に見られるように，Social Security Programs Throughout the World—1997に掲載されているSocial Securityは，1940年のSocial Securityと1997年のSocial Securityを，一つの表にまとめあげて，あたかも等質なものであるかのように扱っているが，それでよいのであろうか。

2　1997年版においては，給付内容や適応範囲の異なる各国の多様な制度が，等しくSocial Securityという名称の下に掲載されているが，そのことに問題はないのであろうか。

3　私たちは"Social Security"を「社会保障」と日本語に翻訳し，ある国の制度について，「このような制度は社会保障として認めることはできない」

だとか,「これは不十分な制度である」というような発言をなすが,そのような発言は,いったい,何を根拠にしているのであろうか。

●もっと考えてみたい人へ／文献
健康保険組合連合会編『社会保障年鑑』東洋経済新報社（各年版）。
厚生労働省監修『厚生労働白書』ぎょうせい（各年版）。
United States Social Security Administration,日本国際社会保障協会（JISSA）訳『世界各国の社会保障制度（1995）』1997年。
United States Social Security Administration, Social Security Programs Throughout the World—1997（これは,ほぼ1年おきに発刊されているもので,毎年発刊されているものではない）。
厚生統計協会『保険と年金の動向』（各年版）。

2 普遍的に実施されるようになった社会保障
―― 「情報」として登録されるもの

　社会保障を実施する国の数は確実に増えている。現状では,社会保障は地球上の国々において普遍的に実施されるに至っているといってもよいだろう。ただし,その実施の方法はまちまちである。いずれにしても,私たちは社会保障の普遍化をめぐる情報を手に入れることができることになっているが,それに対してどのような態度をとっているのであろうか。私たちの方法や態度に目を向けてみることも悪くない。

1　現状についての情報

　まず,表1-2を見てみよう。これは,1997年段階で世界の国々が,社会保障としてどのような給付を実施しているかについての一覧表である。France, Japan, Sweden等のように「老齢・障害・死亡」,「傷病・出産」,「労災」,「失業」,「家族手当」のすべての出来ごとに対して社会的な

1章 比較福祉論への接近   23

表 1-2　各国の社会保障給付類型別実施状況

Country	Types of Social Security Programs				
	Old Age, Disability, Death	Sickness and Maternity[1] Medical Care[2]	Work Injury	Unemployment	Family Allowances
Afghanistan	X	X	X		
Albania	X	X ●	X	X	X
Algeria	X	X ●	X	X	X
Andorra	X	X ●	X		
Antigua-Barbuda	X	X ●			
Argentina	X	X ●	X	X	X
Armenia	X	X ●	X	X	X
Australia	X	X ●	X	X	X
Austria	X	X ●	X	X	X
Azerbaijan	X	X ●	X	X	X
Bahamas	X	X	X		
Bahrain	X		X		
Bangladesh		X ●	X	X	
Barbados	X	X	X	X	
Belarus	X	X ●	X	X	X
Belgium	X	X ●	X	X	X
Belize	X	X	X		
Benin	X		X		X
Bermuda	X		X		
Bolivia	X	X ●	X		X
Botswana			X		
Brazil	X	X ●	X	X	X
British Virgin Islands	X	X	X		
Bulgaria	X	X ●	X	X	X
Burkina Faso	X		X		X
Burma (Myanmar)		X ●	X		
Burundi	X		X		X
Cameroon	X		X		X
Canada	X	X ●	X	X	X
Cape Verde	X	X ●	X		X
Central African Republic	X		X		X
Chad	X		X		X
Chile	X	X ●	X	X	X
China	X	X ●	X	X	

表 1-2 （つづき）

Country	Types of Social Security Programs				
	Old Age, Disability, Death	Sickness and Maternity[1] Medical Care[2]	Work Injury	Unemployment	Family Allowances
Colombia	X	X ●	X		X
Congo (Brazzaville)	X		X		X
Congo (Kinshasa)	X		X		X
Costa Rica	X	X ●	X		X
Côte d'Ivoire	X		X		X
Croatia	X	X ●	X	X	X
Cuba	X	X ●	X		
Cyprus	X	X ●	X	X	X
Czech Requblic	X	X ●	X	X	X
Denmark	X	X ●	X	X	X
Dominica	X	X ●	X		
Dominican Requblic	X	X ●	X		
Ecuador	X	X ●	X	X	
Egypt	X	X ●	X	X	
El Salvador	X	X ●	X		
Equatorial Guinea	X	X ●	X		X
Estonia	X	X ●	X	X	X
Ethiopia	X		X		
Fiji	X		X		
Finland	X	X ●	X	X	X
France	X	X ●	X	X	X
Gabon	X		X		X
Gambia	X		X		
Georgia	X	X ●	X	X	X
Germany	X	X ●	X	X	X
Ghana	X		X		
Greece	X	X ●	X	X	X
Grenada	X	X			
Guatemala	X	X ●	X		
Guernsey	X	X ●	X	X	X
Guinea	X	X ●	X		X
Guyana	X	X	X		
Haiti	X		X		
Honduras	X	X ●	X		
Hong Kong	X	X	X	X	X
Hungary	X	X ●	X	X	X

表1-2 (つづき)

Country	Types of Social Security Programs				
	Old Age, Disability, Death	Sickness and Maternity[1] Medical Care[2]	Work Injury	Unem- ployment	Family Allow- ances
Iceland	X	X ●	X	X	
India	X	X ●	X		
Indonesia	X		X		
Iran	X	X ●	X	X	X
Iraq	X	X ●	X		
Ireland	X	X ●	X	X	X
Israel	X	X ●	X	X	X
Italy	X	X ●	X	X	X
Jamaica	X		X		
Japan	X	X ●	X	X	X
Jersey	X	X ●	X	X	X
Jordan	X		X		
Kazakhstan	X	X ●	X	X	X
Kenya	X		X		
Kiribati	X		X		
Korea, South	X		X		
Kuwait	X				
Kyrgyzstan	X	X ●	X	X	X
Latvia	X	X ●	X	X	X
Lebanon	X	X ●	X		X
Liberia	X		X		
Libya	X	X ●	X		
Liechtenstein	X	X ●	X	X	X
Lithuania	X	X ●	X	X	
Luxembourg	X	X ●	X	X	X
Madagascar	X		X		X
Malawi			X		
Malaysia	X		X		
Mali	X		X		X
Malta	X	X	X	X	X
Marshall Islands	X				
Mauritania	X		X		X
Mauritius	X		X		X
Mexico	X	X ●	X		

表1-2 (つづき)

Country	Types of Social Security Programs				
	Old Age, Disability, Death	Sickness and Maternity[1] Medical Care[2]	Work Injury	Unemployment	Family Allowances
Micronesia, Federated States of	X				
Moldova	X		X	X	X
Monaco	X	X ●			X
Morocco	X	X	X		X
Nepal	X		X		
Netherlands	X	X ●	X	X	X
New Zealand	X	X ●	X	X	X
Nicaragua	X	X ●	X		X
Niger	X		X		X
Nigeria	X		X		
Norway	X	X ●	X	X	X
Oman	X		X		
Pakistan	X	X ●	X		
Palau	X				
Panama	X	X ●	X		
Papua New Guinea	X		X		
Paraguay	X	X ●	X		
Peru	X	X ●	X		
Philippines	X	X ●	X		
Poland	X	X ●	X	X	X
Portugal	X	X ●	X	X	X
Romania	X	X ●	X	X	X
Russia	X	X ●	X	X	X
Rwanda	X		X		
Saint Kitts and Nevis	X	X	X		
Saint Lucia	X	X	X		
Saint Vincent and the Grenadines	X	X	X		
San Marino	X	X ●	X		
São Tome and Principe	X	X	X		
Saudi Arabia	X		X		
Senegal	X		X		X
Serbia and Montenegro	X	X ●	X	X	X
Seychelles	X	X	X		
Sierra Leone			X		
Singapore	X		X		
Slovak Requblic	X	X ●	X	X	X

表1-2 （つづき）

Country	Types of Social Security Programs				
	Old Age, Disability, Death	Sickness and Maternity[1] Medical Care[2]	Work Injury	Unemployment	Family Allowances
Slovenia	X	X ●	X	X	X
Solomon Islands	X		X		
Somalia			X		
South Africa	X	X	X	X	
Spain	X	X ●	X	X	X
Sri Lanka	X		X		X
Sudan	X		X		
Swaziland	X		X		
Sweden	X	X ●	X	X	X
Switzerland	X	X ●	X	X	X
Syria	X		X		
Taiwan	X	X ●	X		
Tanzania	X		X		
Thailand	X	X ●	X		
Togo	X		X		X
Trinidad and Tobago	X	X	X		
Tunisia	X	X ●	X	X	X
Turkey	X	X ●	X		
Turkmenistan	X	X ●	X	X	X
Uganda	X		X		
Ukraine	X	X ●	X	X	X
United Kingdom	X	X ●	X	X	X
United States	X		X	X	
Uruguay	X	X ●	X	X	X
Uzbekistan	X	X ●	X	X	X
Vanuatu	X				
Venezuela	X	X ●	X	X	
Vietnam	X	X	X		
Western Samoa	X		X		
Yemen	X		X		
Zambia	X		X		
Zimbabwe	X		X		

(注) 1　SicknessとMaternityはそれらに対しての現金給付を指している。両者に給付されない場合は記載されない。
　　 2　●印は現金給付に加えて医療の現物給付を行うものを指している。
(出所) Social Security Programs Throughout the World-1997.

給付を実施している（と記述されている）国もあれば，Marshall Islands や Malawi 等のようにひとつの給付しか行っていない（と記述されている）国もある。ただし，私たちが下した判断は，実際に各国の実情を調査した結果としてなされたものではなく，表1-2を見た限りのものでしかない。そうなると，重要になってくることは，たとえば，United States Social Security Administration や ISSA を中心に実施された調査が何を情報源としたのかということである。さらに，重要になることは，United States Social Security Administration や ISSA が「対象となった国々の制度実態についてどのように理解したのか」だとか，「実態をどのように記号化したのか」だとかについて気を配ることである。なぜなら，このような調査については，「調査する側」が，「各国の実態」を「調査する側がもっている概念に当てはめて理解する」という工程が介在しているからであり，さらに，報告書としての記述様式が，「記述する側が身につけている一般的な用語法」によらざるを得ないからである。

　さらに重要なことがある。それは，「調査をしている側からみれば Social Security の概念に当てはまらないもの」であっても，「調査対象となった当該国では Social Security に当たると考えているようなもの」がありうるということである。このようなことについて，もう少し具体的に考えるために，SSP—1997を例にとってみよう。Japan における公的扶助制度＝Public assistance の扱い方がそれにあたる。今日の日本では，公的扶助が社会保障に含まれると考えることが一般的なことである。それに対して，SSP—1997では公的扶助は，そもそも調査対象項目となっていないのである。このことから結果的に，報告書では，公的扶助は Social Security に含まれないこととなっているのである。

　ここで大切なことは，調査する側の設定した概念に当てはまるものに関しては，そのようなものが「ある」・「ない」という判断をなし得る対象として存在することとなるが，調査する側の設定した概念に当てはまらないものは，そもそも，「ある」・「ない」というような判断を下す次元の問題

にすらならないということに気づくことである。

　社会保障や社会福祉にとって，このようなことについて気をつけることはきわめて大切なことである。たとえば福祉の計画化のためのニーズ調査がそれに当たる。高齢者や障害者にとって，〈「調査している側が用意したニーズの選択肢」には当てはまらないニーズ〉はいくらでもあるからである。社会保障や社会福祉においては，本人たちが「AAAである」と主張していることとは関係なしに，調査する側が「BBBである」と宣言し，制度化が進行してしまうことになることはよくあることである。このことは私たちに重要な論点を提供してくれる。

2　現状についての情報に対する態度

　社会保障の現状についての情報が手に入ったとしても，それに対して安易な態度をとることはきわめて危険である。

　では，どこが，どうなのか？　業務外の傷病，出産（Sickness and Maternity）に対しての制度に限定して，もう少し具体的に考えてみよう。表1-1に依存するなら，1997年段階で，業務外の傷病，出産に対する給付を実施している国が111か国存在していることになる。しかし，その111の国が全く同一の制度を実施しているわけではない。それにもかかわらず，表1-1によれば私たちは，その111の国が「業務外の傷病，出産（Sickness and Maternity）に対しての制度」という統一された呼称でまとめられるような制度を実施しているという情報を手に入れることになってしまうし，ともすれば，その情報によって，同一の制度を実施しているのではないかという錯覚に陥ることさえあるのである。

　SSP—1997の解説によれば，Sickness and Maternityに対しての制度を実施している111か国のうち，医療などの現物給付を実施しているのは93か国である。しかし，その中には，a. 社会保障や公的メディカルケアが，医療の供給者に対して直接費用を支払う型のもの，b. 患者が医療供給者に対して直接支払い，後に社会保障制度によって，支出した患者に一

定割合が償還される型のもの，c. 社会保障や政府が直接的に，現物としての医療を給付する型のもの，d. 以上のものの複数の組み合わせによる型のもの，のすべてが一つの「現物を給付している」ものとして含まれているのである。したがって，それらの中には，医療の需要の側の社会化が進展していない（＝ごく限られた者に対してのみ給付をしている）ものであれ，医療の供給体制が十分でない（＝病院などの施設が十分でない）ものであれ，何らかの形で制度が存在しているものとして，報告書に登録されているのである。そうすれば，私たちにとっては，少なくとも，SSP—1997の各国について記述された本文を読み込むことが不可欠の作業となる。しかし，本文を読んだとしても，問題は解決されない。なぜなら，SSP—1997の各国について書かれた本文が，各国の実態を完全に反映しているとは限らないからである。このようなところに，「この本」で考えるテーマの複雑さがあるのである。これについて，具体的にみるためには，私たちがその実態についてよく知っている Japan を例にとることがヒントを与えてくれることになる。そして，1995年版の日本語翻訳を介すると，さらに重要なことがわかってくる。

　一例をあげてみよう。SSP—1997の195ページには，調査した側からみた Sickness and Maternity に関しての記述があるが，そこでは，Worker's Medical Benefits の中に Employee Health Insurance とならんで National Health Insurance が含まれている。日本の実情を知らない者が，この記述のままで理解するならばどうなるだろう。たとえば，働いている者についての医療給付には，National Health Insurance と Employee Health Insurance の二つがあり，働いている者であっても，国民健康保険の被保険者として給付されることが一般的なことであると理解してしまうこととなる。同様のことは Dependents' Medical Benefits について生じる。すなわち，国民健康保険に被扶養者という概念が存在するような記述がそれにあたる。これについては，日本の社会保障をよく知っている者が記述するなり，翻訳するなりしたならば異なった形になって

いたであろうことを指摘することもできるが，しかし，そこには，「正しく翻訳する」ということと，「原著とは関係なしに実態にあわせて紹介する」ということとの間に存在する複雑な関係がある。制度の比較においては，実は，このことがきわめて大切なことを示唆しているのである。

いずれにしても，各国で実施されている多様な制度を比較することを可能としているのは，実態としての制度そのものから離れて，「業務外の傷病，出産（Sickness and Maternity）に対しての制度」という具合に，抽象化された共通のスケールを作ることによってである。ここには，実態を記号化することをめぐる課題，さらには，記号化されることになる実態に対して，私たちがどのような態度をとるのかという一般的課題が潜んでいるのである。

●もっと考えてみたい人へ／テーマ

1　報告書の一覧表によれば，たしかに，Marshall Islandsにおいても Japanにおいても「老齢・障害・死亡」に対する給付はなされている。また，MalawiにおいてもJapanにおいても「労災」に対する給付はなされている。しかし，Marshall Islandsで実施されている「老齢・障害・死亡」に対する給付とJapanで実施されている「老齢・障害・死亡」に対しての給付は，どの程度類似しているものなのであろうか。また，Malawiで実施されている「労災」に対する給付とJapanで実施されている「労災」に対しての給付は，どの程度類似しているものなのか，というようなことは気にかけなくてよいのであろうか。

2　United States Social Security AdministrationやISSAというような「調査する側」と，それぞれの国＝「調査される側」の関係はどうだろう。たとえば，「調査される側」が，「私たちの国の制度は社会保障としての医療保障を実施しています」と主張しても，「調査する側」から「そのようなものは社会保障としての医療保障には当たらない」とされてしまうことはないのだろうか。そのような事態が「生じない」としたら，それは何を示しているのであろうか，さらに「生じるとしたら」，そのことはいったい何を示しているのであろうか。

3 社会保障や社会福祉にとって，a. 実態を実態のままに近い形で理解して表現することと，b. 併置された複数の実態を比較するために，共通の第三項を作り出していくこととはどのような関係にあるのだろうか。たとえば，Aさんが実態としての日常生活上の困難をもっている人の場合，AさんはAさんなのであるにもかかわらず，ひとたび障害者として制度的に認定されると，その時点以降は，Aさんは障害者として再現することになってしまうことが圧倒的に多くなることと似ていないだろうか。このような場合，「制度」とは，私たちがよく知っている狭い意味における「制度」のみでなく，たとえば，「何となく歩きづらそうにしている人」を見たときに生じる私たちの感覚＝「障害者ではないだろうかというコード化された感覚」にも及んでいないだろうか。これは精神の病といわれている事柄に関しては，さらに複雑な形で現れることとなる。なぜなら，精神の病については，「本人の内で生じていること」と「臨床的に観察できること」とが複雑に絡み合っているように考えられるからである。

●もっと考えてみたい人へ／文献

アブラハム・モンク，キャロル・コックス共著／村川浩一他共訳『在宅ケアの国際比較』中央法規出版，1992年。
M. コルトン，W. ヘンリクス共著／飯田進，小坂和夫監訳『EC諸国における児童ケア』学文社，1995年。
大谷博愛，磯崎育男共著『政策の国際比較』芦書房，2000年。
鬼崎信好他編著『世界の介護事情』中央法規，2002年。
増田雅暢著『世界の介護保障』法律文化社，2008年。
森茂著『世界の葬送・墓地』法律文化社，2009年。
岡澤憲芙，小渕優子編著『少子化政策の新しい挑戦』中央法規，2010年。

3 比較のための加工
――「ナマの実態」と「加工された結果としての一覧表」

第2節で考えたことは，以下のような問題を提起することになる。Social Security という同じ用語を使用して表現するにしても，実際

に世界の国々で実施されている Social Security らしき制度は多様である。ところが,「ナマ」のままで比較するほど私たちの能力は強靱ではない。存在している実態は,何らかの形での共通項が作られることにより,その共通項を媒介として,比較されるための対象物が併置され,比較されることとなる。そこで,私たちは比較するために,**表1-1**や**表1-2**のような一覧表をまとめ上げる作業を行う。そうすると,比較のための「一覧表に加工する作業」とはどのようなことなのかが問われなければならなくなる。

1 「ナマの実態」の加工

　話を簡単にするために,大ざっぱな流れを説明しておこう。**表1-1**のもとになっているものが各年の報告書にみられる**表1-2**にあたるものである。そして,**表1-2**のもとになっているものが,各年の「Social Security Programs Throughout the World [以下 SSP と略す] の本文に見られる各国別の記述」である。さらに「SSP の本文に見られる各国別の記述」のもとになっているものは,「当該各国の実態」である。したがって,**表1-1**のような統計に含まれているものの中には,「私たちが考えている社会保障の像」に近いものばかりでなく,こんなものまで社会保障に入れるのか?」というようなものまで含まれている可能性があるのである。

　重要なことは,「この本を読んでいるあなた」と「アメリカでSSP-1997」をまとめている者が同じ社会保障像をもっているとは限らないということに気づくことである。なぜなら,「医療保障とはこのようなものだ」という具合に,a.「調査する側が意図する抽象化された制度」に,b.「調査する側が各国の実態を当てはめて理解し,結果を出す」という操作が加わることになるからである。その点について,SSP-1997は,Ⅴページで "The term Social Security in this report refers to programs established by statute that insure individuals against interruption or loss of earning power, and for certain special expenditures arising from marriage, birth, or death. Allowances to families for the maintenance of children are also included in this difinition" と定義している。

　この記述からもわかることは，調査をする側が上述した形で「Social Security についてのひな型」を有しており，その枠組みとの関係において各国の「実態」を理解しようとしているということである。

2 「加工の例」と課題

　医療保障についての例をとり上げて考えてみよう。たとえば，あなたが「A という国に医療保障の制度があるか」を調査することになった場合を想定していただきたい。そこで調査者であるあなたは「抽象化された意味における医療保障」と「A という国で実際に行われている実態＝自称医療保障」を頭の中に用意して，「この実態は，抽象化されたものにあてはまるので，医療保障に該当するとしよう」というような作業を行うことになる。ここでは，「A という国に医療保障の制度があるか」というような，調査する側での問いかけは，a. まず，調査する側で，「調査する側が考えている抽象化された医療保障」を用意し，b.「A という国の制度実態は，調査する側が考えている抽象化された医療保障に当たるものであろうか」という思考過程を経て，一定の結論を得ることとなる。c. そして，何らかの結論を得た結果，「当該国での実態」は，もはや「実態そのもの」ではなくなり，「何々とみなされたもの」に変換されることとなり，私たちの前に姿を現すこととなる。d. その結果として，報告書の読者である私たちは，「へぇー，A 国の医療保障はこのようなものなのか」という具合に，再び，「読者が意識の中で作り上げた抽象化した医療保障像」と「報告書の中の像」，さらには「A 国の実態」についてバランスをとりながら読み込むこととなるのである。

　「比較」については，以上のような作業が常についてまわるのである。後に，いくつかの例をあげながら考えることになるが，これは，制度の面

1章　比較福祉論への接近　35

だけではなく，それぞれの制度の基礎をなしている「専門職の概念」，「施設の概念」，「障害者の概念」，「比較の圏域」，「歴史の時期区分」等々，で気をつけなければならないことである。

　福祉においては，さらに重要な論点がある。それは，「Aさんを障害者」とみなす権限＝認定する権限が誰にあるとされているのか，だとか，私たち自身の感覚が，ある人を「障害者」とみなす＝あの人は障害者であるだろうと感じる＝ほど専門家化していることについてである。

●もっと考えてみたい人へ／テーマ
1　それがいつであったかは別として，歴史的にみれば，世界の国々の中で，社会保障（より正確には，社会保障というような一般的名称をもたずに固有名詞としての名称をもつにすぎない，したがって，今日的な表現によれば社会保障のような制度）を実施している国が一つしかなかった時があった。その後，似たような制度を実施している国が複数出てきた時代へと移る過程で，私たちは，それらを類似したものと認識し，社会保障という共通した概念でくくり，理解するに至る。そのような思考の過程と，作り上げられた統合概念としての社会保障から各国の実態をふるいにかけて判断するという思考の過程の関係について考えると，社会保障の体系化について考えることが可能となるのではないか。

2　単なる事実にすぎないできごとが，ある「病」なり「障害」として認識されるに至ることや，「病」や「障害」が系統立てられ，一定の体系に入れられたりする過程について考えることは大切だ。「実態としてのそれ」が「制度としての病」や「制度としての障害」とされていく過程についての研究は，「かつて障害者は障害者ではなく尊い存在としてあった」というような表現で決着がつけられるようなものではない。ある国の制度はXXX年に突然できたものではない。それは，それまであった何らかのちっぽけな事実の積み重ねとの関連で存在している。その「事実」と「制度化」の間に，どのような力学が働いたかについて質問を投げかけることはきわめて大切である。

3　視点を変えれば，植物分類学や動物分類学と発生史との関係は重要なことを示唆している。他の学問分野の体系化に対しても質問を投げかけて，自分なりに考えてみよう。

●もっと考えてみたい人へ／文献

厚生省大臣官房統計情報部編『WHO国際障害分類試案（仮訳）』厚生統計協会，1985年。
養老孟司著『カミとヒトの解剖学』法藏館，1992年。
WHO／融道男，中根良文，小見山実訳『IDC—10』医学書院，1993年。
金森修著『フランス科学認識論の系譜——カンギレム，ダゴニュ，フーコー』勁草書房，1994年。
金子之史著『分類』東京大学出版会，1998年。
井上京子著『もし「右」や「左」がなかったら』大修館書店，1998年。
古川武彦著『天気予報の知識と技術』オーム社，1998年。
障害者福祉研究会編『ICF国際生活機能分類』中央法規，2002年。

2章 比較福祉研究の現状
―「何」と「何」を比較しようとしているのか

　比較という行為は何も特別なものではない。私たちは，学問的な議論に限らず，日常的な会話においても，自分の主張していることの正当性を確保するためや，自分の認識する対象を安定的に把握するために，当然のことのように「何か」と「何か」を比較していることが多い。そのことによって，「それ自体では不安定な存在物」を安定的にしようとしているのだ。では，そこではどのような操作が行われているのであろうか。

1　私たちの身近にある比較
――日常生活を安定させる？

　先生　太郎くん，ちゃんと食べなさい。犬みたいなかっこをして食べてはダメでしょ！
　太郎くん　？？？
　先生　太郎くんは犬じゃないでしょ！！！　お行儀よく食べなさい！！！
　太郎くん　？？？「オレ，犬じゃないのか…」
　このような会話はよくあるものだ。みなさんはこの会話について，どのようなことを考えるだろうか（図2－1）。

1　日常会話でも使用されている比較
　上の会話文を読んだ多くの人は，「会話の意味していることがわかる

……」ような気がしていることだろう。実際, それでいいのだが, この短い会話には, たとえば以下のようなことが瞬間的に生じているのである。

「犬みたいなかっこうをして食べてはダメでしょ！」という先生の発言のポイントは,「実際に, 多くの犬がしている食べるかっこう」について,「口をこうやって, 前足はこんなにして」という具合に分節化して, いちいち説明せずに,「犬みたいなかっこう」とまでしかいわずに, 相手にわかったような気にさせるところにある（少し, 言いすぎかナ？）。生じていることは,「皿を地べたに置いたまま, その皿に口を近づけて」というような,「多くの犬がする実際の姿」を,「犬みたいな」という一言で言い換えて,「人間の食べるスタイル」と比較するという態度である。ここでの比較は,「人」も「犬」も実行している「食べるためのスタイル」ということを共通の項とすることによって, 初めてその効力を発揮することとなる。そこでは「発言者にとっての人一般がなすであろう食べ方」と「発言者にとっての犬一般がなす食べ方」という形で比較がなされているのである（少しくどいかナ？）。しかし, よく考えてみると, 発言者にとっては,「発言者にとっての人一般がなすであろう食べ方」が担っている役割は,「事実としての食べるスタイル」というよりは,「このような姿勢で食べるのがよい→したがって, そのような姿勢で食べてほしい」という具合に「価値付与された, あるべき食べ方」となっている。他方,「発言者にとっての犬一般がなす食べ方」が担っている役割は, 事実に近いもののようにみえるが, こちらも, もちろん,「価値付与された, あるべき食べ方」よりも劣っていると考えられる「価値付与された, しかし, 事実に近い食べ方」である（ここまで, 文字を使って表現するかナ？）。

しかし，(これが大切なのだが，)このシーンにおける会話のメタメッセージが成り立ちうるために，次のようなことは前提にされていないということに気づかなければならない。たとえば，a.「人と犬の食べる姿勢が同じである場合もあり得る」ことや，b.「犬が茶碗を手で持って，箸を使って，背筋を地面に対して垂直にして食べることもある」というようなことや，c.「お皿や茶碗をおいたまま，口を近づけて食べる姿勢」のほうが，「茶碗を手で持ったり，箸を使って皿からとったものを口に近づけて食べる姿勢」より，作法的には行儀がよいと考える人がいるというようなことがそれにあたる。ウルトラなのは，a. 太郎君は実は犬だった，b. 太郎君は犬によく似た顔をした人間だった，というようなものである。

 ここには深刻な問題が潜んでいる。それは，比較をするために，実態をなしている全体の一部分(ここでは食べるスタイル)だけを切り取って採用し，「犬みたいな」という具合に「一言で言い切る」ことを承認するという態度と関連している。そもそも，「まるでABCみたいな」という表現をする際に例示的に使用される「ABC」とは，本来的にはきわめて多様な側面を備えているものなのだ。それにもかかわらず，「ABCみたいな」という表現をした瞬間に，すぐに相手方に通じるような関係性が，当事者間で成り立っているとしたらどうだろう。その関係を成り立たしめているものは，トータルな形で存在している人や物の様々な面を見ずに，「恣意的な一部分を切り取って，その一部分でもって全体を表現できる」とする合意の存在ということとなる。

2 大きいゴジラは小さい？

 少し角度を変えてみよう。ゴジラは，大きい？　と問われたあなたは，「ウーン大きいといえば，大きいし，大きくないといえば，大きくない」と答えるかも知れない。みなさんは怪獣映画をごらんになったことがあるだろうか。私の記憶では，小さいときに父親につれていってもらったゴジラが印象に残っている。とてもこわかった。しかも，ゴジラはとても大き

かった……ように感じられた。そのとき，大きなスクリーン上でゴジラの映像を見た小さな私は，ゴジラの大きさを，船や山，ビルディング，逃げまどう人間の大きさとの関係で認識していたのであろう。今，私の家には，ゴジラのおもちゃがある。しかも，ちっちゃなテレビで相対的に大きなゴジラを見ることさえある。私の子供はそれで遊んでいた。船や山，ビルディング，逃げまどう人間の大きさと比べる機会がないままに，そのおもちゃのゴジラを日常的に見ていたらどうだろう。「ゴジラは40cmだ」と思い込んでしまうだろう。

　このことを下手な絵（図2-2）を利用してもう少し掘り下げてみよう。これは怪獣映画の特殊撮影だ。一番目には人間と同じ大きさのゴジラ（？）がいる。二番目には東京タワーに突き進んでいるゴジラがいる。そして，三番目には，できあがった映画がテレビで放映されている。テレビの画面の大きさのままでゴジラを理解すれば50センチメートル程度のゴジラということになってしまうが，多くの人はとてつもなく大きいゴジラを想像してしまう。このように私たちは，今話題にしている事柄を，目の前にあるものや，自分や対話者が客観的に知っている物や事柄との相対的関係で理解することによって，安定的に手にいれるのである。

　同様のことは，逆の場合でも生じることになる。ミクロの世界を映画館のスクリーン画面で見るような場合がそれにあたるであろう。このように，比較という行為は，それ自体ではきわめて不安定な存在であるものを安定させる機能をもっているのである。

　私たちは，日常生活においても，研究においても比較を行っている。そ

図2-2

こで行われていることは，誰もが知っているような一つの準則をよりどころとして，発言者が言わんとしていることに一定の妥当性をもたせるというものである。ただし，日常生活における比較の多くは，発言者の限られた経験や限定的な価値観に基づいた準則（らしきもの）が用意されることが多い。他方，研究においては，例えば「1センチメートル」というような，誰もがそれ以外のことを考えることが困難な準則を用いることが多い。しかし，だからといって，その研究における比較が妥当なものとなっているか否かは別の問題である。なぜなら，比較される対象物が比較になじむものであるか否か，だとか，比較の方法が妥当であるかというような，比較の技法にかかわる課題があるからである。

3　メディアで利用される比較

　もう少し深く入ってみよう。素材は「新聞記事」と「ソレのもととなった一冊の本」である。新聞記事は「環境に優しい街はどこ？」という見出しで，1位に熊本70点，2位に北九州68点をあげている（1998年8月13日付，毎日新聞夕刊，西部本社版）。ランキングの一覧表が，**表2-1**である。このようなランキングは，「暮らし心地度のランキング」や，「男女共同参画型社会の達成度のランキング」，果ては，「同性から見て好感の持てる女優ベストテン」に至るまで，よく見られるものである。ここまでの「進行中の話」との関係でいうなら，カギをにぎっているのは，結果として示された順位ではない（これも重要かも……ネ）ということは，読者は知っていることであろう。重要なことは，そう！　どのようにしてその順位が決定されたのかというプロセスである。そうすると，先ほどの「新聞記事」のもとになった書物を見なければならない。

　『グリーンコンシューマーガイド九州・山口版』（グリーンコンシューマー九州・山口ネットワーク編）によれば，**表2-1**に見られる総合点数は，「調査の評価では，……の各項目別に，取り組みの最高レベル100点に対しての相対評価として換算し，そして各項目別得点の平均値を総合得点とし

表2-1 環境に優しい街はどこ？

自治体名	議会条例	オフィス	職員研修	街づくり	ごみ減量	総合点数	評価
下関市	35	42	50	38	44	42	★★
宇部市	50	45	32	20	67	43	★★
山口市	50	46	22	26	44	37	★★
防府市	33	36	20	32	14	27	★
岩国市	25	43	20	38	34	32	★★
福岡市	60	77	35	71	39	56	★★★
北九州市	79	71	77	62	51	68	★★★★
久留米市	35	58	19	30	60	41	★★
大牟田市	56	41	35	16	67	43	★★
春日市	48	46	23	22	56	39	★★
筑紫野市	31	25	13	15	67	30	★
大野城市	58	56	13	41	34	40	★★
飯塚市	31	67	36	39	63	47	★★
宗像市	48	33	44	18	79	44	★★
行橋市	29	34	58	21	60	41	★★
太宰府市	67	73	68	30	45	57	★★★
直方市	10	25	20	12	21	18	★
前原市	46	30	36	27	56	39	★★
田川市	35	49	30	29	37	36	★★
古賀市	52	34	22	22	51	36	★★
小郡市	25	33	10	12	65	29	★★
中間市	10	54	10	13	27	23	★
佐賀市	37	59	46	27	52	44	★★
唐津市	10	28	20	22	52	26	★
伊万里市	10	40	41	12	46	30	★
鳥栖市	6	13	20	12	49	20	★
長崎市	23	40	28	40	42	34	★★
佐世保市	27	39	17	24	56	33	★★
諫早市	27	16	10	16	52	24	★
大村市	31	52	39	33	46	40	★★
熊本市	69	79	62	80	60	70	★★★★
八代市	25	33	25	12	42	27	★
荒尾市	10	29	20	12	58	26	★
水俣市	58	68	28	49	76	56	★★★
菊池市	39	48	24	14	38	33	★★
大分市	10	61	31	35	46	37	★★
別府市	23	38	13	12	38	25	★
宮崎市	52	45	20	34	67	44	★★
都城市	42	51	30	29	42	39	★★
延岡市	27	41	42	43	63	43	★★
日向市	27	8	38	13	39	25	★
鹿児島市	25	56	44	32	30	37	★★
鹿屋市	18	48	28	24	20	28	★
川内市	6	41	34	13	37	26	★
那覇市	27	56	30	24	45	36	★★

(出所) グリーンコンシューマー九州・山口ネットワーク編『グリーンコンシューマーガイド九州・山口版』。

ました」というものである（同書128ページ）。これについては，一つの方法であるといってもよいかも知れないが，問題点も多いというべきであろう。さらに，これを利用して「新聞記事」が書かれ，それを読んだ人々が「何も考えずにうのみ」にしてしまったらどうだろう。

　同様のことを，女性の社会参画についての「新聞記事」をもとに考えてみよう。1998年10月2日付の日本経済新聞（朝刊・西13版）は，「女性登用率3割目前・全国トップクラスを維持」という見出しのもとに，福岡県が「111ある審議会や懇話会などの委員1769人のうち女性委員は515人」で，「女性登用率は27.0％で都道府県別では1位」となっていることを伝えている。これは，さきほど述べたランキングを作成した場合と異なり，数値は人数の実数を使用し，また，委員全体の中に占める女性の割合を算出しているから，問題はなさそうにみえる。しかし，ここには「女性は女性である」ということと，「女性モデル／男性モデル」とにかかわる大きな壁が立ちはだかっているのである。この点については，誤解が生じないように，少々ていねいに述べなければならないので，第6章で，根本から考えてみることにしよう。

4　統計に表れる数値と比較

　表2-2および図2-3をみてみよう。これは，複数の自治体の職員を対象とした意識調査の結果の一部である。ここで「60％は多いですか」，と問われたらどのように答えるべきであろうか。確かに，60％は30％よりも多いが，しかし，そんなものは当てにはならないことは明らかである。この「表と図」のもととなった「質問項目」と「回答・選択肢」は表2-3の通りである。表2-2及び図2-3は，「質問1に対する回答」と「質問16に対する回答」をクロスさせたものである。ここで気をつけなければならないことは，質問16が「三つまで選択」としていることである。「三つまで選択」ということは，ある答えを選択した者の割合が60％を超えたからといって，それが「最も多い回答」になるとは限らないことを意味して

表 2-2　問1と問16のクロス

Count Row Pct		財源の確保 1	専門職の確保 2	企画・立案・実行に関する 3	企業用地の確保 4	公共事業の諸実な実施 5	役所主体の福祉自治体 6	住民主体の福祉自治体 7	職員研修 8	情報公開 9	その他 10	無回答 99	Row Total
問1 市町村の行政	1 うまくいっている	76 65.5	31 26.7	50 43.1	8 6.9	36 31.0	9 7.8	63 54.3	22 19.0	27 23.3	2 1.7	3 2.6	116 4.5
	2 どちらかといえば、うまくいっている	356 68.9	124 24.0	300 58.0	20 3.9	151 29.2	45 8.7	301 58.2	61 11.8	130 25.1	3 .6	6 1.2	517 20.2
	3 どちらともいえない	575 66.0	240 27.6	442 50.7	46 5.3	247 28.4	73 8.4	534 61.3	100 11.5	234 26.9	4 .5	7 .8	871 34.0
	4 どちらかといえば、うまくいっていない	402 73.9	119 21.9	300 55.1	22 4.0	140 25.7	36 6.6	348 64.0	80 14.7	120 22.1	5 .9	5 .9	544 21.2
	5 うまくいっていない	246 72.1	105 30.8	177 51.9	23 6.7	60 17.6	33 9.7	184 54.0	50 14.7	94 27.6	10 2.9	5 1.5	341 13.3
	6 分からない	94 58.4	33 20.5	65 40.4	4 2.5	50 31.1	19 11.8	90 55.9	19 11.8	60 37.3	1 .6	9 5.6	161 6.3
	9 無回答	6 46.2	2 15.4	8 61.5	0 .0	2 15.4	0 .0	7 53.8	0 .0	1 7.7	0 .0	3 23.1	13 .5
Column Total		1755 68.5	654 25.5	1342 52.4	123 4.8	686 26.8	215 8.4	1527 59.6	332 13.0	666 26.0	25 1.0	38 1.5	2563 100.0

2章 比較福祉研究の現状　45

	財源の確保	専門職の確保	企画・立案・実行	事業用地の確保	公共事業の確実な実施	役所主体の福祉自治体	住民主体の福祉自治体	職員研修	情報公開
わからない	58.4	20.5	40.4	31.1	11.8	55.9		11.8	37.3
うまくいっていない	72.1	30.8	51.9	6.7	17.6	9.7	54	14.7	27.6
どちらかといえば（うまくいっていない）	73.9	21.9	55.1	4	25.7	6.6	64	14.7	22.1
どちらともいえない	66	27.6	50.7	5.3	28.4	8.4	61.3	11.5	26.9
どちらかといえば（うまくいっている）	68.9	24	58	3.9	29.2	8.7	58.2	11.6	25.1
うまくいっている	65.5	26.7	43.1	6.9	31	7.8	54.3	19	23.3

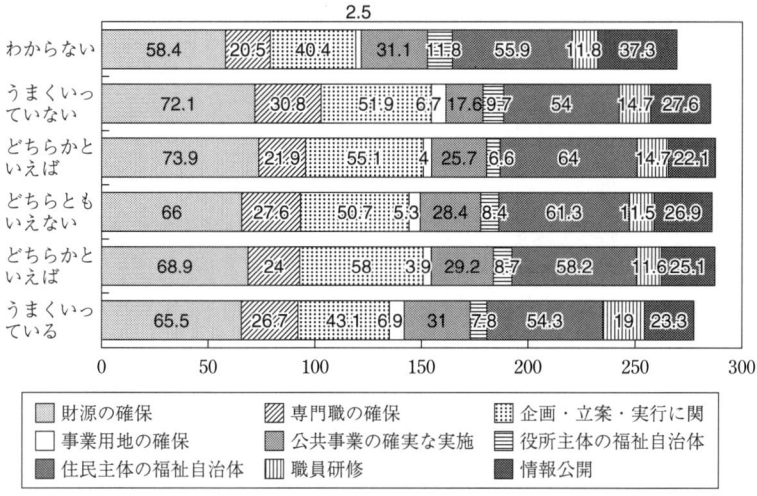

図2-3　問1と問16のクロスをグラフ化したもの

表2-3　自治職員の意識調査のための質問票

問1　あなたの仕事を含め，あなたの勤めている市町村の行政はうまくいっていると思いますか。
　1．うまくいっていると思う
　2．どちらかといえば，うまくいっていると思う
　3．どちらともいえない
　4．どちらかといえば，うまくいっていないと思う
　5．うまくいっていないと思う
　6．わからない

問16　役所が仕事で優先するのは，どのようなことだと思いますか。三つまで選択して下さい。
　1．財源の確保
　2．専門職の確保
　3．企画・立案・実行に関する人材の確保
　4．事業用地の確保
　5．公共事業の確実な実施
　6．役所主体の福祉自治体づくり
　7．住民主体の福祉自治体づくり
　8．職員研修
　9．情報の公開
　10．その他（具体的に：　　　　　　　　）

いる。常にトータルが100％になるとは限らないのである。

　ここからわかることは，数値それ自体は多いような，少ないような，不安定な存在であるにもかかわらず，私たちが比較をしようと試みる際には，何とかそれを安定化させようとする態度が現れてしまうことである。

● もっとこだわってみたい人へ／テーマ
1　私たちは「すごくたくさんの人が……」というような表現をすることがある。この「すごくたくさんの人が……」という表現は，不安定なものである。いったい，何と比べて多いのか，どれくらい多いのかということは何もわからない。この表現は，実は，発言した者の私的な感覚を基礎としている。比較と称してなされている研究の中には，具体的な内容物を伴わずに，何と何を比べているのかが不明確なものも多くみられるが，このような論文をみつけてみてはいかがでしょう。
2　よくみられる都道府県暮らし心地度ランキングについて，それらの方法や技術を具体的に調べて，皆さんなりの「対案」を作ってみてはどうだろう。
3　100人を調査対象として，「10の選択肢から3つまで選んで下さい。」とした場合，結果をどのようにまとめたらよいのだろうか。

● もっと考えてみたい人へ／文献
川村匡由著『老人保健福祉計画レベルチェックの手引き』中央法規出版，1994年。
長寿社会開発センター『老人保健福祉マップ数値表』第一法規出版，1996年。
グリーンコンシューマー九州・山口ネットワーク編『グリーンコンシューマーガイド九州・山口版』西日本リサイクル運動市民の会，1998年。
高橋紘士監修，住友生命総合研究所編『地域介護力』中央法規出版，1998年。
食品流通情報センター編『介護サービス統計資料年報』食品流通情報センター，1998年。
長寿社会開発センター『老人保健福祉サービス利用状況地図』第一法規出版，1998年。
矢野恒太記念会編『データでみる県勢』（各年版），国勢社。

2 比較のための操作と概念の統一化
—— ナマデータのままでは，比べられない

「あることがら」を比べようとしても，数値同志を簡単に比べてはならない。なぜなら，A という国によって提供された数値と，B という国によって提供された数値が，同じ基準によって得られた数値でないかも知れないからである。そのような例は数多くみられる。具体的な例を介して国際比較の難しさを感じて欲しい。

1 「交通事故死」についての国際比較

交通事故死者数についての国際統計を見てみよう。『世界の統計』1997年（総務庁統計局編）の13-6表（291ページ）によれば，交通事故死者数は，日本：1万649人（1994年），イタリア：7498人（1991年），オーストリア：1338人（1994年），ポルトガル：1914人（1994年）とある。

表2-4を見ていただきたい。みなさんは，「交通事故死者数」についてどのように感じたであろうか。ある人は「やっぱり日本は多いなあ」と感じたかもしれない。確かに，これは紛れもなく「交通事故死者数」についてのものである。しかし，同時に，これが紛れもなく，それぞれの国での交通事故死者数についてのものであるということも重要である。ということは，ひょっとすると「交通事故者」という概念が各国によって異なることがあるかも知れないということだ。そこに割り込んでくるものが「欄外の（注）」ということになる。「欄外の（注）」からわかることは，日本については事故後24時間以内の死，イタリアについては事故後7日以内の死，オーストリアについては事故後3日以内の死，ポルトガルについては即死あるいは病院へ移送中の死，を「交通事故死」として集計しているということである。

日本とその他の国々を比べるためには，どうすればよいのであろうか？

表2-4 交通事故

国	年次	事故件数	負傷者数	死者数	事故率 1)	人口10万人当り	
						負傷者数	死者数
アジア							
日本	94	728 457	881 723	10 649a	107	705.6	8.5
アラブ首長国連邦	92	9 612	9 169	443	—	518.0	25.0
イスラエル	94	20 152	36 397	539	73	674.0	10.0
インド	93	277 300	277 500b	59 300	—	31.4	6.7
韓国	94	266 107	350 892	10 087	550	789.4	22.7
サウジアラビア	94	22 398	32 133	4 077	—	184.1	23.4
シンガポール	94	6 983	5 728	255	—	195.5	8.7
タイ	94	102 610	43 541	15 176	88c	74.2	25.8
パキスタン	94	50 516	15 646	6 866	—	12.4	5.4
香港	94	15 440	20 453	296	146	337.5	4.9
マレーシア	93	135 995	37 020	4 666	—	192.7	24.3
北アメリカ							
アメリカ合衆国	92	2 251 173	3 449 211	39 235	63	1 350.4	15.4
カナダ	93	170 852	247 243	3 601	—	854.0	12.4
メキシコ	93	23 091	35 461	5 252	32c	38.9	5.8
南アメリカ							
コロンビア	90	122 112	26 775	2 564	240	82.9	7.9
チリ	93	44 837	43 543	1 760	—	316.2	12.8
ブラジル	93	65 000	39 200	5 500	—	25.9	3.6
ヨーロッパ							
アイルランド	93	6 376	9 831	431	25	276.2	12.1
イギリス	94	234 101	315 189	3 650	55	539.8	6.3
イタリア	91	170 702	240 688	7 498d	45	424.1	13.2
ウクライナ	94	6 777	45 881	7 560	—	88.4	14.6

2章 比較福祉研究の現状

国	年					
オーストリア	94	42 015	55 156	1338e	—	16.7
オランダ	94	10 278	11 735	1 298	44f	8.4
ギリシャ	93	22 165	29 910	1 830	—	17.6
スイス	94	23 526	29 278	679g	45	9.7
スウェーデン	93	14 959	20 373	632	—	7.2
スペイン	94	78 474	113 716	5615a	59	14.3
チェコ	94	27 590	35 667	1 637	64f	15.8
デンマーク	94	8 279	9 757	546	26	10.5
ドイツ	94	392 400	516 000	9 805	68f	12.0
ノルウェー	94	8 337	11 124	283	—	6.6
ハンガリー	94	20 723	26 961	1 562	44	15.2
フィンランド	94	6 245	8 080	480	15	9.4
フランス	94	132 726	180 382	8 533h	29	14.7
ベルギー	94	53 018	73 497	1 693	101i	16.8
ポーランド	94	53 647	64 573	6 744	—	17.5
ポルトガル	94	45 404	60 024	1 914j	173f	19.3
アフリカ						
アルジェリア	93	23 767	35 717	3 678	—	13.7
エジプト	94	18 480	22 135	4 400	185	7.6
南アフリカ	94	90 639	137 972	9 935h	86b	24.6
モロッコ	93	41 821	61 750	3 359	99k	12.9
オセアニア						
オーストラリア	92	18 790	17 048	1 742	—	10.0
ニュージーランド	94	11 000	16 600	580	35	16.6

(注) 1) 自動車1億走行台キロメートル当たり。 a) 事故後24時間以内の死。 b) 1992年。 c) 1990年。 d) 事故後7日以内の死。 e) 事故後3日以内の死。 f) 1993年。 g) 即死あるいはその後の死。 h) 事故後6日以内の死。 i) 1991年。 j) 即死あるいは事故へ移動中の死。 k) 都市部を除く。
(出所) 総務庁統計局編『世界の統計』1997年版。

何らかの手段によってはじき出された係数を掛けるなどして，数値を操作するか，各国における事故後24時間以内の死の実数を手に入れるかによって，基準を統一して比較することが望ましいと考えたことだろう。国際比較のためには，実際に，そのような操作が行われることもめずらしくない。逆に，交通事故死者数の統計の取り方についても，それぞれの国で歴史があるのであるから，それを踏まえれば，そのままの数値を提示して比較した方がよいと考えた人もいるだろう。ここまでくると，あとは，読者自身が，次から次へと，多くの疑問を投げかけることとなる。たとえば，交通事故というものは，自動車台数，道路事情，運転免許についての制度，交通安全についての意識，自動車の性能などの要因が複雑に作用しているから，単純に比較できるものではないというふうに考えたり，救急医療の制度が発達している国と，そうでない国があるから，そこで，事故後の画一的な時間を定めて死を確定させるのもどうかな，と考えた人もいるかもしれない。さらにいえば，国際化した今日では，交通事故というものが，死亡した人の国籍と，事故死した場所を管轄している国が一致する条件のもとでのみ発生するとは限らないことが気にかかった人もいたであろう。たとえば，「日本人がイタリアで交通事故に巻き込まれて3日後に死亡したらどうなるのだろう？」という具合にである。だからといって，ここであきらめて「比較自体に意味がない」という結論を出すのはまだ早い。大切なことは，この統計データが示しているように，複雑そうに見えるものであっても，実際には，何らかの操作によって「AAA」とみなされるものに加工されて，私たちの前に提示されていることを知ることである。少し気を許すと，私たちの多くは，そのような「見なされた像」ではなく，「実態」を比較しているかのように感じてしまうことになる。

　「生きている」とか「死ぬ」というような，一見したところ，全くの自然のことのように考えられるものであったり，医学が支配しているように感じられることがらであっても，そこには概念や制度が介在しており，それらから派生する問題を抜きには考えられないことになっているのである。

2　抽象化や概念の統一化

　公的な統計書は，もっとも洗練された形で私たちの前に示されているものである。その意味では，疑問や疑いを差し挟むことが許されないかのような存在でもある。しかし，当然のように考えられている事柄について，「なぜ，当然のように考えられているのだろう？」と疑問や疑いを差し挟むことは学問や研究にとってきわめて重要なことである。

　意味のある比較をするためには，「ナマの実態 A」と「ナマの実態 B」をそのまま対置するのではなく，対象である「実態」を操作——たとえば，概念の統一化など——することにより，「比較になじむもの」としなければならない。言い換えれば，「ナマモノ」を「何らかのスケール」でとらえて，その結果を比べるのである。具体的には，ナマの〈A＝リンゴ＝〉と〈B＝バナナ＝〉について，両者を代弁できる〈抽象化された色〉を観念して，〈色〉という名の下における〈A〉と〈B〉の像を比較の対象とするのである。人についていえば，〈A さん〉と〈B さん〉を「全き姿」で比較するのではなく，たとえば「身長」というような——センチメートルという両者を共通して代弁しうるようなスケールを利用して，〈167cm である A さん〉と〈177cm である B さん〉を比較しているのである。ただし，重要なことを忘れてはならない。それは，なされた比較が身長という点での比較でしかなく，A さんと B さんの比較ではないということについてである。よく聞く，「私のこと何もわかってないのネ」というのはこのことか…（？？？）

　また，比較の対象としての「標本を収集する圏域」をどのように確定させるかというような問題も潜んでいる。社会保険の歴史を研究する際に，19世紀後半のビスマルクの社会保険の適用を受けていた（現在ではフランスの）アルザス・ローレーヌ地方は格好の材料を提供してくれる地域である。例えば，フランスの社会保険の出発点は，1928年法なのか，それとも19世紀後半にビスマルクの社会保険の適用を受けていた（現在ではフランスの）アルザス・ローレーヌなのか，という具合にである。その意味では

「国民国家の枠組み」や「国境」の問題は比較においては避けて通れない課題を提供してくれる。さらに重要なことは，比較をして得られた結果によって，私たちが何をしようとしているのかということになってくるであろう。

　私たちが比較しようとしているものは，「制度」であれ，「数値」であれ，「人々の身体」であれ，実際には，さまざまな部分や要素から構成されているものである。そして，それらの対象物は，光を当てる角度を変えられることによってさまざまな形＝意味＝をもって私たちの前に姿を現すことになる。実際に，全部の構成要素を比較することは不可能に近い作業であるから，私たちは，その一部の要素や複数の要素のみを切り取って，比較という作業を行ったり，「実態の全体を表現できそうな概念」に置き換えることによって比較という作業を行っている。そこにある考え方は，少なくとも，その比較を行う者にとっては，比較の対象となっているものについて，比較に意味をもたせるために，その対象の全体像を最もよく表現することができると考えられる「部分を比較する」ことによって，比較の対象となっているものの「全体を比較する」ことができる——制度的な違いや問題点はそれによって発見できる——という考え方があるということになる。

　大切なことは，光の当てられ方によって，対象物がさまざまな形で現れることを知っておくことである。と同時に，さらに重要なことは，「現された像」を見れば，対象物に対してどこから光を当てたのかがわかるということについて気づくことである。これは「絵」についてであろうが，「研究論文」についてであろうが言いうることである。したがって，実際に行われている比較という作業の現実の姿を見れば，その人々がどこから何を見ているのかがわかることになるのである。全体的な比較は困難であるから，実際には一部分を切り取って，全体とみなして比較することについては先に述べた。気にかかることは，その一部の要素や複数の要素はどのようにして選択されるのであろうかということである。選択の結果とし

て得られたものを併置して,比較を成り立たしめようとしているのであるから,比較を意図する者にとってみれば,その選択は,まちがっても,比較の対象となっているものについて,比較の意味を表現することができないような「部分」についてなされることはないはずである。その結果,比較されている対象物を見れば,比較を意図している者がどのような意図をもって比較しようとしているのかがわかることとなるのである。

3 「ソレ」を「もっともソレたらしめているもの」

　「細いネクタイ」,「細いズボン」,こんなかっこうをする人は数多くいるのに,なぜ,遠くから「久塚先生」とわかるのだろう(とはいっても,私の知らない先生と間違えられることもある。)。「久塚先生」には「細いネクタイ」「細いズボン」以外にも様々な部分がある。

　ここで重要なことは,選択されたその「部分」を他の人々の「ネクタイ」,「ズボン」と比べることが,全体(久塚先生)と他の人々の比較としての意味をもつことになっているのか,否かについて,具体的に検討することである。それと同時に,「AとBを比べるにあたって,AのコレとBのアレを比較しているのであるから,AについてはコレがAを最もよく表現しているものと考え,BについてはアレがBを最もよく表現していると考えているのだな」という具合に,実際になされているさまざまな比較という作業のうちに論理性を見出すことも忘れてはならない。

　実際,私たちは,比較を意味のあるものとするためには,やみくもに複数の何ものかを併置するという方法を採用していない。その場合に行われていることは,「比較の対象となっているソレをソレたらしめているもの」を,「ソレ以外のもの」を活用することによって表現するという手法を基礎としているのである。

　表 2-5を使って,たとえば,A国とB国との「医師数」を比較するとしよう。まず,気にかけなければならないことは,比較しようとしている「医師」とは何か,ということである。ここには,少なくとも,三つの役

割を担った医師が存在することとなる。一つは,「A国において医師とされている者」(＝A国において「医師でない者」でない者)であり,二つ目は「B国において医師とされている者」(＝B国において「医師でない者」でない者)であり,三つ目は「両者の比較を可能とする抽象化された医師」＝「医師とはこのようなものである」＝の創造である。比較をするために重要になってくるのは,三つ目の意味における医師が作り出さされるということである。そのためには,三つ目の意味における医師に該当するものを,「医師とされている多くの者」のうちから,たとえば,「このような者は,現代的な意味で医師に当たらない」という具合に,「非医師」の概念を使いながら確定することが必要となる。さらに,「実態としてのA国で医師とされている者」のうちから,三つ目の医師概念と確定されたものと,そうでないものとを振り分ける作業が介在することになる。ここで,私たちは,「医師」というものを,「非医師」を意識しながら表現しているのである。その意味では,1998年10月3日付の毎日新聞(夕刊)の「ライバルはシャーマン・疲弊した医療復活のため」という見出しの記事は興味深い。

　そうなってくると,比較において歴史研究はとてつもなく複雑なものとなってくる。たとえば,過去のいずれかの時点を起点として,現代に至るまで,時系列的に医師の数を掲げて統計表を作るとしよう。しかし,10年前や20年前ならいいのだが,50年前,100年前,もっとさかのぼって300年前の医師数掲げるとしたらどうだろうか。この「どうだろうか」という問いかけの中には,いったい,どの程度の技術をもった者を医師として認定して比較したらよいのだろうか,というような悩みが存在していることになる。その作業が,意識的に行われようと,無意識のうちに行われようと,実は,比較とはそのような側面をもっているものなのである。

　意識的に行われている場合には,「ソレ」と「非ソレ」の切り分け作業は本当にそれでいいのか,という具合に方法自体を問うということとなるであろう。問題となるのは,無意識に行われているように感じられるよう

2章 比較福祉研究の現状

表2-5 各国医療関係者数

(単位:人)

区分	年次	医療関係者			
		医師	歯科医師	薬剤師	看護婦
アフリカ					
エジプト	1985	9,495	—	—	12,458
北アメリカ					
カナダ	1991	60,559	14,621	('90)22,121	262,288
メキシコ	1988	130,000	('84)3,207	('74)112	('74)41,253
アメリカ	1984	501,200	137,950	158,000	('88)2,033,000
南アメリカ					
アルゼンチン	1988	96,000	('91)21,900	('84)681	('89)18,000
チリ	1991	14,203	('89)5,200	('79)290	('88)3,355
コロンビア	1988	29,353	13,815	('73)1,200	11,940
ベネズエラ	1984	24,038	4,342	('78)3,187	('78)38,061
アジア					
スリランカ	1989	2,456	333	520	9,623
日本	1996	240,908	85,518	194,300	928,896
フィリピン	1990	7,431	('88)1,163	('88)730	('81)9,644
ヨーロッパ					
オーストリア	1985	19,451	3,078	('81)3,226	31,388
デンマーク	1990	14,277	4,562	('88)1,498	33,655
フランス	1989	169,051	37,931	51,367	('77)341,526
ドイツ	1984	153,895	34,415	30,865	301,798
イタリア	1989	273,648	10,814	53,948	170,409
オランダ	1990	37,461	7,900	2,247	('89)121,000
ノルウェー	1991	13,826	5,084	—	58,561
スペイン	1990	148,717	10,347	36,590	('88)147,726
スウェーデン	1990	21,700	5,200	834	('88)78,136
スイス	1988	11,327	3,184	—	('79)40,000
イギリス	1990	—	—	37,832	('89)284,578
オセアニア					
オーストラリア	1986	36,610	('80)6,200	('80)5,400	('80)100,360
ニュージーランド	1991	6,575	('80)1,145	('80)2,510	('86)40,950
旧ソ連	1985	1,170,000		91,000	('75)1,561,300

(注) 国により医師,歯科医師,薬剤師,助産婦,看護婦の定義が異なる。日本は厚生省統計情報部調べ。
(資料) WHO, *World Health Statistics Annual*, 1983, 1988, 1993.
(出所) 『社会保障年鑑』1998年版。

な場合についてである。今まで述べてきたことからもわかるように，実は，無意識のようにやられている比較作業であっても，比較することによって何かを表現しようという意図があるのであるから，そこには，それなりの前提的論理性があることに気がつくことが大切である。そのためには，まず，私たち自身が採用している方法を知り，そして，そのような方法を支えている論理性を知ることが必要となるであろう。その後に，なぜ，さまざまな要素から構成されている「制度」・「数値」・「人々の身体」などについて，特定の「その部分」を切り取って比較することによって，比較の対象となっている全体を比較したことになるという考え方となっているのであろうか，というような具合にアプローチすることが求められよう。

● もっと考えてみたい人へ／テーマ

1 「〈あの地域の病院〉はひどいもので，〈病院〉なんてものではなかった」という発言に対して，「そうだね」と相づちを打つ場合，何となくわかるのだが大切なことが抜け落ちていそうだ。発言している者にとって「〈あの地域の病院〉」というときの「〈病院〉」と「〈病院〉」なんてものではなかったという時に使用されている〈病院〉は区別されているのだろうか，それとも，同じものを念頭に置いているのだろうか。

2 同じようなことは，「A国の障害者」と「B国の障害者」についてもいいうることなのであろうか。それとも，「障害者」については，医学的に判定できるものであって，いつでも，どこでも「理念型としての障害者」存在すると考えるべきなのであろうか？

3 同じようなことは「Aさんの考えている病人」と「Bさんの考えている病人」についてもいいうることなのであろうか。それとも，「病人」については，医学的判定できるものであって，いつでも，どこででも，「理念型としての病人」と「実態」とは，同じようにアイデンティファイしうるものなのであろうか。さらに「Aさん」が専門家とされている人で，患者である「Bさん」が素人とされている人である場合はどうであろうか。

●もっと考えてみたい人へ／文献
［以下のような文献の（表）とそれに付けられている（注）を参照して欲しい。］
総務庁統計局編『世界の統計』（各年版），大蔵省印刷局，日本統計協会。
国際連合統計局『国際連合 世界統計年鑑』（各年版），原書房。
OECD, *The Reform of Health Care*, OECD, 1992.
OECD, *New Orientations for Social Policy*, OECD, 1994.
WHO, *The World Health Report* WHO,（各年版）
OECD 編著／高木郁朗監訳，麻生裕子訳『図表でみる世界の社会問題』明石書店，2006年。

3 社会保障の国際比較の現状
―― 私たちの行っている国際比較とは

　実際に行われている比較のありようを見れば，比較を行っている者がどのような意図をもっているかがわかることは前に述べた。一体，私たち＝あなたたち＝は，社会保障の国際比較と称してどのような「比較」を行っているのであろうか。これを検討することは興味深いことになってくる。結果として，比較の作業に一定のトレンドがあるとしたら，それは，私たちに次から次へとテーマを提供してくれることとなる。

1　自分たちの方法を知ることの大切さ

　私たちの周りには，多くの人が当然のように思って行っている比較研究がある。社会保障や社会福祉の国際比較もその一つである。実際に行われている社会保障や社会福祉の国際比較を支えている明確な方法論があるか，と問われれば，今のところ答えは「否」に近い。しかし，それにもかかわらず同様の比較作業が繰り返されているというのが実情である。それにしても，なぜ，そのような比較がなされているのであろうか。このような疑問をもってしまったら，いったい，どこから作業を開始したらよいのであ

ろうか。

　耳慣れない分野にアプローチをする際には，一方には，新しく体系化を試みなければならないという困難性が存在する。しかし，他方では，まだ，確たる方法がないことから，なんとなく行われている方法を踏襲するという態度も可能である。これに反して，方法論や体系化がすでに確立している分野では，逆の意味での困難性と安易な態度が見られることとなる。しかし，もう少し考えてみると，実は，両者の間にはそれほどの違いがないことにも気がつく。なぜなら，たとえ体系化されていないように感じられたり，明確な方法論がないように感じられるような分野であっても，無意識のようになされている研究自体の中には，自然に「このようにやるものだ」と思ってしまっているような意味において，前提となっている論理性が存在しているからである。ただ，その前提となっている論理性をうまくつかめないだけなのである。その意味では，明確化された方法論や体系というものが，ある時点で，突如として姿を現すということはないのである。したがって，明確な論理性が存在しないように感じられているような「私たち自身の方法それ自体」に接近することは，たとえ困難性を伴うとしても，きわめて大切な作業なのである。

　「福祉の国際比較」についていうなら，a. いまだ，確たる方法論がないという事実，b. それにもかかわらず，類似した比較が反復してなされているという事実，c. 比較の方法などについて論理的な考察するというよりは，利用できそうなものを比較し，それを政策化に利用しようという意図のもとに研究されることが多い，などの特徴点を指摘することができる。このような現実を前にしたときに，私たちがなすべきことは，確たる方法が存在していないことをいいことに，やみくもに複数の国々の制度を比較することではない。まず，なすべきことは「比較という作業を実践している主体にとって，確たる方法がないと感じられるにもかかわらず，行われ続けている複数の国々の制度比較」という営みを支えている論理性を明らかにすることである。いいかえれば，無意識のうちに行ってしまう私たち

自身＝この本を読んでいる"あなた"自身＝の方法とそれを支えている論理性を知っておくことが重要なことなのである。それに接近するためには，(あなたを含めて) 私たちが何の疑問ももたずに「このようなものだ」と思いついたり，「こうやるものだ」として，行っているやりかた自体に着目して，出発することが役に立つこととなる。

2　私たち＝あなたたち＝の手法

今まで述べてきたことからもわかるように，順序からいえば，まずは，私たち＝あなたたち＝自身がなしている比較について知っておくことが大切なこととなる。そのために，素材として「社会保障の国際比較のトレンド」とりあげて，私たちがとっている態度を観察することから始めてみよう。

材料として使用されるものはa.『法律時報』(日本評論社) の巻末にある「文献月報」(1970年〜1992年)，b.『海外社会保障情報』(社会保障研究所〔(現)国立社会保障人口問題研究所〕) の1号 (1968年) から116号 (1996年)，c.『海外情報』(健康保険組合連合会) の1号 (1987年) から39号 (1996年) である。これらの雑誌に掲載された「諸外国の社会保障についての研究」や「国際的な社会保障の研究」についてのトレンドが，私たちの研究方法を支えているもの自体をある程度明らかにしてくれる。

ただし，前提的なこととして，以下の諸点は念頭に置いておかなければならないであろう。それらは，a.『法律時報』の「文献月報」それ自体が，印刷物となった論文などを網羅したことになっていないということであり，また，取捨選択された結果として「文献月報」に掲載されるということ＝「手」が加わっているということ＝である。さらに，b.『海外社会保障情報』，c.『海外情報』については，企画・編集・出版する側からの「原稿の依頼のありよう」や「投稿されたものの採用のありよう」ということが問題となろう。

前提的なことに加えて，ここでは，私自身が以下のような整理の方法を

とっていることを断っておかなければならない。すなわち，前に述べた a. b. c. に共通する事柄として，論文の要素としての量や質を問わず，また，論文・紹介記事・翻訳などを「すべて等しく一つのもの」として扱っていることがそれである。さらに，タイトルが「世界の……」,「EU諸国の……」，「アジアの国々の……」となっているようなものや，「ILO」，「WHO」というような国際機関となっているものについては，国別の合計にはカウントされていないということも述べておく必要がある。より厳密な方法をとろうとするのであれば，「誰が」,「どのような立場から」，「何について」,「どの程度の質と量で」検討したのかということが重要な関心事となるのであろうが，これらの諸点については，ここでの作業が私たち自身のトレンドを知るという目的の下になされているということから了解されることであろう。

　a. まず，『法律時報』(日本評論社) の巻末にある「文献月報」を手掛かりにしてみよう。扱う時期は，「文献月報」の1970年から1992年までである。「文献月報」によれば，扱われた国は30か国強である。掲載された「論文」や「紹介」は約520件である。扱われた国のうち上位10か国で全体の約83%を占めている。それらのうちでも，とりわけ，イギリス，ドイツ，アメリカ，フランス，スウェーデンに集中している（表2-6-①)。

　b. 次に，『海外社会保障情報』(社会保障研究所) を手掛かりにしてみよう。扱う時期は，1968年から1996年までである。掲載された「論文」・「情報」・「書評」等は約620件である。扱われた国のうち上位10か国で全体の約74%を占めている。それらのうちでも，とりわけ，アメリカ，イギリス，ドイツ，フランス，スウェーデンに集中している（表2-6-②)。

　c. 最後に，『海外情報』(健康保険組合連合会) を手掛かりにしてみよう。扱う時期は，1987年から1996年までである。掲載された「情報」・「トピックス」等は約250件である。扱われた国のうち上位10か国で全体の約85%を占めている。それらのうちでも，とりわけ，アメリカ，ドイツ，フランスに集中している（表2-6-③)。

表2-6　各種雑誌に掲載された「国際」・「海外」社会保障研究論文等の構成比
（上位10か国：％；小数以下2位については四捨五入）

①		②		③	
イギリス	22.8	アメリカ	18.5	アメリカ	29.0
ドイツ	16.7	イギリス	15.3	ドイツ	21.2
アメリカ	14.6	ドイツ	13.5	フランス	18.4
フランス	12.6	フランス	9.3	イギリス	4.9
スウェーデン	6.6	スウェーデン	9.2	オランダ	3.7
イタリア	2.9	イタリア	1.8	スウェーデン	2.9
オーストラリア	1.9	オーストラリア	1.8	カナダ	1.6
ニュージーランド	1.8	カナダ	1.8	オーストラリア	1.2
オランダ	1.4	中国	1.6	韓国	1.2
ロシア（ソ連）	1.2	韓国	1.1	ロシア（ソ連）	1.2
上位10か国計	82.5	上位10か国計	73.9	上位10か国計	85.3
その他	17.5	その他	26.1	その他	14.7
合計	100	合計	100	合計	100

(注)　東西ドイツについてはドイツ，旧ソ連についてはロシアに統一した。
(資料)　①『法律時報』（日本評論社）巻末の「文献月報」より作成。1970年〜1992年まで約520件の論文等を基礎にしている。
　　　②『海外社会保障情報』（社会保障研究所：（現）国立社会保障・人口問題研究所）1号（1968年）〜116号（1996年）までで約620件の論文，情報，書評等を基礎にしている。
　　　③『海外情報』（健康保険組合連合会）1号（1987年）〜39号（1996年）までで約250件の情報やトピックスを基礎としている。

3　手法を支えている論理性

　ここに掲げた**表2-6**は，私たちの行った研究を数的に表現したものであるが，比較福祉研究についてのわれわれの態度を表している。読者はこの「表」をみてどのようなことを感じるであろうか。ある人は「やっぱり，福祉先進国の研究が多いな」と感じるかも知れないし，また，他の人は「なぜ，上位を占める国々は固定的なのだろうか」と感じるかもしれない。そのように何らかの特徴をつかむことができたら，しめたものである。あとは，想像力をたくましくして，次なるステップへと突き進むだけである。
　何らかの傾向を有している「結果として生じていること」の背景には，「このような国で実施されているものは紹介に値するが，それ以外の国の

紹介は疑問だ」だとか，あるいは「社会保障や社会福祉については進むべき一定の方向性がある」という暗黙の了解が存在していそうである。さらに，「福祉というものについてのあるべき像や理念型が存在していると考えること」が，一般的な方法論として存在していることも想像させる。

　意識しているか，していないかは別にして，私たちが実際にとってきた手法が有する特徴点のいくつかを要約してみれば以下の通りである。a. まず，第一に，「私たちの扱う国や地域が偏在している」ことがあげられる。すなわち，私たちの扱う国や地域は，イギリス，ドイツ，アメリカ，フランス，スウェーデンに集中しているということがそれである。b. さらにこのことは，扱う時代についてもいいうることである。具体的には，「社会保障の歴史研究としてなされるべきものは一定の時期以降のものである」ということがそれにあたる。c. 最後に，医療の費用抑制であれば，アメリカ，ドイツ，フランスという具合に，扱われる「テーマ」と「地域」が密度に関係していることについても指摘することができよう。

　以上のような特徴を有する「社会保障の国際比較や外国研究についての私たちの手法」が意味していることは，私たち自身が「社会保障は一定の方向性を有している」であるとか，「社会保障には一定の型がある」という認識をもっているということである。「一定の時期以降のものを扱う」という歴史研究についての態度は，このことを端的に示している。これは社会保障についての私たちの方法論，すなわち，社会保障を成り立たしめているものの多くを近代以降の時代に模索するという方法論や，日本における社会保障を捉える際に問題となる，戦前／戦後の区切りに関しての方法論と密接に関係しているといえよう。これらのことから，これらの方法に欠落しているのもは，「一定の時期以前のもの」や「その地域に独自のもの」が，具体的な成果＝制度化＝に果たした役割についての検討である。ここで問われなければならないのは，一定の時期以前の事柄は不十分なものである＝だんだん良くなっていく＝という多くの研究者に共通した基本認識であろう。

2章　比較福祉研究の現状

表2-7　高齢者についてル・モンド紙が扱った議論記事一覧表（各年における全テーマと順位, %）

年	年金制度	福祉制度	要求	雇用政策	高齢者の生活	インテグレーション	評価	科学的問題	老齢のあらわれ
1946	1位 (70%)	2位 (30%)							
47	1 (37.5)	2 (25)					3 (12.5)	3 (12.5)	3 (12.5)
48	2 (40)	1 (60)							
49		1 (100)							
50	1 (33.3)	1 (33.3)	3 (22.2)	4 (9.1)					
51	2 (18.2)	1 (45.5)	2 (18.2)	1 (33.3)			4 (11.1)		
52	3 (11.1)	3 (11.1)	3 (11.1)	2 (16.7)	3 (11.1)			2 (22.2)	
53	2 (16.7)	1 (33.3)	2 (16.7)	2 (16.7)				2 (16.7)	
54	2 (16.7)	1 (58.3)	2 (16.7)	4 (8.3)					
55	2 (20)	1 (50)						2 (20)	4 (10)
56		1 (100)							
57		1 (25)	1 (25)				1 (25)	1 (25)	
58		1 (44.4)	3 (11.1)		2 (22.2)	3 (11.1)	3 (11.1)		
59	3 (16.7)	1 (50)							
1960		1 (26.7)	2 (20)	3 (12.5)	3 (13.3)	3 (13.3)	3 (13.3)	2 (33.3)	
61		2 (25.2)	1 (37.5)		3 (12.5)		3 (12.5)	3 (13.3)	
62		4 (10)	3 (20)		1 (30.3)	1 (30.3)		4 (10)	
63		2 (22.7)	1 (27.3)	4 (13.6)	6 (4.5)	3 (14.7)	6 (4.5)	4 (13.6)	
64	3 (10.5)	2 (21.1)	1 (31.6)	5 (5.3)		3 (10.5)		5 (5.3)	3 (15.8)
65		1 (18.2)	1 (40.9)			2 (18.2)		3 (13.6)	
66		3 (20)	1 (40)			2 (27)			
67	3 (15.8)	6 (5.3)	6 (5.3)	4 (6.7)	4 (10.5)	1 (21.1)	4 (10.5)	1 (21.1)	4 (6.7)
68		1 (38.5)	2 (23.1)	6 (5.3)	3 (15.4)	3 (15.4)			6 (5.3)
69		6 (5.6%)	1 (27.8)	4 (7.7)	4 (11.1)	3 (16.7)	6 (5.6)		
70	6 (5.3%)		1 (31.6)	4 (11.1)	2 (21)	3 (21)	6 (15.8)	2 (22.2)	
71	2 (15.6)	6 (6.7)	1 (40)	4 (5.3)	6 (6.7)	3 (10.5)	4 (8.9)	7 (5.3)	8 (2.2)
72	2 (15.8)	7 (5.3)	1 (23.7)	3 (8.3)	5 (15.8)	5 (7.9)	4 (10.5)	4 (8.9)	5 (7.9)
73	4 (8.9)	4 (8.9)	3 (13.3)	5 (7.9)	1 (26.7)	4 (11.1)	2 (17.8)	7 (6)	
74	7 (6)	3 (16)	4 (12)	8 (4.4)	1 (22)	2 (18)	5 (8)		10 (4)
75	5 (11.9)	3 (15.3)	2 (16.3)	5 (8)	1 (16.9)	4 (13.2)	9 (3.4)	6 (6.8)	6 (6.8)

（出所）Anne-Marie Guillemard, *Le declin du social*, pp. 373-374, Puf.

明示的であれ，暗黙裡であれ，私たちがこれらの方法を許容していることの背景には，a. 社会保障は普遍性を有する，b. 社会保障には一定の方向性がある，c. 社会保障の国際比較は可能である，d. 社会保障の国際比較は有用である，というような，「社会保障に関する研究」や「社会保障そのもの」についてのアプリオな形での理解や方法論があるものと思われる。

● もっと考えてみたい人へ／テーマ
1　国際統計書の注記に注目することは極めて大切だ。国や地域によって，社会保障制度や社会福祉の制度，そして，それを構成している諸概念には，近似性は認識できるものの，それらは同一ではないである。そこから比較を行う際の抽象化という問題が出てくる。すなわち，「社会保障や社会福祉に関しての制度や制度を構成している概念」という用語のもとで把えられそうな実態を引っぱり出して，比べてみるわけである。しかし，実際には，個別的で具体的な制度が実施されているのであり，さまざまな概念が使用されているのである。そこで，それらの「実態としてはバラバラのもの」の概念が，統一された表現によって認識可能となる構造について考えてみてはどうだろうか。
2　メディアに現れた記事を数量的に分析した，松原惇子著『クロワッサン症候群』や Anne-Marie Guillemard の研究 *Le declin du social* は興味深い（表2-7）。何でもいいから，自分にとって気にかかっているテーマをみつけて，同様の作業を試みてみよう。
3　Henry B. M. Murphy の『比較精神医学』（内沼幸雄代表訳，星和書店，1992年）の4ページの「精神医学が主としてかかわるのは，「疾患」つまりは臨床家が客観的に同定しうるものなのか，それとも「病い」つまりは患者が体験するものなのか……」という記述は，「精神の病」について重要なことを示唆している。福祉についていえば，比較の対象としての「ニーズを有するもの」の把握をめぐる困難性が，ここにある。このことは，「寝たきりの高齢者」の判定・「認知症の高齢者」の判定・「要介護状態」についての認定についても，まったく同様である。

●もっと考えてみたい人へ／文献

松原惇子著『クロワッサン症候群』文藝春秋，1988年。

ピエール・ブルデュー著／田原音和監訳『社会学の社会学』藤原書店，1991年。

Henry B. M. Murphy, *Comparative Psychiatry*, Springer-Verlag, 1982／内沼幸雄代表訳『比較精神医学』星和書店，1992年。

ブルデュー＆パスロン著／宮島喬訳『再生産』藤原書店，1991年。

ピエール・ブルデュー，アラン・ダンベル，ドミニク・シュナッペー共著／山下雅之訳『美術愛好』木鐸社，1994年。

田間泰子「『子捨て・子殺しの物語』の誕生と死——新聞記事（1963—1983）の分析から」［中久郎編『現代家族の変貌』（龍谷大学地域総合研究所叢書3）行路社，1998年所収］。

Anne-Marie Guillemard, *Le declin du social*, Puf, 1986.

3章 比較福祉の重層的構造
―― 比較福祉の基礎となるデータの重層性

　「比較すること」とはどのようなことなのか，そして，「比較すること」の困難性についてはなんとなくわかってきたことと思う。次になさなければならないことは，福祉を念頭に置きつつ，「比較すること」の前提となることであるにもかかわらず，かかわると面倒なことになりそうだという理由で避けられてきたことや忘れ去られているようなことを，意識的に探し出して，それらをめぐる構造について考えることである。そこで，第三章では「比較福祉」がさまざまなことの積み重ね的な構造を有している事と「比較福祉」の基礎をなしているデータについて考えてみよう。

1　日常生活を構成する重層的構造
―― 福祉をめぐる多くの困難性

　福祉を題材として比較をするためには，制度の仕組みについての情報や制度に関するデータを入手しなければならない。私たちの周りには，利用できそうなデータ集はたくさんあるのだが，そこに掲載されている〈表〉や〈資料〉は，どのようにして収集されたデータを基にして作成されたものなのであろうか。そして，そのようなデータについては，「いい加減なものであってはならない」という質なことが要請されている。日ごろ，私たちがよくみるさまざまな〈表〉は，これらのことの積み重ねの結果として私たちに提示されているものである。これらのことについては，後ほど見るとして，まずは，「それらの作

業の前に立ちはだかっている困難なこと」の幾つかについて，構造的な複雑性を感じていただこう。

1 「福祉の対象の把握」と「対応の方法」

　社会保障制度や社会福祉制度を構成している主なものは，「社会的な対応の必要な事柄」と「それへの対応のありよう」である。例えば，「高齢者福祉の国際比較」という場合に，それは，「高齢という事柄」についての，各国の「対応のありかた」が比較検討の対象となる。この場合，私たちは，「各国とも，大体類似した方法で対応しているものの，いくつかの点で相違がある」ということを念頭に置いて，そのような違いの生じた原因や結果について検討することになる。ここで行っていることは，「高齢という事柄」についての「どのようなことをなすべきなのか」をめぐる，国ごとでの相違点を模索する作業なのである。このことを根本から考えようとするならば，私たちの周りにある様々な出来事をヒントとして，「どのようなことをなすべきなのか」をめぐって，それがどのように構成されているのかについて理解しておかなければならない。一見したところ単純そうであるが，しかし，生じていることは，そう単純なものではない。なぜなら，誰にとっても「同じ事柄であると思われているような事柄」が，実は，異なった脈絡で構成されていることもありうるからである。

（場面①：高齢者はどこに座ることになっているのか）
運転手：申し訳ありませんが，お爺さん。頼むから，優先席に座ってもらえませんか。
高齢者：どこでもいいだろ。とにかく，優先席じゃないところに座りたいんだよ。
運転手：お爺さんがそこに座ってしまったら，どうなると思うの？　若い人たちは，優先席には座りにくいし，座るところがなくなってしまうでしょ!!

3章 比較福祉の重層的構造　69

　読者の多くはこのような場面に出くわしたことはあるだろう。実際に，このような「激論」を聞いたことがないとしても，高齢者でない人々の感覚の中に，たとえば，「優先席でないところから座ろう」だとか，「あっ，優先席だ。空いてるからから座ってもいいだろう」という感覚が瞬間的に生じることはよくある。「優先席だけが空席」の場合，頭の中には，一瞬，「どうしよう。まずは，私が座ってしまってはどうにもならない」なんて思いつつ，ここは，「立ったまま居眠りのフリでもして」という具合になり，「ま，いいか」とばかりに，「その場にかかわらない自分」を作り出したりしないだろうか。考えてみれば，その場の私を悩ませているのは，その場で「どのようになすべきか」を巡る複数の考え方である。〈どこに座るのか？〉をめぐる激論から読みとれる価値軸は，例えば，〈分離/統合〉ということになる。

　たしかに，シルバーシートを巡っては昔から多くの議論がなされてきた。極論すれば，「優先的に確保されているなら分断されてもよい」のか？「多少は窮屈だけど，一緒がよい」のか？　ということになる。実際には，両者の間で折り合いが付けられることになるが，基本的な軸は「分離/統合」である。ただ，ここで紹介したような場合には，出来事が「(ある程度) 可視化」されているから，本質的なところまで深堀りせずに，「なすべきこと」をはぐらかすことが可能である。では，次のような場合はどうだろう。

(場面②：優先的に座れることになっているのは誰か)
訳知りの（ような）乗客：きみ，きみ，申し訳ないけど，君は若いのだから，お年寄りに席を譲ってくれませんかね。
若い乗客は眠っているのか，下を向いたままで，席を譲ろうとしない。…そして，次の停留所でその若い乗客が立ち上がった…。
訳知りの（ような）乗客：（ようやく立ち上がったか。もっと早く，席を譲ってくれても良さそうなものなのに。…）さあ，お爺さん，席が空きま

したよ。
若い乗客は，（降りながら，訳知りの（ような）乗客の耳元で）「実は，私は，心臓病者なんです」と小声でささやいた。

「実は，私は，心臓病者なんです」と小声でささやかれた乗客は，どんな気持ちだっただろう。「しまった」と思ったか？　はたまた，自分の「なしたこと」とそれを支えた「なすべきこと」を守るために「あの若者は心臓病者なんかではない!!」と考えたか？　いずれにしても，「お年寄りに席を譲ってくれませんかね」という発言は，彼にとっては善意のつもりだったのだ。それがひっくり返されてしまったのである。では，「黙ってないで，心臓病者ですからといってくれればよいのに」といえるだろうか。フーコー流にいうなら，「かつて，私たちは，つらそうな人を感じようとしてきた」ということになるかもしれない。福祉という考え方の大衆化は，「障害者に対してなすべきことは，このようなことだ」ということは教え込んできたが，「障害者とは，一体誰のことか」ということについては教えてくれなかった。

（場面③：優先権をめぐる複数の論理）
若い女性：もしもし，おばあさん，分かるかな。私たちは，みんな来た順に並んでいるのね。ですから，あなたも，一番後ろに並んでくださいね。
高齢の女性：私は年寄りで，足の具合も良くないから，永く立っているのはきついの。分かりますか，このつらさ……。
若い女性：つらいかどうかは知らないけど，体の具合や年齢に関係なく，先に来た人から順に切手を買うことができることになっているんだからね。たとえ，私が「いいですよ」って言っても，それを私の後ろに並んでいる人たちが許してくれるかどうか。

　このような会話がなかったかのように，高齢の女性は，先頭に割り込ん

だままで切手を購入してしまった。それにしても，あの若い女性の発言は用意周到だった。「おばあさん（＝特別な対応が必要な人）」と語りかけながら，「あなた（＝市民）」は並ぶべきだと，「主体」の持つ両面性について，巧みに言葉を使っている。そして，そのことは，あの若い女性の迷いの言葉として続けられることになっているのだ。それは，自分にとっては「割り込みをされても仕方がない（＝特別な対応が必要であると認める）」ものの，自分より後ろの人がこだわるかもしれない権利（＝早いもの順というルール）については，自分は左右することはできない，という発言に具体化されている。結果として，面倒だから，後ろの人の権利にはかかわらない＝私より後ろに並んでいる人次第とする＝という態度をとったのであろう。

ともかく，割り込んだ高齢の女性は優先的に切手を買ってしまった。一件落着，落着，落着のようだが，しかし，先ほどのバスの運転手のことが思い出される。優先席にすわってもらおうと，高齢のお客さんに対応していた運転手は必死だったけど，郵便局員は何も言わずに，とにかく，先頭にいたおばあさんに切手を売ってしまったのだ。ということは，もし，高齢者でなく，若い人が先頭に割り込んだらどうなっていたのだろうか。

2 「言語」の問題

さらに考えていくとすれば，次に考えておかなければならないことは，「言語」の問題である。なぜなら，「福祉の対象の把握」と「なすべき対応の方法」についての，「各国の異なる対応の方法」の比較検討は，各国の異なる「言語」で表現される「施設概念」や「施策の対応が必要とされる人」から出発せざるを得ないからである。比較する側から見た場合に，類似しているように感じられる各国の施策であったとしても，それらの施策の基礎をなしているものは，各国の異なる「言語」で表現される「施設概念」や「施策の対応が必要とされる人」なのである。そのようなことから，「各国の異なる対応の方法」を理解し，比較するためには，「言語」の問題

は避けて通ることはできないのである。

　以下では，私たちの一日のいくつかの場面を例示して，「言語」の問題を考えるためにヒントとしよう。

(場面④：入浴したいニーズ VS. 風呂への呼びかけ)
疲れ切って帰った私：ただいまぁー。あぁー，疲れたぁー。おーぃ，風呂，風呂。聞こえてないの!! FURO!!
妻：あなた，帰ってくるなり，馬鹿なことやめてくれない？
疲れ切って帰った私：何が…。
妻：だって，あなた，お風呂に呼びかけてどうするの。相当疲れてるのね。

　会社から帰った疲れ切った私は，一瞬戸惑った。しかし，妻の「お風呂に……」という発言は「ギャグか？」，「本気か？」。本気だったら，どうしよう。ここには，相当おもしろい論点がありそうだけど，残業続きの私には，これをどのように説明すべきか，これは相当に難しい。こんがらがった毛糸をほぐすかのように，あれが，ここにこうなっているから，まずは，これをこうやって。「どう説明したら，分かってもらえるのか？」

　とりあえず，「おーぃ，風呂」も，「オーォイ，フロ」も，"OOI FURO"も同じ音なのだ。しかし，その三つには，"OOI FURO"というような形で表記される「鼓膜を伝わってくる音声だけではない」何かがありそうだ。

　「言葉って何だろう。コミュニケーションって難しいものだ。ソシュールはえらかった。」なんて，いろんなことを考えながら，何とか，風呂に入ることができた。「おーぃ，風呂」って，そういうことなのか。わかったような，わからないような。それほど大げさなことではないのだが，湯船につかって，試しに「おーい，お茶」って言ったら……どうなるのだろうって考えてみた。ペットボトルが「ハーイ」と返事をしたらどうしよう。いや，そんなのじゃつまらない。「きわめつけは，大井競馬場だ」なんて，ぶつぶつ独り言を言いながら，風呂から上がると……，息子が，塾

から"ずぶぬれ"で帰ってきた。

(場面⑤：音声と意味)
妻：びしょぬれじゃない。放射能が降ってくるのよ!!
息子：だって，カサを持っていかなかったから。
妻：なに言ってんの。空を見て行きなさいよって言ったでしょ。人の言うことをよく聞きなさい。
息子：ボク，ちゃんと，空を見ていったよ。
妻：違うの。空を見て行きなさいということは，空を見て，雨が降りそうだったら，カサを持って行きなさいということなの。
息子：だったら，「空を見て，雨が降るかもしれないと思ったら，自分で判断して，カサを持って行きなさい」と全部言ってくれなきゃ。

　「理屈はよく分からないけど，これはすごいことだ。このやり取りは，"おーぉい，風呂"といい勝負だな」と思いをめぐらせていた。しかし，どうして，ぜーんぶしゃべらなくても通じてしまうことができるのだろうか？　不思議なものだ。

(会話⑥：日本語と外国語)
　「子供をしつけるのも大変だね」なんてことを言ってみたって，「でも，あなたを育てるのよりずいぶん楽よ」なんてことを言われそうだ，というようなことを思いつつ，食卓について，ようやく晩御飯。2階から，受験勉強中の娘が，なにやら難しい英語をしゃべりながら降りてきた。かつては，私も英語は得意だった。ここは，なんとしても，団欒。団欒。楽しくやらなきゃ。
私：「お肉」，「魚」何食べる？
娘：私は魚。
私：「ソレ」，英語で言うとどうなるの？
娘：簡単ジャン!!"I am fish."でしょ。

私：？？？

　そういえば，わたしも，（フランスの，パリの，オペラ座の前の，ランセル本店の近くのキオスクでパリの地図を買おうとして，頭の中で「地図はありますか」だから…とばかりに，準備万端，ジュンビ，ヴァンタン）……Y a-t-il des plans de Paris? って言ったら，キオスクのおっさんから，投げ捨てるように，「道路の向こうにありまっせ」って，フランス語で言われて，むっとして，道路の向こうに行ったっけ。確かに，道路の向こう側には，パリの案内地図板があったけど。

　嫌味のような解説をするなら，このような場合は，「（売り物の地図についての，キオスクのおっさんの所有権を意識して）地図を所有していますか？」といわなければなりません。英語で言えば，Do you have……？ という表現になりますね。その結果，「そのおっさんの所有している地図」と「あなたの持っている貨幣」とが，売買契約の手段・対象として役割を果たすこととなります。

(場面⑦：目眩のするような瞬間的感覚)
　せっかくの食事の場だ。これ以上複雑にするのはやめよう。「夕刊を取ってくれないかな」というと，息子が「はい，どうぞ」と渡してくれた。ここまでは良かった。それからが大事件である。新聞を開いてみると，娘が通っている予備校の大きな文字のコマーシャルが目に飛び込んできた（実際には，私が見たのであって，新聞記事が飛び込んで来たりはしない。当たり前か。ちなみに，このような場合，フランス語では，「私は，大見出しの上に落ちた」というような，「ジュ，スイ，トンベ，スュール，アン，グラン，ティトゥル」となります）。「合格率が違います!!」だって。メマイがするくらい，めまいがしてきた。一体，これは，どういうことだ。「あれだけ高い授業料を払ってきたのに。合格率が違いますだと!!」今まで信じていたことは間違いだったのか？

私：いったいどういうことだ，合格率が違うんだと。
娘：何のこと？
私：何がなにやら，もうわからん。説明してくれ。

(場面⑧：「固有名詞」/「普通名詞」と「シニフィアン」/「シニフィエ」)
息子：ありがとう，宿題手伝ってくれて。パパ，すごいね。
私：すごいだろ。おまえは，パパがお父さんでよかったね。
娘：パパがお母さんってこともあるの？
私：ある。ある。うちの猫は「いぬ」って名前じゃないか。
娘：あっ，そうか。ということは，「みどり」ばあちゃんは，「みどり」さんだけど，「米寿＝ベージュ」なんだ。
私：＆％＄＃

3 「連帯」することの難しさ

　最後に考えることは，「連帯」することの難しさについてである。社会保障制度や社会福祉の制度は，「連帯」や「自立」などの基本的な考え方をベースとして成り立っている。とりわけ，「連帯」について考えることは重要である。なぜなら，社会保障制度や社会福祉の制度は，「単なる出来事」を「社会を構成している人々に共通した出来事」として考えて，制度化することをきっかけにしているからである。それらの「ある出来事」が「社会的な出来事」となることのありようについての，異なる対応の方法の検討が「比較福祉」なのである。
　ここでは，「ある出来事」が「社会を構成している共通した出来事」となることの難しさについて考えてみよう。

(場面⑨：それ以前の状態を共有することの難しさ)
　太郎君は，無事に大学に合格した（とりあえずは，良かったね）。引っ越しをしたばかりだ。太郎君は，その部屋のことを結構気に入っている。

太郎君は，自分の新しい部屋にクラスメートの次郎君を招待した。
太郎君：お疲れさま。さあ着いたぞ。
次郎君：わーぁ，すごい。ボクの部屋みたいにごちゃごちゃしていない。すっきりして，きれいだね。うらやましいなぁー。
太郎君：ぎゃぁー，全部やられた。
次郎君：えっ，なに，なに？
太郎君：泥棒が全部持っていった。

　太郎君と次郎君の決定的な違いは，「家財道具が揃っていたこと」＝今の状態以前の状態＝を知っていたか，否か，すなわち，「今」を判断する前提としての事実についての認識の差である。当たり前といえば当たり前だが，ここには，「今」の状態を豊かに表現する比較研究についてのヒントが横たわっている。研究について言えば，「幾たびかの制度改変を経た現行の制度は，その経緯との関係で存在している」という，当然のこと意味することとなる。すなわち，「今のその状態」を生き生きと描けるか，否かは，「時間軸」を設定し，「そこでの今」を表現できるか，否かにかかっているのである。

(場面⑩：分断する機能を発揮する「年金」)
　近年の年金をめぐる議論のありようをみることによって，そこに存在している複数の価値軸を見つけてみよう。そして，「連帯」することの困難さについて考えてみよう。
高齢者：消費税率を上げて，福祉の財源にするんだって？　年金をもらっている人にも，さらに負担させようとしている。ひどい話だ。
若者：私たちだって負担したくないですよ。だって，いくら納めても，その分もらえるかどうか分からないから。
高齢者：そうかなぁ。私たちだって，ずっと納めてきたんだから，君たちも納めなきゃ。私たちは，もらう人で，君たちは負担する人なの。世代間の連帯って，そういうものでしょ。

若者：もっともらしく聞こえるけど，なにかへんだなぁ。

　この「年金を巡る議論」から読みとれる価値軸は「個々人/連帯」ということである。もう少し制度的に整理して，具体的に考えてみよう。このような議論の背景にあるのは，①「保険料を負担するのは，自分の年金給付を受給するためである」という考え方と，②「保険料は負担できる人々が負担するのであり，他方，受給できるのは，所得の保障を必要としている人々である」という考え方である。さらに，「負担できる人々」をどのような人々とするのか，という具体的な問題もあって，人々の議論はいっそう複雑なものとなってくる。極論すると「損得勘定論」が突出してきたり，「世代間の戦い」ということになってしまう。

　ここで少し歴史を振り返ることによって，年金をめぐる議論を整理してみよう。かつて，厚生年金保険法の前身である労働者年金保険法（昭和16年，法律60号）は，「女子」を被保険者から除外していた。このような状態について，「女子は保険料を負担しないですんだのでラッキー」と考えるか，「女子は差別されていた」と考えるか，議論は複雑なものとなりそうだ。

　先ほどの高齢者の発言を振り返ってみよう。高齢者の「私たちは，もらう人で，君たちは負担する人」という発言に対して，①「負担することが可能であれば，一緒に負担しましょうよ」というか，②「はい，分かりました。私たちが負担しますから，もらう人達はあっちに行っていてください」というかは，その後の社会の構造を決定的に別の姿にしてしまう。

(場面⑪：「働きたい」/「休みたい」)
　では，働くという場面ではどうであろうか？　一方では，非正規の労働者やフリーターのことが問題とされ，同時に，リストラのことが問題とされている。フリーターについていえば，今まで多くの人々がなしてきたような，定期的な働き方を望まない人々がいることも事実であるのに対して，リストラの場合は，今まで多くの人々がなしてきたような，定期的な働き

方を望んでいるのに，それができなくなっている人々が問題とされることになる。

フリーターの息子：リストラされたんだって？
リストラされた父親：明日から，どうしよう。もう，死にたいよ（さみしい，どうしよう）。
フリーターの息子：いいじゃん。自由な時間ができたから。
リストラされた父親：何考えてるんだ。俺のおかげでフリーターができてんだぞ（リストラされたことは寂しい。だけど，フリーターはうらやましい）。

　この父親の感覚も複雑だ。一方には，「不要な人になりたくない。みんなと一緒に働きたい」という感覚があるのだが，それと同時に，「なぜ，私だけがはたらいて，あなた＝息子＝は働かないで，自由な生き方をしているの？」という感覚があるのである。今の若い人たちも，ひょっとすれば，「働かないはずだったのに」，「働くことが生き甲斐」になり，「リストラされて，働けないなら，死んでやる」となるのであろうか？　ここに潜んでいるは，「働くという限定的な価値の世界」の中で，「自分は必要とされている」という感覚である。では，「みんなと一緒にいる」という感覚が実感できる世界をどうすれば構築できるのであろうか？
　これからの福祉に求められることは，まず，「まじめに関わっているのは自分だけではない」ということが実感できる装置が，制度の中に備わっていることである。これについては，「友人・家庭・地域」，「職場」，「国の中」，「国際的」というそれぞれのステージで考えなければならないであろう。制度を維持することのみを意図して，費用面や負担面での「連帯」のみを強調し，気がつけば，「分断」や「排除」を増幅させるようなことになっていないであろうか。

● もっと考えてみたい人へ／テーマ
1 「女性専用車両」について，そのような空間が存在することになる正当性を構成している論理について考えてみよう。
2 日本語の「老人」と「高齢者」との違いは，外国語でどのようになされているのだろうか？
3 具体的な制度が現実に存在しているのは，その制度に内在している複数の価値のバランスの結果である。具体的な制度を例に採り上げて，それに内在している価値軸について考えてみよう。

● もっと考えてみたい人へ／文献
立川健二，山田広昭著『現代言語論』新曜社，1990年。
マリナ・ヤゲーロ著／青柳悦子訳『言葉の国のアリス』夏目書房，1997年。
石川淳志，佐藤健二，山田一成編『見えないものを見る力』八千代出版，1998年。
桜井哲夫著『フーコー――知と権力』講談社，2003年。
ピエール・ロザンバロン著／北垣徹訳『連帯の新たなる哲学』勁草書房，2006年。
久塚純一著「社会連帯の創造と排除」[岡澤憲芙・連合総合生活開発研究所『福祉ガバナンス宣言』] 日本経済評論社，2007年
大津由紀雄著『ことばに魅せられて・対話編』ひつじ書房，2008年。

2 比較福祉の基礎となるデータ
―― 比較のために必要とされる「生もの」の概念的統一化作業

　比較福祉の重要な基礎をなすものとして国際的なデータがあげられる。しかし，そのデータがどのようなものであるかについて，さらには，データに潜んでいるさまざまな課題については，あまり論じられることがない。私たちは，つい，そのようなデータをそのまま使用してしまう。はたして，それでいいのだろうか。

表3-1　アルゼンチンとポルトガルの失業者数（千人）と失業率

Country or area § 国または地域	1985	1986	1987	1988	1989	1990	1991	1992	1993	1994
Argentina										
MF[I][2,3]	216.2	177.8[1]	230.5	251.2	322.6	—	—	—	519.7	—
M[I][2,3]	143.0	107.7[1]	126.8	137.2	195.2	—	—	—	267.4	—
F[I][2,3]	73.3	70.1[1]	103.7	114.0	127.4	—	—	—	252.2	—
%MF[I][2,3]	5.3	4.4[1]	5.3	5.9	7.3	—	—	—	10.1	—
%M[I][2,3]	—	—	4.5	5.2	7.0	—	—	—	8.5	—
%F[I][2,3]	—	—	6.6	7.2	7.7	—	—	—	12.7	—
Portugal										
MF[I]	397.0[15]	393.4[15]	329.0[15]	—	243.3[15]	231.1[15]	207.5[15]	194.1[12]	257.5[12]	—
M[I]	171.0[15]	176.2[15]	143.4[15]	—	95.1[15]	90.0[15]	77.6[15]	90.7[12]	120.0[12]	—
F[I]	225.9[15]	217.2[15]	185.6[15]	—	148.3[15]	141.1[15]	129.9[15]	103.4[12]	137.5[12]	—
%MF[I]	8.5[15]	8.3[15]	7.0[15]	—	5.0[15]	4.7[15]	4.1[15]	4.1[12]	5.5[12]	—
%M[I]	6.3[15]	6.4[15]	5.2[15]	—	3.4[15]	3.2[15]	2.8[15]	3.4[12]	4.6[12]	—
%F[I]	11.6[15]	10.9[15]	9.3[15]	—	7.2[15]	6.6[15]	5.8[15]	5.0[12]	6.5[12]	—

資料および注は次ページに掲載。
（出所）　国際連合『世界統計年鑑　1994（Vol. 41）』日本語版（1997年発行），原書房より作成。

1　「失業率」の国際比較

　表3-1を利用して「失業率」の国際比較を試みるとしよう。使用するものは『国際連合　世界統計年鑑　1994（Vol. 41）』の日本語版（原書房，1997年）の252―268ページのごく一部を加工したものである。**表3-1**をみてわかるように，表の下には，おびただしい数の（注）がつけられている（ここでは次々頁にまとめて掲載）。実は，その（注）の中に重要なことが記載されているのである。たとえば，アルゼンチンについては，（注）1，2，3をみることが必要になるが，それによると，ブエノスアイレス市およびその近郊地域から得られたものがデータとなっていることがわかる。また，ポルトガルでは（注）15，12をみることとなるが，それによると，1991年以前では10歳以上の者が対象となっていることもわかる。

　しかし，もっと重要なことがある。それは「失業率」とは何かということである。そう！　重要なことは，失業率の定義なのである。一般に，失業率とは，経済活動人口に占める失業者の割合を指している。とすれば，「失業者」とは何か？　が問題となる。ここまで述べると，みなさんはシ

表 3-1 の資料および注

国際労働機関（ジュネーブ）。
§ Ⅰ＝労働力標本調査および一般の家計標本調査。
Ⅱ＝社会保険統計。
Ⅲ＝雇用局統計。
Ⅳ＝公式推計値。
† 旧チェコスロバキア，ドイツ，ユーゴスラビア社会主義連邦共和国，および旧ソ連に関するデータの詳細な記述については，付録Ⅰ「国および地域の名称ならびに地域グルーピング」について参照のこと。

注：アルゼンチンについては，注1，2，3，ポルトガルについては，注12，15に注目。特にポルトガルの場合1992年以降，算出方法が異なるので単純な比較は困難である。

1 各年の1か月。
2 15歳以上のもの。
3 大ブエノスアイレス。
4 15時間未満の働く無給の家族従業者を含む。
5 1989年以降，1991年の人口・家計調査に基づく。
6 さきに雇用された者の失業を除く。（トリニダード・ドバコ：1987年以降）
7 抵抗的失業。
8 各年の12月31日。
9 民間部門。
10 求職者（雇用者を含む）。
11 12か月未満の平均。
12 14歳以上の者。
13 15～69歳の者。
14 都市部。
15 10歳以上の者。
16 ロンドニア，アッカ，アマゾナス，ロライマ，パラ，アマパの農村部の人口を除く。
17 16歳以上の者。
18 1988年以前は3つの雇用事務所。1989年より4つの雇用事務所。
19 性別不明の失業者を含む。
20 ブジュンブラ。
21 改訂調査。
22 バンギイ。
23 16～25歳の青年。
24 該当国の7つの主要都市。
25 12歳以上の者。
26 14～55歳の者。
27 翌年の2月に終わる1年。
28 15～74歳の者。
29 15～66歳の者。
30 16～66歳の者。
31 キト，グアヤキルおよびクエンカ。
32 12～64歳の者。
33 4調査の平均。
34 首都圏。（パラグアイ：アスンシオン首都圏，メキシコ：メキシコシティ，モントレーおよびガダラジャラ）
35 表示された年の6月に終わる1年。
36 18～55歳の者。
37 15～64歳の者。
38 もう職を探す気のない年配の年金受給者を除く。
39 一時的にレイオフされた者を除く。
40 カイエンヌ，クーロウ。
41 15～60歳の者。
42 15～65歳の者。
43 グアテマラ市のみ。
44 1時間以上労働する無給の家族従業者を除く。
45 10～56歳の者。
46 年平均。
47 国勢調査と国勢調査との間の人口調査結果。
48 10～56歳の者。
49 1991年調査に基づき計算した率。
50 東エルサレムの数字を含む。
51 同国内で12か月以上働かなかった者を含む。
52 16～64歳の者。
53 6首都。
54 16～61歳の者。
55 ロドリゲスを除く。
56 18歳以上の者。
57 週12時間未満の従業者もしくは求職者は含まない。
58 アルバを除く。
59 キュラソー。
60 ヌーメア。
61 休暇中の仕事を求職中の学生を含む。
62 12月現在の12月の数字を用いて計算された年平均。
63 1987～88年の調査結果から計算された。
64 15～60歳の者。
65 リマ。
66 16～60歳の者。
67 ダカール。
68 人口調査。
69 トランスケイ，ボフサツワナ，ベンダ，シスケイを除くが，実際に住んでいる場所で挙げられた者を含む。
70 北および東プロヴァンス地方を除く。
71 カートウム地方。
72 登録制度の変更。失業者は3か月ごとに再登録しなければならない。
73 11歳以上の者。
74 18歳以上の者。
75 1988年9月より，18歳未満を除く。
76 1989年9月より，炭鉱業に以前従事していた者を除く。
77 60歳以上のいくつかの分類に属する者を除く。
78 失業保険局における要求者。
79 16～65歳の者。

資料3-1 国際連合の『世界統計年鑑』にみられる失業者についての技術的注

「失業」は一定の年齢を超えた者で，特定の期間中次のカテゴリーに該当する者を含むように定義されている。
(a)「無職」，すなわち有給雇用または自家雇用に該当しないこと。
(b)「現に仕事が可能である」，すなわち特定期間中，有給雇用または自家雇用が可能であること。
(c)「職を探している」，すなわち有給雇用または自家雇用を探すため，特定の期間中処置をしていること。

次のカテゴリーの人は失業とみなされない。
(a) 自営業の事業または農場を創設しようとしている者，ただし，まだこのために準備にかかっていない者および給与または報酬を得るための仕事を探していない者は除く。
(b) 以前の無給家族従業員で仕事に就いていない者および給料または報酬を得るための仕事を探している者。

色々な理由で雇用および失業に関する各国の定義はしばしば国際的標準の定義とはことなり従って国際比較可能性は制限された。各国の比較は従って雇用および失業者の情報を求めるために用いられるデータシステムのいろんなタイプによっても複雑にされている。

ステムとしての「失業」と，事実としての「職に就いていない状態」の違いに気がつくことであろう。「労働能力があり，就労意思があり，しかし，就労の機会のない状態」を「失業」というならば，「労働能力」がないとされる者や「就労意思」があると認定できない者などはそれから除外されることとなる。ところで，「失業」について，国際連合の統計にはどのような（注）が付されているのであろうか。**資料3-1** は「失業」についての技術的（注）の日本語訳である。

　また，「失業のデータ源」も重要な問題を抱えている『世界の統計1997』（総務庁統計局編）43ページによれば，失業についてのデータ源にはa.「労働力標本調査及び総合世帯標本調査」，b.「社会保険統計」，c.「職業紹介所統計」，d.「公式推計値」があるが，a. が失業の国際的な定義にもっとも近いとされている。

　そうすると，このような統計表のもととなっているILO『労働統計年鑑』（ILO : Year Book of Labour Statistics）に立ち帰ってみることが不

3章 比較福祉の重層的構造 83

可欠の作業となる。しかし，そのような作業を行ったとしても，第1章で考えてきたこと，すなわち，「各国の実態を，国際的な機関が把握する際に生じる諸問題」は解決されたわけではない。

2 「乳児死亡率」の国際比較

失業というような社会的な制度には，さまざまな概念が前提とされているから比較しにくいと感じたかもしれない。そこで，医学のような，ある意味での「普遍性をもっていると考えられるもの」についての国際的な統計についてみることにしよう。

例としてとり上げるものは，「乳児死亡率」（Infant mortality rate）についての国際比較である。

まず，表3-2のうち，乳児死亡率をみてみよう。『国際連合　世界統計年鑑　1994（Vol. 41）』（日本語版，1997年発行）によれば，「乳児死亡率」とは，「各年における1歳未満の乳児の，当該年度出生数1000あたりの死亡数」と定義されている。日本4.2，イラク57.8，フィリピン43.6，フランス7.3となっている。「やはり日本は医療技術が進んでいるなあ」と感じたことだろう。それでもいいのだが，表3-2をよくみると，乳児死亡率の欄の数値の右側に小さなアルファベットがついていることに気づくことだろう。一番多いのは，aという記号である。aについている注記は「国際連合推計（1990—95年）による」というものである。そこで，私たちには，「国際連合推計（1990—95年）」にアプローチすることが求められることとなる。『国際連合　世界統計年鑑　1994（Vol. 41）』（日本語版，1997年発行）によれば，年鑑自体がこの分野での各国の報告に制限があることを明言している（資料3-2）。

ここにも，専門性の差異・資格の付与，国境，比較可能性と比較の意味というような問題が潜んでいるのである。

表3-2 人口動態

(単位：1000人当たり)

国	年次	出生率	死亡率	自然増加率	乳児死亡率[1]	合計特殊出生率[2]	婚姻率	離婚率
アジア								
日本[3]	94	10.0	7.1	2.9	4.2	1.50	6.3	1.57
アフガニスタン[4]	90〜95	50.2	21.8	28.4	163.4	6.900	—	—
アラブ首長国連邦[4]	90〜95	23.2	2.7	20.5	18.8	4.240	—	—
イスラエル[5]	93	21.3	6.3	15.1	7.8	2.921	6.5	1.4
イラク	90〜95	38.1a	6.7a	31.4a	57.8a	5.700a	8.6b	0.1c
イラン	90〜95	35.4a	6.7a	28.8a	36.0a	5.000a	7.9d	0.5d
インド	93	28.5	9.2	19.3	74.0	3.746a	—	—
インドネシア	90〜95	74.7a	8.4a	16.4a	58.1a	2.900a	7.4e	0.8e
ウズベキスタン	92	33.3	6.5	26.7	37.6	4.021f	11.0	1.5f
カザフスタン	93	18.7	9.2	9.4	30.7	2.623g	8.6	2.7
カタール	93	19.4	1.6	17.7	12.8	4.529e	2.8	0.8
韓国	93	15.9	5.2	10.7	10.9a	1.600h	7.0	1.1
北朝鮮[4]	90〜95	24.1	5.3	18.8	24.4	2.367	—	—
キプロス	93	14.6	6.7	8.0	9.7i	2.271	8.4	0.7
クウェート	93	25.6	2.4	23.2	12.3	3.531j	7.6i	2.0i
サウジアラビア[4]	90〜95	35.1	4.7	30.4	28.9	6.370	—	—
シリア	90〜95	41.1a	5.8a	35.3a	39.4a	5.899a	8.6d	0.7k
シンガポール	94	16.9	5.1	11.8	4.3	1.750	8.4	1.3
スリランカ	93	19.9	5.3	14.6	—	2.634f	9.2i	0.2b
タイ	90〜95	19.4a	6.1a	13.3a	36.6a	2.210i	8.3d	0.7e
中国[4)6]	90〜95	18.5	7.2	11.3	44.5	1.950	—	—
トルコ	89	27.4	7.7	19.7	62.3	3.385	7.4i	0.5d
ネパール[4]	90〜95	39.2	13.3	25.9	99.0	5.425	—	—
バーレーン	90〜95	28.1a	4.0a	24.2a	18.0a	3.800g	5.9i	1.3g
パキスタン	91	31.1	7.7	23.4	102.4	6.000	—	—
バングラデシュ	90〜95	35.5a	11.7a	23.8a	107.5a	4.450b	10.9g	—

3章　比較福祉の重層的構造

フィリピン	90〜95	30.4a	6.4a	24.0a	43.6a	3,522k	7.1g	—
ブルネイ	93	26.5	3.7	22.8	11.2	3,051i	7.1	1.1i
ベトナム	90〜95	30.7	8.0	22.7	42.0	3,867	—	—
香港	93	11.9	5.2	6.7	4.8	1,228	7.0	1.0h
マレーシア[4]	90〜95	28.7	5.1	23.6	13.0	3,620	—	—
ミャンマー[4]	90〜95	32.5	11.1	21.4	84.0	4,157	—	—
北アメリカ								
アメリカ合衆国	93	15.6	8.8	6.9	8.2	2,073g	9.0	4.6
エルサルバドル	90〜95	33.5a	7.1a	26.4a	45.6a	3,965e	4.2i	0.5i
カナダ	94	13.1	7.2	5.9	6.2	1,826h	5.4	2.7i
キューバ	93	14.0	7.2	6.8	9.4	1,520i	17.7i	6.0
グアテマラ	88	39.3	7.5	31.9	46.6	6,026l	5.3	0.2
ドミニカ共和国	90〜95	27.0a	5.6a	21.4a	42.0a	3,094a	3.3m	1.2m
メキシコ	90〜95	27.7a	5.3a	22.4a	36.0a	3,205a	7.2d	0.4d
南アメリカ								
アルゼンチン	93	19.8	7.9	11.9	22.9	2,708	5.7h	—
エクアドル	90〜95	28.2a	6.2a	22.0a	49.7a	3,516a	6.2d	0.7d
コロンビア	90〜95	24.0a	5.9a	18.0a	37.0a	2,666a	2.3e	—
チリ	93	21.0	5.5	15.5	13.1	2,409i	6.7	0.4i
ブラジル	90〜95	24.6a	7.5a	17.2a	57.7a	2,882a	5.0i	0.6i
ベネズエラ	91	30.4	4.5	25.9	20.2	3,586h	5.4	1.0
ペルー	93	29.2	7.6	21.6	73.0k	3,970i	4.0	—

表3-2 (つづき)

国	年次	出生率	死亡率	自然増加率	乳児死亡率[1]	合計特殊出生率[2]	婚姻率	離婚率
ヨーロッパ								
アイスランド	94	16.3	6.5	9.8	—	2,222d	4.6d	1.8
アイルランド	93	13.9	9.0	4.9	6.0	1,925	4.4	—
イギリス	92	13.5	10.9	2.5	6.3d	1,756d	5.9d	3.0
イタリア	94	9.3	9.5	-0.2	6.7	1,250i	5.0	0.4d
ウクライナ	93	10.7	14.2	-3.5	15.1	1,776g	8.2	4.2
オーストリア	94	11.4	9.9	1.5	6.1	1,479d	5.4	2.0d
オランダ	94	12.1	8.7	3.4	5.9	1,572d	5.3	2.4
ギリシャ	94	9.8	9.3	0.5	8.3	1,348d	5.7	0.7
スイス	94	11.9	8.8	3.0	5.5	1,510d	6.0	2.1
スウェーデン	94	12.6	10.3	2.3	3.4	1,997d	3.9d	2.5d
スペイン	93	9.9	8.7	1.3	7.6	1,302g	5.0k	0.6g
スロバキア	94	12.4	9.6	2.8	11.2	2,040g	5.3	1.6
スロベニア	93	10.2	9.6	0.6	6.6	1,336i	3.8	0.7
チェコ	94	10.3	11.3	-1.0	7.6	1,666d	5.6	2.9d
デンマーク	94	13.4	11.8	1.6	5.6d	1,764i	6.8	2.5d
ドイツ	94	9.4	10.8	-1.4	5.8d	—	5.4	1.9d
ノルウェー	94	13.7	10.1	3.6	5.0d	1,860d	4.6	2.5
ハンガリー	94	11.3	14.4	-3.1	11.6	1,686d	5.3	2.1
フィンランド	94	12.9	9.4	3.5	4.4d	1,785h	4.7	2.4d
フランス	93	12.3	9.2	3.2	7.3g	1,730i	4.7i	1.9g
ブルガリア	93	10.0	12.9	-3.0	15.5	1,540i	5.0	1.1i
ベラルーシ	93	10.7	12.5	-1.8	13.3	1,750i	7.3	3.9i
ベルギー	94	11.6	10.4	1.1	7.6	1,540j	5.2	2.1g
ポーランド	94	12.5	10.1	2.4	15.1	1,929i	5.4	0.8
ポルトガル	94	10.8	9.9	0.9	8.7d	1,500d	6.9d	1.2d
新ユーゴスラビア	94	13.2	10.1	3.2	18.6	2,032a	5.7	0.6d

国名	年							
ルーマニア	94	11.0	11.6	-0.6	23.3	1,438d	6.8	1.7
ルクセンブルク	93	13.4	9.8	3.6	6.0	1,520f	6.0	1.9
ロシア	93	9.3	14.3	-5.1	20.3	1,385	7.5	4.5
アフリカ								
アルジェリア	90~95	29.1a	6.4a	22.7a	55.0a	3,850a	5.7e	—
アンゴラ[4]	90~95	51.3	19.2	32.1	124.2	7,200	—	—
ウガンダ[4]	90~95	51.8	19.2	32.6	115.4	7,300	—	—
エジプト	94	29.7	7.2	22.5	36.2g	4,330g	9.2	1.4i
エチオピア[4]	90~95	48.5	18.0	30.4	119.2	7,000	—	—
ケニア[4]	90~95	44.5	11.7	32.8	69.3	6,278	—	—
ザイール[4]	90~95	47.5	14.5	33.0	92.6	6,700	—	—
スーダン[4]	90~95	39.8	13.1	26.7	78.1	5,740	—	—
タンザニア	90~95	43.1a	13.6a	29.5a	84.9a	6,500b	—	—
チュニジア	90~95	25.6a	6.4a	19.2a	43.0a	3,150a	6.4d	1.5g
ナイジェリア[4]	90~95	45.4	15.4	30.0	84.2	6,450	—	—
南アフリカ[4]	90~95	31.2	8.8	22.3	52.8	4,095	—	—
モロッコ[4]	90~95	29.1	8.1	21.0	68.3	3,750	—	—
オセアニア								
オーストラリア	93	14.7	6.9	7.9	6.1	1,865	6.2k	2.7
ニュージーランド	93	17.1	7.9	9.2	7.2	2,132i	6.3k	2.6i

(注) 1) 出生数1000当たり。 2) 女性1人当たりの平均出生児数。 3) 国内の日本人のみ。 厚生省「人口動態統計 1994年」による。 4) 国際連合推計 (1990~95年)。 5) 東エルサレム及び1967年6月以降の占領地の自国民を含む。 6) 台湾を含む。 a) 1988年。 c) 1981年。 d) 1993年。 e) 1986年。 f) 1989年。 g) 1991年。 h) 1990年。 i) 1992年。 j) 1987年。 k) 1994年。 l) 1977年。 m) 1985年。
(出所) 総務庁統計局編『世界の統計 1997』28, 29ページ。

資料3-2　乳児死亡率についての技術的注

"Infant mortality rate" is the total number of deaths in a given year of children less than one year old divided by the total number of live births in the same year, multiplied by 1,000. It is an approximation of the number of deaths per 1,000 children born alive who die witin one year of birth. In most developing countries where civil registration data are deficient, the most reliable sources are demographic surveys of households. Where these are not available, other sources and general estimates are made which are necessarily of limited reliability. Where countries lack comprehensive and accurate systems of civil registration, infant mortality statistics by sex are difficult to collect or to estimate with any degree of reliability because of reporting biases, and thus are not shown here.	「乳児死亡率」は，各年における1歳未満の乳児の，当該年出生数1000あたりの死亡数である。すなわち，出生児1000人に対する出生後1年以内の死亡数の概数である。住民登録のデータが不十分な多くの発展途上国においては，最も信頼できる資料は国勢調査である。その国勢調査の結果すら利用できない国々においては，限られた信頼性しかないがやむを得ず他の資料や一般的な統計を用いることになる。住民登録の包括的で正確なシステムのない国々においては，男女別の乳児死亡統計を集計・推計するのは，表面化しない報告のかたよりがある以上，信頼性の程度にかかわらず，困難である。

(出所)　国際連合『世界統計年鑑　1994(Vol.41)』日本語版（1997年発行），原書房，98ページ．

3　「専門職」の国際比較

　高齢者や障害者のケアについては，最近よく話題にされるのが「ホームヘルパー」の数である。これについては，人口10万人あたり XXX 人というものや，65歳以上人口に対して YYY 人という形で国際比較されることが多い。しかし，ここにも数値以前の事柄が数多く存在している。それは，a. 専門性の高い医師であれば一定の基準が設定できそうであるが，ホームヘルパーについては各国共通の基準は存在しうるのかというもの，だとか，b. データとして得られたものが，公的な認定を経たホームヘルパーについてのものなのか，事実上，ホームヘルパーとして稼動している者までを含んだものなのか。さらには，資格をもっていて就業している者のみをあげているのか。あるいは，免許をもっていれば，就業しているか否かを問わず，統計にあげられているのか。c. それぞれの国において，制度としてホームヘルパーが介在するのは，契約によるものが多いのか，いわゆる「措置」によるものが多いのか。d. それぞれの国において，ホーム

ヘルパーがどの程度，職業上独立した専門職性を認められているのか。e. ホームヘルパーという職は，免許をもっていれば，どこの国でも就業できることになっているものなのか，などである。

いずれにしても，このようなことを考慮しなければならないことの背景には，ホームヘルパーという職業の概念を統一することの必要性，意味，可能性というテーマが横たわっていることは明らかである。その意味では，国際比較を可能とするような「データを入手し難いという事実」自体がきわめて重要なのである。もし，あなたが，「各国の実態が明確化されていないので比較が困難だ」などと考え込んでしまったら，そのような状態は比較という作業の行き詰まりではなくて，あなた自身が比較の出発点に立ったということになるであろう。

4 「平均入院日数」の国際比較

OECDのヘルス・データによると，日本における平均入院日数は54.0日（1986年），45.0日（1996年）となっている。また，フランスは，14.9日（1986年），11.6日（1995年）となっている（表3-3）。これを見て「やっぱり日本人は長い間病院に入っているんだなー」と感じたり，「社会施設の代わりに病院を利用している社会的入院が日数を延ばしているのだな」と感じた人も多いことだろう。とはいっても，数字は数字でしかないから，それほど問題ではない。ただし，この数字によって政策誘導がなされたり，数字がプログラム策定のための基礎資料として使用されるに至ると問題が生じてくる。なぜなら，「国民医療費を抑制するために平均入院日数を短くしたい」という前提的価値をもって政策誘導しようと意図しているにもかかわらず，使用される基礎的データに「平均入院日数としての共通性」という前提が欠落しているからである。

少し詳しく述べてみよう。ここで比較の対象となっているものは，とりもなおさず，日本とフランスにおける「平均入院日数」である。ここで問題となるのは，「入院」ということについてである。すなわち，両国にお

表3-3　OECD諸国の平均在院日数

	1986	1996		1986	1996
Australia	17.3e	15.6	Korea	11.0	13.0c
Austria	13.7	10.5	Luxembourg	19.8	15.3c
Belgium	16.3	11.5c	Mexico	4.2	4.1
Canada	13.9	12.2c	Netherlands	34.4	32.8c
Czech Republic	16.4	12.3	New Zealand	10.1	6.5
Denmark	10.2	7.3	Norway	11.3	9.9
Finland	19.4	11.6	Poland	12.5d	11.0a
France	14.9	11.2c	Portugal	13.5	9.8
Geremany	16.9	14.3	Spain	13.1	11.0c
Greece	12.0	8.2c	Sweden	20.8	7.1
Hungary	13.3	10.8c	Switzerland	23.7	—
Iceland	21.4	16.8b	Turkey	7.2	6.4c
Ireland	8.0	7.2c	United Kingdom	15.2	9.9c
Italy	12.1	9.8	United States	9.3	8.0c
Japan	54.0	45.0			

(注)　a：1994，b：1990，c：1995，d：1989，e：1985．
(出所)　OECD, Health Data.

ける「病院の概念」は同一か，だとか，両国において「入院を許される人の状態」と「施設としての空間」の同一性が見られるのか，というようなことは決定的に重要なことでありながら，検証はなされていないのである。簡単に表現すれば，「平均入院日数」とは，平均して，何日間入院しているのかということであるから，まず問題となるのは，比較の対象となっている「病院」の概念である。しかし，病院の概念を問題としてあげるのみでは正しくないということも付け加えておかなければならない。実は，制度上「何らかの社会的対応が必要だと認定される者」が入ることとなっている「空間」と，実態として，「何らかの社会的対応が必要だと認定される者」が入っている「空間」との関係が問題となってくるのである。その意味で，「AAA」という状態の人は，地球上のどこに行っても同じような問題を抱えた人として意義付けされることとはなっていない，ということに気づくことは大切なことである。ある国で「AAA」という状態の人は，他の国では「BBB」という存在とされる場合もあるにもかかわらず，私

たちは，比較のために共通項を作り出しているのである。
　ここまで学んできて，重要なことは，「実態」と「制度」との相互関係の理解であることが分かってきたことと思う。

●もっと考えてみたい人へ／テーマ
1　統計の注記にこだわること——これはきわめて大切なことだ。かって発刊されていた健康保険組合連合会編『社会保障年鑑』（東洋経済新報社）の巻末にある〈各国医療関係者数および病床数〉は，（注）に「国により医師，歯科医師，薬剤師，助産婦，看護婦の定義が異なる」としている（**表 3 - 4 参照**）。これは，重要なことを教えてくれる。ひとつは，国により医師，歯科医師，薬剤師，助産師，看護師の定義が異なる，という字義の通りのことであり，もうひとつは，統一することが可能か，だとか，概念を統一して，比較することにどのような意味があるのであろうかということである。
2　「重度のアルコール依存症の人」がどのような空間にいるのかは興味深い。家の中か，居酒屋か，刑務所か，病院か，社会施設か。しかし，このことは，「重度のアルコール依存症の人」を「ここ」に入れなければならないということと同一ではない。私たちが，その人のどの部分を見て社会的な対応のありようを決定しているのかということについて考えてみよう。
3　日本における国民皆保険体制のように，医療における需要の側の社会化が完了し，供給の側が自由開業医制と出来高払いを原則としている国においては，病院や病床が偏在することが生じる。1985年の医療法改正による地域医療計画の策定を契機に試みられたにもかかわらず，病床規制が失敗に終わったことはそのことを示している。医療の需要の側と供給の側とのありようにも，病院数やベッド数の増減と関係している。これについては，第7章で考えてみよう。

●もっと考えてみたい人へ／文献
厚生省保険局企画課監修『欧米諸国の医療保障』社会保険法規研究会，1990年。
　アブラハム・モンク，キャロル・コックス著／村上弘一ほか訳『在宅ケアの国際比較』中央法規，1992年。
M. コルトン，W. ヘリンクス著／飯田進，小坂和夫監訳『EC諸国における児童ケア』学文社，1995年。

表3-4 各国病床数

(単位:床)

区分	年次	病床 総数	結核療養所	精神病院	一般病院
アフリカ					
エジプト	1981	86,898	7,342	6,478	35,285
北アメリカ					
カナダ	1978	182,791	—	16,126	121,834
メキシコ	1974	67,363	723	6,182	33,702
アメリカ	1980	1,333,360	1,540	193,981	1,081,348
南アメリカ					
アルゼンチン	1969	133,847	5,434	20,847	91,730
チリ	1980	37,971	400	4,399	27,347
コロンビア	1980	44,495	—	—	—
ベネズエラ	1978	41,386	1,152	—	—
アジア					
スリランカ	1981	44,029	1,278	2,920	16,112
日本	1996	1,911,455	31,179	360,896	1,262,838
フィリピン	1980	93,474	8,070	7,000	70,129
ヨーロッパ					
オーストリア	1981	84,310	—	—	—
デンマーク	1979	41,842	—	9,547	32,295
フランス	1977	644,118	8,500	105,500	438,460
ドイツ	1980	707,710	8,038	104,861	425,941
イタリア	1979	554,595	—	80,480	413,507
オランダ	1980	177,265	738	26,539	67,445
ノルウェー	1981	61,508	138	6,569	19,729
スペイン	1979	203,819	10,606	41,469	137,399
スウェーデン	1980	123,074	803	18,682	60,480
スイス	1976	72,438	1,239	17,725	36,531
イギリス	1977	385,803	2,410	85,369	173,858
オセアニア					
オーストラリア	1981	—	—	—	94,931
ニュージーランド	1981	—	—	—	22,482
旧ソ連	1978	3,201,000	—	—	—

(注) 国により医師,歯科医師,薬剤師,助産婦,看護婦の定義が異なる。日本は厚生省統計情報部調べ。
(資料) WHO, *World Health Statistics Annual*, 1983, 1988, 1993.
(出所) 健康保険組合連合会編『社会保障年鑑』東洋経済新報社,1998年版。

足立正樹編著『各国の介護保障』法律文化社，1998年。
総務庁統計局編『世界の統計』（各年版）。
国際連合統計局編『国際連合　世界統計年鑑』（日本語版，各年版）原書房。
Terry Johnson, Gerry Larkin, Mike Saks (ed), *Health Professions and the State in Europe*, Routledge, 1995.
OECD編著『図表でみる世界の主要統計』（OECDファクトブック2007），明石書店，2008年。

3　基礎データを支える専門性
―― 「いいかげんではだめだ」という構造

　今までのことから，比較の基礎には，「厳密に統一された概念定義をしたり，準則に照らして判別したりすること」が鍵を握っていることがわかってきた。しかし，「厳密に統一された概念定義をしたり，準則に照らして判別したりすること」は，「誰」によって，「いかに」なされていることなのであろうか。

1　「保健室」の情景
生徒　先生，体がだるいんです。熱がありそうなんだけど。
保健室の先生　そう。じゃ，はかってみましょう。
保健室の先生　どう？　何度あった？
生徒　36.8度でした。少し，熱があります。
保健室の先生　熱はないわよ！　教室に戻って勉強しなさい。

　みなさんもこのような経験をしたことがあることだろう。このような小さな会話の中にも，重要なことはたくさん含まれている。まず，最終的に保健室の先生が「熱はないわよ！　教室に戻って勉強しなさい」と言ったことから考えてみよう。ここで重要なことは，生徒が「熱がないから教室

に戻って勉強します」と自発的に発言していないことである。素人としての生徒は,「構造的に専門家としての役割りを担っている先生」の指示に従うという関係になっているのである。では先生は本当に専門家なのか。先生が専門家かどうかの結論はさておき,ここでは,先生の側も生徒の側も,「休むことを許す立場にある者」がいったい「誰」なのかを知っていることになっていることが重要なことになってくるのである。生徒は「ひょっとすれば,37度以上あって休めるかもしれない」ということを前提としながらも,「権威ある認定」を得ようと試みているのである。しかし,先生が頼ったのは先生自身のいい加減な感覚ではなく,「ちゃんとした体温計」であったことも忘れてはならない。先生の側も生徒の側も「ちゃんとした体温計」が担っている社会的役割りに注目しているわけである。そうすれば,ここで,体温計が「水銀計」か,それとも「数字で示されるもの」かは大した差はないともいえるし,大きな差があるともいえることになる。

　実際,私たちは,「誰」が認定する側の立場に立っているかをよく知っているし,どのような装置が「正しく」測定することになっているかについても知っているのである。水銀柱が36.9度しか指し示さなくても,数字で37度が出ることもあり,数字の方を正しいと考えたいと思うことはよくあるし,逆のこともある。

　次に考えてみなければならないことは,「病人」と「『病人』になること」との関係についてである。この会話の中で,権威ある認定を経る以前の生徒が担っている役割は「自称病人」としてのものである。その後,社会的に約束された認定権限をもっている人＝保健室の先生＝に認定されることがあれば,生徒は,ようやく「病人」になることができるのである。この場合,社会的というのは,多数の者から構成されていなくてもよい。たとえ,二人の間であってもかまわない。

　最後に,このような現代特有の専門家化の時代においては,「誰か」が悪人のように権力を独占していることになっているものではない,という

ことについて触れておこう。会話においてみられたように，生徒の側でも，「正しく測定する器具は何か？」＝「正しく測定する器具は，決して，保健室の先生の手ではない」ということや，「誰」の認定を得ることによって休むことが正当化されることになるのか，ということはよく知っているのである。そこには，現代社会における医療化という現象があるのである。すなわち，「病」をめぐっては，もはや「専門家」対「素人」という時代ではないところが特徴的なことである。

2　「視力検査」は緊張する

　これは実際に，ゼミ生だったN君から聞いた話だ。N君は，小学1年生のときに視力検査を受けた。そこで使用されたものは「国際協会」によって定められた視力の単位を測定する視力表であった。これは，みなさんもよく知っているもので，○（マル）の一部分が欠けているもの（ドーナツの一部分が欠けたようなランドルト環）が，上の方には大きなものが，下の方には小さなものが並んでいるというもので，被験者は「上」，「右」，「左」という具合に，○の一部分が欠けているところを指摘するというものである。N君は，下の方にある小さいものから，上の方にある大きなものに至るまで，首をかしげながら「わかりません」，「わかりません」を繰り返したそうだ。N君は，「眼科に行くように」という「お手紙」をもって家に帰った。親に話したところ，N君は「あの方法を知らなかったの？」としかられて，「右」，「左」という具合にちょっと練習をして眼科に行ったそうだ。結果は右が1.5，左が1.5で，結果は「OK」であった。そこでN君が手に入れた結果は「治癒した」とうものであったらしい。

　実際にあった話だが，ここには大きな論点が二つ潜んでいる。一つは「する／しない」と「できる／できない」との相互関係にかかわる事柄である。二つ目は視力の検査表がどのようにして作られたのか，ということである。

　一つ目の論点である「する／しない」と「できる／できない」というこ

との関係について考えてみよう。ここでのN君は,「何をなすべきか」を知らなかったのである。その意味でN君のとった行動は,「できる」にもかかわらず「しない」というものに該当するもので,「する／しない」という判断にまかされるものである。しかし,誰もが知っているべき作法であり,従って,当然予定されたようにすることになっている場面＝視力検査＝であったことから,N君は「できる／できない」という基準で判定されてしまったのである。ここには,「間違えてしまった」だとか,「方法を知らなかった」とかではない議論が待ち受けている。すなわち,ここには, a. できる者はするだろうし,するべきだ,という抽象的普遍性に支えられた考え方をめぐる議論と, b.「日常生活のような多様なものもの」と「より広く普遍性をもたされたシステム」との関係についての議論が待ち受けているのである。今日的な議論に結びつけるならば,「寝たきりの判定票」や「要介護度の判定票」は,「世界中のどこででも通用するものがよい」とするのか,あるいは,「地域によって異なることがあり得る」とするのかということがこれに当たるといえよう。

　そこで省みられていないのは,「日常性」や「生活の継続性」などと表現される,福祉にとってはキーをなす考え方である。結論的にいうと,福祉の場にいる専門的な人々は,「日常性」や「生活の継続性」などについて,重視すべき重要なことであるということは知っていても,それを生かしていないということになるであろう。「あの人は目が見えないけれど,お茶をこぼさないで,ちゃんと,湯飲みの六分目あたりまでつぐんですよ。すごいですね」といった発言の背景には,お茶はあふれるくらい注いでもよいのだという考え方は,そもそも,存在していないのである。そこには,「目の不自由な人でもちゃんと注ぐべきだ!!」だとか,「お茶は,ちゃんと,湯飲みの六分目あたりまでつぐべきだ」という普遍化されたコードが潜んでいるのである。結果として,お茶をこぼさないで注いだことが特別なこととなるのである。

　二つ目の論点である視力の判定についての国際的基準がどのようにして

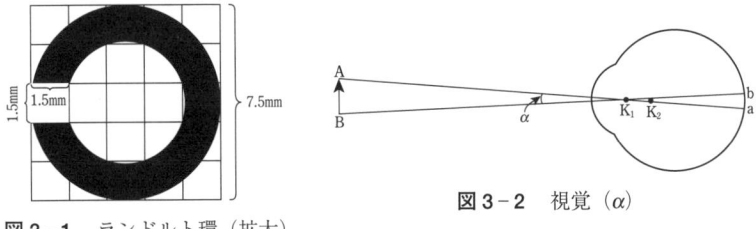

図3-1　ランドルト環（拡大）

図3-2　視覚（α）

でき上がったのかについて簡単に触れておこう。

　視力（visual acurity）というものは「視覚のうち，形態覚，すなわち物を見分ける能力をいい，臨床的には2点を区別して認識できる最小の大きさを示す（最小分離閾）。視力の単位は国際協定により決められ，視標とするランドルト環（Landolt ring. 太さ1.5 mm，直径7.5 mm）の切れ目（1.5 mm 角）を5 m 離れて見分けられる視力を〈1.0〉とする。この切れ目の視角 visual angle はほぼ1分（1度の1/60）である」（『大百科辞典』7巻，平凡社，1985年，770ページ）と定義されている。

　視力の表し方は，少数視力（国際方式）や分数視力（Snellen 方式）が用いられることが多い。少数で視力を表す方法は Monoyer によって発表され，1909年国際眼科学会で国際的な視力表示法として採用されたとされている（『臨床眼科全書』第1巻，金原出版，1969年，12ページ）。最小視角を A（分）とし，視力を V とすれば，$V=1/A$ の関係式で示される。視角1分のときは視力1.0，視角が2分のとき視力は0.5となる。ランドルト環の切れ目の視角が A になる（図3-1，図3-2）。日本においてはこの少数視力が広く普及している。

　分数で視力を表す方法は，少数視力より歴史が古く Snellen によって考案されたといわれている。分子は検査距離で，分母は a. 視標の識別しなければならない部分が視角1分となる距離，b. ローマ字視標の場合，文字に外接する正方形の一辺が視角5分となる距離，c. 検査に用いた視標を視力1.0の目が辛うじて認められる距離を表している。分子の検査距離を

表す数字のうち,最もよく用いられているものは,遠距離視力は20フィート,6m,5mである。実際の記載としては,20/20,6/6,5/5(少数視力1.0に相当)とか,20/40,6/12,5/10(少数視力0.5に相当)などのように書く(『臨床眼科全書』前掲,12ページ)。

注目してほしいのは,〈分子は検査距離で,分母は a. 視標の識別しなければならない部分が視角1分となる距離,b. ローマ字視標の場合,文字に外接する正方形の一辺が視角5分となる距離,c. 検査に用いた視標を視力1.0の目が辛うじて認められる距離を表している〉という部分である。これらのうち,最も早い段階で実施されたものは,〈検査に用いた視標を視力1.0の目が辛うじて認められる距離〉=〈ちゃんと見えそうな人=1.0と予定された人を集めて,20フィート=分子の距離でぎりぎり見える大きさの視標を設定し,それを基準に1.0の大きさを確定した〉ということになるだろう。視力0.5(20/40)とは,〈視力1.0の人が,40フィートの距離からかろうじて見ることができる対象〉を〈20フィートの距離から見ることのできる能力〉ということになる。『盲人はつくられる——大人の社会化の一研究』)(ロバート・A. スコット著/三橋修監訳,三橋修,金治憲(キム チホン)共訳,東信堂,1992年)は,このことについて,「視力検査で最も一般的に用いられているのは,1868年,ヘルマン・スネレンが開発した検査法である。スネレンは認識すべき対象の大きさを変化させ,対象までの距離を20フィートに一定した。したがって視力を表す分数の分子は一定で,20である。いわゆる「正常視力といわれるものは,20/20という分数で表される。すなわち,正常視力で20フィートの距離から見ることのできる対象を20フィートの距離から見ることのできる能力のことをこう表すのである」(61ページ)としている。

視力検査,聴力検査,知能検査の国際的基準ができ上がったのは,いずれも,19世紀後半から20世紀初頭にかけてのことである。その時期は,第一回ロンドン(1851年),第二回パリ(1855年),第三回パリ(1867年)という具合に,万国博覧会が盛んに行われるようになった時期でもある。犯

罪学の分野では，ロンブローゾが「生来犯罪者説」をとなえた時期であり，医学の分野では，細菌学と組織病理学の進展により，主な疾患の特徴とその原因についての分類作業が行われ，クレペリンが精神医学についても同様のことが可能であろうと考えていた時期でもある。

　ここで重要なのは，「いつ」，「何」ができたのかということよりも，最初に（その集団の中で），「正常らしき者」が「正常らしき者以外の者」と区別されて，集められて，それらの「正常らしき者にとっての可能な範囲を正常値とする判定表」を作成し，それとの関係で「それ以外の者」が，その後もっともらしく発見されるに至るということに気づくことである。忘れてはならないことは，たとえ感覚的なものであっても，最初に正常らしきものが意識されているということについてである。行われていることは，「問題がない者とされる者」が可能なこと＝たとえば，90分間，先生の話していることを静かに聴く＝を確定させて，それができない者を「問題がある者」とする作業なのである。

3　「病」・「障害」の認定

　先ほど述べた「保健室の情景」は，私たちに「実態」＝熱がありそうだ＝を「抽象化」＝36.8度＝で表現すること，そして，「システムとしての病」について教えてくれた。ここには，重要なことが，少なくとも，二つある。一つは，「実態」が当てはめられることになる「抽象化されたもの」をどのような方法で確定するか，であり，もう一つは，「実態」を「抽象化されたもの」に「アイデンティファイ」＝同定する＝方法があり，「アイデンティファイ」する権限を与えられている人が存在するということである。

　そして，実用に耐えうる視力表を作ろうとして，19世紀半ばにSnellenが試みたこと＝まず，ちゃんと見えそうな人，すなわち，正常視力であると考えられる人を集めて，20フィートの距離からぎりぎりで見える大きさの視標を設定し，それを基準に1.0の大きさを確定したこと＝は，「システ

ムとしての障害」ということについて考えるにあたっての大きなヒントを与えてくれる。それは,「障害者とされる人」がどのような経緯で社会に存在するに至るのか,そして,その後,いかにもっともらしく,科学的な装いをこらすのか,ということについてである。ここで重要なことは,「それは正しい判定方法か？」だとか,「それによって本当に判別できるのか？」ということを問うことではなく,「何もなかったところから,その後の時代においてもっともらしくいわれるようなことが出現するに至ること」に気づくことである。まず,存在したものは「今,私たちが表現している『病人』や『障害者』を含んだ人々の総体」であり,具体的な検査や言葉で表現することが可能となった「病人」や「障害者」が,「病人でない人」や「障害者とされない人」から区別されて,その後の時代にシステムとして出現するに至るのである。

4 「専門性」と「抽象化」

　ここで,「老人保健福祉計画策定」時の議論や「介護保険法」が定めている「要介護認定」についての議論を思い出してみよう。それは,「要介護度というものは,日本中どこに行っても同じ基準でなければならない」というものであった。ここでは,大胆に,「そのような基準は,アフリカのジャングルの中であっても,東京であっても同じだ」といいきれるか,否か,ということが重要なポイントを占めることになる。

　「いい加減であってはならない」,「バラバラであってはならない」という命題は,「画一性」や「専門性」を要請することとなる。そこで念頭に置かれるものは,具体的な生活を営んでいる者が具体的に抱えている困難性ではなく,作成されたスケールからみた問題群ということとなる。その際に,スケールとなるものは,多くの者が実行するし,実行しなければならないとされている生活上でのコードということになる。

　介護保険事業実施に当たって,高齢者一般についての調査で使用された調査票は表3-5のようなものであり,日本中の市町村がほぼ同様のもの

表3-5　介護保険事業実施にあたって使用された調査票（の一部），一般高齢者用

問1　高齢者ご本人の生活動作について，次の①から⑨の項目それぞれのいずれかひとつに○をつけてください。

	普通にできる	自分でやるとかなり時間がかかる又は介助が必要
①　歩行は一人でできますか。	1	2
②　食事は一人でできますか。	1	2
③　トイレは一人でできますか。	1	2
④　入浴は一人でできますか。	1	2
⑤　着替えや洗顔，歯みがき，ひげそりなどの身だしなみは一人でできますか。	1	2
⑥　買物は一人でできますか。	1	2
⑦　調理は一人でできますか。	1	2
⑧　掃除や洗濯は一人でできますか。	1	2
⑨　公共交通機関（バスや電車など）を一人で利用できますか。	1	2

を使用したといってもよい。調査にかかわってみると，「調理」や「掃除や洗濯」について，とりわけ男性高齢者が微妙な対応を示したことに気づくであろう。「できるが，しない」というような回答がそれにあたるが，これについては，調査の方法が十分なものだったかということ以上の問題が潜んでいる。ここから見えてくるのは，調査項目である日常生活動作というものが，「生活の継続性」や「日常性とのかかわり」によって規定されるということである。たとえば，掃除や洗濯については，「できるが，しない」という状態から，「しないので，できなくなった」という状態が生じるような関係が発生してしまうことを重視すべきであろう。だとすれば，同様のことは，「食事」，「トイレ」についても生じうるということに気づかなければならない。実際にフィールドに出てみると，「排泄」について，「トイレでできる」が，住宅構造等の理由で「トイレでしなくなった」者が，「トイレでできなくなった」という事例もみられるのである。これらのことは，時間軸を設定するなら，より明確なものとなる。例えば，**資料の3-1と表3-6　表3-7**にみることができるように，入所判定表や

表3-6

2　特別養護老人ホーム
　　法第11条第1項第2号の規定により，老人を特別養護老人ホームに入所させ，又は，入所を委託する措置は，当該老人が，次の(1)に該当し，かつ，(2)又は(3)のいずれかの事項に該当する場合に行うものとする。

事項	基準
(1) 健康状態	入院加療を要する病態でないこと。 伝染病疾患を有し，他の被措置者に伝染させる恐れがないこと。
(2) 日常生活動作の状況	入所判定審査票による日常生活動作事項のうち，全介助が1項目以上及び一部介助が2項目以上あり，かつ，その状態が継続すると認められること。
(3) 精神の状況	入所判定審査票による痴呆等精神障害の問題行動が重度又は中庭に該当し，かつ，その状態が継続すると認められること。 ただし，著しい精神障害及び問題行動のため医療処遇が適当な者を除く。

ADLの判定表を逆上るならよく理解できよう。

● もっと考えてみたい人へ／テーマ

1　フィリップ・アリエスは，その著『〈子ども〉の誕生』(杉山光信・杉山恵美子共訳，みすず書房，1980年）で，「『ちっちゃな大人』とされていた者」が，どのようにして「システムとしての子ども」となっていったか——子どもの誕生——について生き生きと述べている。高齢者の誕生についてはどうだろう。

2　「システムとしての要介護状態」に該当するためには，「調査する側が予定した状態」に該当することが求められる。では，現代の日本において，「調査する側が予定した状態」にみられる共通した特徴とはどのようなものであろうか。

3　視力検査について述べたことに対しては，「見えないということは社会関係によって作られるようなものではない」だとか，「見えない者は見えないのだ」という反論が返ってくるかもしれない。それについては，事実としての「見えない」ということと，(認定された)「見えないとされること」との関係を整理することが必要になってくる。

3章　比較福祉の重層的構造

資料 3 - 1

老人ホーム入所判定審査票

氏名		明治 大正 昭和　年　月　日（満　歳）	男・女
住所		身体障害者手帳　有（　級）無	障害名

1．身体及び日常生活動作の状況

(1) 身体状況		(2) 日常生活動作の状況	
ア．身長	cm	ア．歩行	ア.自分で可　イ.一部介助　ウ.全介助
イ．体重	kg	イ．排泄	ア.自分で可　イ.一部介助　ウ.全介助
ウ．視力	ア.普通　イ.弱　視　ウ.全　盲	ウ．食事	ア.自分で可　イ.一部介助　ウ.全介助
エ．聴力	ア.普通　イ.やや難聴　ウ.難　聴	エ．入浴	ア.自分で可　イ.一部介助　ウ.全介助
オ．言葉	ア.普通　イ.少し不自由　ウ.不自由	オ．着脱衣	ア.自分で可　イ.一部介助　ウ.全介助
カ．褥瘡	ア．無　イ.有（程度　　　　）		
キ．おむつ使用	ア．無　イ.有（昼夜, 夜のみ）		

2．健康状態

3．精神の状況

(1) 性格	ア．朗らか　　イ．親しみやすい　　ウ．几帳面　　エ．こり性 オ．自分のことを気にしやすい　カ．人にとけこめない　キ．すき嫌いが多い ク．わがまま　ケ．頑固　　コ．短気　　サ．無口 シ．融通がきかない
(2) 対人関係	ア．拒否的である　　イ．普通　　ウ．協調的である
(3) 精神状態	ア．正常 イ．精神障害あり 　　(ｱ) 痴呆 　　　　㋐記憶障害　　a. 重度　　b. 中度　　c. 軽度 　　　　㋑失見当　　　a. 重度　　b. 中度　　c. 軽度 　　(ｲ) 心気症状　(ｳ) 不安　(ｴ) 焦燥　(ｵ) 抑うつ状態 　　(ｶ) 興　奮　(ｷ) 幻覚　(ｸ) 妄想　(ｹ) せん妄　(ｺ) 睡眠障害

資料3-1（つづき）

(4)問題行動	ア．攻撃的行為	(ア)重度 (イ)中度 (ウ)軽度	オ．不穏興奮	(ア)重度 (イ)中度 (ウ)軽度
	イ．自傷行為	(ア)重度 (イ)中度 (ウ)軽度	カ．不潔行為	(ア)重度 (イ)中度 (ウ)軽度
	ウ．火の扱い	(ア)重度 (イ)中度 (ウ)軽度	キ．失禁	(ア)重度 (イ)中度 (ウ)軽度
	エ．徘徊	(ア)重度 (イ)中度 (ウ)軽度		

4．家族の状況

氏名	続柄	年令	備考

5．住居の状況

6．経済的状況（市町村民税等の課税状況）

生計中心者の氏名	ア．生活保護法による被保護世帯
	イ．市町村民税非課税世帯
	ウ．市町村民税課税世帯（(ア)均等割　(イ)所得割）
	エ．所得税課税世帯

7．総合判定

(1) 医学による判定	(2) 日常生活動作による判定	(3) 精神状況（問題行動）による判定	(4) 経済的状況による判定	(5) 家族及び住居の状況による判定	(6) 総合判定
ア．要入院	ア．養護老人ホームの対象	ア．著しい問題行動あり（要入院）	ア．養護老人ホームの対象	ア．養護老人ホームの対象	ア．要入院
イ．要通院	イ．特別養護老人ホームの対象	イ．問題行動あり　(ア)養護老人ホームの対象　(イ)特別養護老人ホームの対象	イ．養護老人ホーム入所の対象外	イ．養護老人ホーム入所の対象外	イ．養護老人ホームの対象　ウ．特別養護老人ホームの対象
ウ．入通院の必要なし	ウ．老人ホーム入所の対象外	ウ．問題行動なし			エ．老人ホーム入所の対象外

資料3-1（つづき）

〔作成上の留意点〕

1. 「身体及び日常生活動作の状況」,「精神の状況」,「家族の状況」,「住居の状況」及び「経済的状況」欄は福祉事務所又は町村において記入すること。
2. 「身体及び日常生活動作の状況」及び「精神の状況」欄は,「要領1」及び「要領2」により該当事項に○印を付すこと。
3. 「健康状態」欄は,新規入所者については老人保健法による健康診査の記録票（写）等を,入所中の者については当課施設の健康管理に関する記録（写）を添付すること。
4. 痴呆性老人について,医療処遇の要否の判断が必要な場合は,保健所等の精神科医の診断書を添付すること。
5. 「家族の状況」及び「住居の状況」欄は,訪問調査を行い記入すること。
   また,「家族の状況」欄は,特に介護者の健康状態を記入すること。
6. 「経済的状況」欄は,課税台帳等により確認のうえ記入すること。
7. 「総合判定」欄は,入所判定委員会等の判定結果に基づき記入すること。

（要領1）

「日常生活動作の状況」欄は次の状態を参考として記入すること。

事　項	1. 自分で可	2. 一部介助	3. 全介助
ア．歩　行	○杖等を使用し、かつ、時間がかかっても自分で歩ける。	○付添が手や肩を貸せば歩ける。	○歩行不可能（ねたきり）
イ・排　泄	○自分で昼夜とも便所でできる。 ○自分で昼は便所,夜は簡易便器を使ってできる。	○介助があれば簡易便器でできる。 ○夜間はおむつを使用する。	○常時おむつを使用している。
ウ．食　事	○スプーン等を使用すれば自分で食事ができる。	○スプーン等を使用し、一部介助すれば食事ができる。	○臥床のままで食べさせなければ食事ができない。
エ．入　浴	○自分で入浴でき、洗える。	○自分で入浴できるが、洗うときだけ介助を要する。 ○浴槽の出入りに介助を要する。	○自分でできないので全て介助しなければならない。 ○特殊浴槽を利用している。 ○清拭を行っている。
オ．着脱衣	○自分で着脱ができる	○手を貸せば、着脱できる。	○自分でできないので全て介助しなければならない。

資料3-1（つづき）

（要領2）

○精神の状況の(3)精神状態の「痴呆」欄及び「(4)問題行動」欄は次の状態を参考として記入すること。

(1) 痴呆

	重度	中度	軽度
ア．記憶障害	自分の名前がわからない寸前のことも忘れる	最近の出来事がわからない	物忘れ，置き忘れが目立つ
イ．失見当	自分の部屋がわからない	時々自分の部屋がどこにあるのかわからない	異った環境におかれると一時的にどこにいるのかわからなくなる

(2) 問題行動

	重度	中度	軽度
ア．攻撃的行為	他人に暴力をふるう	乱暴なふるまいを行う	攻撃的な言葉を吐く
イ．自傷行為	自殺を図る	自分の身体を傷つける	自分の衣服を裂く，破く
ウ．火の扱い	火を常にもてあそぶ	火の不始末が時々ある	火の不始末をすることがある
エ．徘徊	屋外をあてもなく，歩きまわる	家中をあてもなく歩きまわる	ときどき部屋内でうろうろする
オ．不穏興奮	いつも興奮している	しばしば興奮し騒ぎたてる	ときには興奮し，騒ぎたてる
カ．不潔行為	糞尿をもてあそぶ	場所をかまわず放尿，排便をする	衣服等を汚す
キ．失禁	常に失禁する	時々失禁する	誘導すれば自分でトイレに行く

3章 比較福祉の重層的構造　107

表3-7　ADL調査票の一部（昭和47年頃のもの）

身の廻りの行動	(0, 1, 2, 3)
1　ベッドの上で体位を変換する	
2　仰臥位から起き上がる	(ひとりで楽に－3，つかまって－2，介助を要する－1)
3　手と顔を洗う　　(0, 1) (0, 1, 2)	(水道栓をひねる，石鹸を使う) (片手－1，両手－2)
4　歯をみがき　髪をくしけずる　(0, 1) (0, 1, 2)	
5　顔を剃る	(女性……化粧をする)
6　ひとりで食事をとる	(箸，スプーン) (右手箸－3，Spoon－2，Spoon でやっと－1)
7　名前と住所を書く	(上手に－3，下手に－2，非常に拙劣－1)
8　電話を使う	(両手で上手に－3，片手で上手に，両手で下手に－2，非常に拙劣－1)
9　マッチを擦る	(両手で上手に－3，両手で下手に－2，片手だけで－1)
10　寝間着を着る，脱ぐ	(上手に－3，下手に－2，脱ぐのだけ何とか－1)
11　ひも，帯を結ぶ，解く	(両手で上手に－3，片手だけで
12　ボタンをつける，はずす	両手で下手に－2,
13　下着を着る，脱ぐ	(10と同様)
14　靴をはく，脱ぐ	(手を使って上手に－3，下手に－2，足だけで－1)
15　1日に6時間以上起きている	(＞6h－3，6〜3－2，＜3h－1)
16　椅子に腰かける　立てる	(つかまって－2，介助されて－1)
17　ひとりで用便をたす	(日本式－3，洋式－2，介助されて－1)
18　ひとりで入浴する	(手拭をしぼる，背中を洗う－3，ひとりで入るがこれら不能－2，介助－1)
19　床から物をひろう	(杖をついて－2，手すりにつかまり，介助されて－1)
20　床から立ち上がる	(つかまって－2，介助されて－1)

(出所)　橘覚勝『老年学』誠信書房，144ページ。

● もっと考えてみたい人へ／文献 ─────────

ミシェル・フーコー著／神谷恵美子訳『臨床医学の誕生』みすず書房，1969年。
J. A. L. シング著／中野善達，清水知子共訳『狼に育てられた子──野生児の記録1』福村出版，1977年。
A. V. フォイエルバッハ著／中野善達，生和秀敏共訳『カスパー・ハウザー──野生児の記録3』福村出版，1977年。
J. M. G. イタール著／中野善達，松田清共訳『新訳アヴェロンの野生児──野生児の記録7』福村出版，1978年。
フィリップ・アリエス著／杉山光信，杉山恵美子共訳『〈子供〉の誕生』みすず書房，1980年。
R. L. エヴァンス著／岡堂哲雄，中園正身共訳『エリクソンは語る──アイデンティティの心理学』新曜社，1981年。
E. H. エリクソン著／村瀬孝雄，近藤邦夫共訳『ライフサイクル，その完結』みすず書房，1989年。
ノーラ・エレン・グロース著／佐野正信訳『みんなが手話で話した島』築地書館，1991年。
大塚俊男，本間昭編著『高齢者のための知的機能検査の手引き』ワールドプランニング，1991年。
C. エルズリッシュ，J. ピエレ著／小倉孝誠訳『〈病人〉の誕生』藤原書房，1992年。
ロバート・A. スコット著／三橋修監訳，三沢修，金治憲（キム　チホン）共訳『盲人はつくられる──大人の社会化の一研究』東信堂，1992年。
ピエール・ダルモン著／鈴木秀治訳『医者と殺人者──ロンブローゾと生来性犯罪者伝説』新評論，1992年。
エーミール・クレペリン著／伊達徹訳『老年性精神疾患』みすず書房，1992年。
金山宣夫著『ノンバーバル事典』研究社出版，1993年。
クライニン・V. A., クライニナ Z. M. 共著／広瀬信夫訳『きこえない人ときこえる人』新読書社，1995年。
ジョルジュ・ミノワ著／大野朗子，菅原恵美子共訳『老いの歴史──古代からルネサンスまで』筑摩書房，1996年。
高橋実監修『見えないってどんなこと』一橋出版，1998年。
全日本ろうあ連盟『聞こえないってどんなこと』一橋出版，1998年。
『現代思想〈身体障害者〉』Vol. 26-2，青土社，1998年。

栗原彬，小森陽一，佐藤学，吉見俊哉編『越境する知4　装置——壊し築く』東京大学出版会，2000年。
苧阪直行編著『実験心理学の誕生と展開』京都大学学術出版会，2000年。
町田健著『言語が生まれるとき・死ぬとき』大修館書店，2001年。
川越修，鈴木晃仁編著『分別される生命』法政大学出版局，2008年。
高岡裕之著『総力戦体制と「福祉国家」』岩波書店，2011年。

4章 比較福祉研究の方法
―― 社会保障の日仏比較歴史からのアプローチ

　今日でも，フランスの社会保障医療は，（病院での医療を除いて）「医療費の償還制」というものを原則としている。これは，a. まずは，患者が医師に対して支払い，b. 患者は医師から必要事項を記載した領収書等の書類を受け取り，c. 患者は被保険者（とその被扶養者）という立場で，保険者に対して償還のための手続きをとって，何十パーセントかを償還してもらうというものである（図4-1）。また，顕著な業績のある医師の場合は，医師の側を代表する者と被保険者の代表の間で締結される「診療報酬に関する全国協約」によって定められている診療報酬の額を超えて，請求することも認められている。

　他方，日本において実施されているものは，a. 患者は保険医療機関の窓口で医療費の一部（20%～30%程度）のみを一部負担金として支払い，b. 保険医療機関は保険者（実際には社会保険診療報酬支払基金等）に対して，保険医療の診療報酬に当たるものから一部負担金を控除した残額を請求し，c. 保険者（社会保険診療報酬支払基金等）は請求されたものについて審査をして，保険医療機関に支払うというものである（図4-2）。

　このような日本とフランスの相違について，私たちはどのような発言をなしているのであろうか。

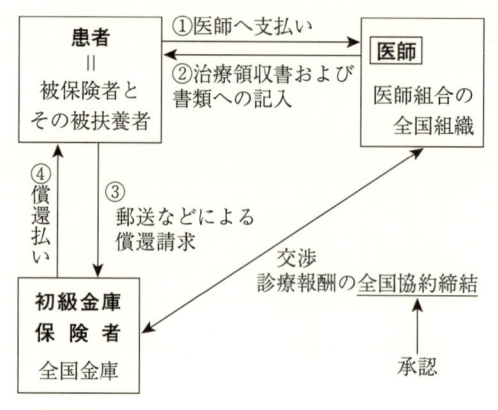

図4-1　フランスの社会保険医療制度の仕組み

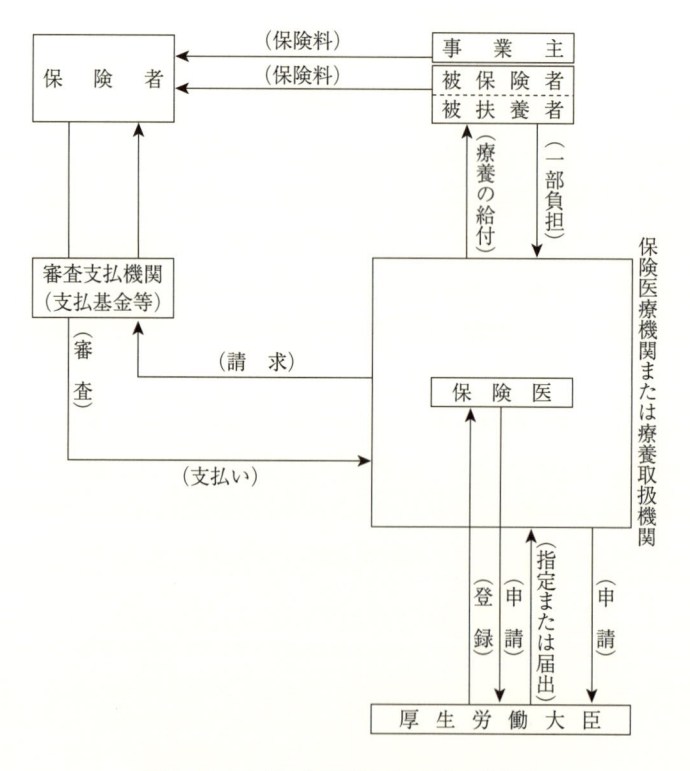

図4-2　日本の社会保険医療制度の仕組み

1　「テーマ」を発見することの重要性
――事実を前提とすることの重要性

> 日仏間の現行制度の差異をどのようなものとしてみるかについては，もう少し細かい歴史的事実をつけ加えておくことが必要である。
> 　医療保険制度の創設にあたっては，フランスも日本も，ともに，ビスマルクの社会保険の影響を強く受けた。さらに，具体的な制度化への動きがあった時期が，1920年頃という同時期であった。それにもかかわらず，結果として，生じたものは相異なるシステムであった。日本で採用されたものは，「医療の現物給付」を原則とする制度であったのに対して，フランスで採用されたものは，「医療費の償還制」というシステムであったのである。そこには，何があったのであろうか。

1　医療保険制度の形成をめぐる日仏の差異

　まずは，歴史的側面から，さらに具体的に考察してみよう。Aという国（地域）で施行されていた制度が，BやCという国（地域）に伝播したようにみえる現象は歴史的にも数多くみられた。介護保険制度をとりあげれば，ドイツから日本へ，日本から韓国へという具合いに，同様のことは今日でもみられることである。しかし，このことについては，それらの現象を伝播したととらえたほうがよいのか，あるいは，何らかの事情があって，前後した時期に類似の制度ができ上がってきたととらえたほうがよいのか，というきわめて難しい問題が存在する。

　ここでの主要な関心は，普遍的な像をもっているように考えられている＝したがって，普通名詞的な呼び名をもっている＝社会保障という視点から見た場合に，「歴史的な過程」と「結果としての現行の制度」に対して，どのような言説がまかり通ってきたのか，ということにある。

　そのようなことを考える際に具体的な材料として使用されるものは，a.

1883年に制定されたビスマルクの「疾病保険法」が,「フランス」と「日本」の制度化にいかに影響を与えたのかということと, b. そのような歴史的経緯に対して, とりわけ日本の研究者がどのような評価を下しているのかということである。

　まずは, ビスマルクの社会保険が, 日本とフランスの制度化にどのような影響を与えたのかということからみてみよう。とはいっても, ここで, ビスマルクの社会保険の伝播のありよう全体について述べることは不可能であるので, ここでは, 医療保障について日仏間で最も大きな差異があると思われる「医療給付の方法」, あるいは「診療報酬の支払い方法」に限定して検討することにしよう。

　日本における社会保障としての医療給付は「(原則としての) 医療の現物給付」であるのに対して, フランスのそれは, まずは, 医師に対して患者が全額支払い, その後に, 患者である被保険者が保険者に請求し, 払い戻してもらうという「(原則としての) 医療費の償還制」である。このような相違についてどのような評価をするかは後に考えるとして, 私たちはもう一つの重要な事実について知っておかなければならない。それは, 日本とフランスにおける社会保障医療給付の源流は, ともに, ビスマルクの社会保険制度にあるといわれていることであり, さらに, 日仏両国における制度化は1920年ごろから30年ごろにかけての同時期であった, ということである。

2　結果についての評価

　制度化が進展したり, 制度が伝播したりすることを研究対象とする際に重要なことは, 検討対象となっている制度と, その周辺に存在した数多くの制度や価値が, 歴史的にどのような緊張関係を保って存在していたのかを知っておくことである。ここでのテーマについて, 最も単純化していえば, 以下の二つの事柄の相互関係のありようが問題となる。

　まず問題となるのは, a. 日本とフランスのそれぞれにおける, 医療保

4章 比較福祉研究の方法 115

険制度創設の必要性の強度である。次に問題となるのは，b．日本とフランスのそれぞれの国において，それ以前から存在していた「医師と患者間の報酬の支払い方法を規律していた論理性」の強度である。このような場合において，たとえば，「医療の需要の側」と「供給の側」の両者における社会化が一気に進行する事態が生じたとしたら，aがbをはるかに超えていたということができよう。また，制度化が徐々に進行するという形態をとることが生じたならば，aとbは緊張した関係にあったということになる。歴史的に見た場合，日本は前者にあたるといえるし，フランスは後者にあたるといえよう。

ここで重要なことは，「これらの事情を歴史的に比較すること」，すなわち，「結果的に何がいかに選択されたのかを比較すること」と，「あるべき医療保障は，このような形をとるべきであるといった理念型の提示」とは，直接的な関係をもたないということを知っておくことである。

日本における健康保険制度の場合，まず採用されたものは，医師の団体自由選択制であり，人頭式であった。人頭式とは，被保険者一人当たりの年額を設定し，被保険者の人数分の額を医師の代表（実際には，日本医師会）に渡し，それを医師集団内部で分配するという方式である。数的にも限られた被保険者の内部ではあったものの，この時点で，すでに，被保険者である患者が医師に直接支払うという形態は見えなくなってしまったのである。このことと，当初の健康保険法が工場法，鉱業法の適用される事業所の従業員のみを強制被保険者としたという事実とをあわせて考えてみるならば，日本の場合には，「限られた予算の枠内で，健兵健民政策を実施しなければならないという事情」が，「医師と患者の関係を規律していたそれ以前から存在した論理性」を，はるかに超えていたと結論づけることができよう。当時の記録をみれば，それらの事情の一端をうかがい知ることができる（**資料4-1**）。

その直後，日本の社会保険医療の診療報酬の支払い方法は，「人頭式」から「出来高払い制」へと転換されることとなったが，このように形成さ

リマス、此ノ点ニ付テハ隔盡ナキ御交渉ヲ遂ゲテ、外国デ見マスヤウナ忌ハシイ衝突ヲ避ケタイト云フ考ヲ持ッテ居リマス、大体デハゴザイマスガ御説明ヲ申上ゲテ置キマス

○土屋委員　此ノ医師ノ選択ニ付テハ、患者カラ其ノ医師会ノ、即チ開業シテ居ル医師ノドン子ニ対シテモ自由ニ診察ヲ受ケラレルヤウニシタイ、ソレヲ原則トスル、併シ全部ト云フ訳ニハ行クマイカラ、多少其処ニ例外ガ出来ルカモ知レヌケレドモ、原則ハソレデ行キタイト云フ御説明デゴザイマシタガ、是ハ斯ウ云フ風ニ承知ヲ致シテ宜シウゴザイマセウカ、即チ一定ノ区域内ニ於ケル開業医ハ法律ニ依テ全部其ノ医師会ニ加入ヲサセラレテ居ルノデアリマスガ、此ノ医師会員全部ニ其ノ患者ノ方カラ一ト云フコトニナリマスト、実際上其処ニ色々問題ガ起ッテ来ヤウト思ヒマスノデ、会員ノ中カラ除外例ヲ希望スル者ヲ除クトカ、或ハ其ノ中カラ希望スル者ダケフ一ツノ団体ト看做シテ其ノ団体員ニ対シテ自由ニ治療ヲ受ケサセルヤウニシヤウ、所謂或制限ヲ設ケタル団体自由選択主義デ行クト云フコトニ承知ヲ致シテ宜シウゴザイマセウカ、ソレカラ又区域ニ付テドウ云フ風ニ御考デゴザイマセウカ、例ヘバ医師会ノ郡市ヲ基本トシテ居ルノデアリマセウカ、甲ノ郡ニ居ル患者ガ隣リノ郡或ハモット隔ッタ所ヘモ行カデモ、矢張自由ニ其処ノ医師ニ行ケルノデアリマセウカ、其ノ辺ノ区域的関係ヘドウ云フ風ニ御考ヘニナッテ居リマセウカ、此ノ二ツノ点ヲ伺ッテ置キタイト思ヒマス

○長岡政府委員　先程御答ヘヲ申上ゲマシタコトハ、少シ言葉ガ足リナカッタトモ存ジマスガ、大体請負制度ト致シマシテ、当局ノ考ヘテ居リマス所ハ、三ツノ方法ガアラウト考ヘテ居リマス、第一ハ日本医師会トノミ契約スル方法、第二ニ医師会ノ外盲公ノ其ノ他ノ病院トモ契約スル方法、第三ガ例ヘバ只今土屋君ノ御述ベニナリマシタト稍近イ案ニナリマスガ　希望者全部ガ案メタ団体ト契約スルト云フ、三ツノ案ニナルト思ヒマスケレドモ出来ルナラバ成ベク患者ノ自由選択ヲ尊重シタイ、申スマデモナク、此ノ患者ノ信用シテ居リタイト云フコトヲ掛リタイト云フコトヲ持ッテ居リマスケレドモ、サレバトテ結果ヲ来ス場合ガ多イト考ヘマスノデ、成ベク患者ノ自由ヲ尊重スルト云フ考ヘヲ持ッテ居リマスケレドモ、サレバトテ後段ニ土屋君ノ述ベラレタヤウニ区域モ傑ニハ無制限ヲ出来ナイ、例ヘバ九州ニ居リマスル被保険者ガ東京ニ出テ来テ三浦尚士ノ診断ヲ受ケヤウナコトヲ云フコトハ出来ナイ、取扱ノ便利不便利ト云フ上カラ云ヘバ幾メタ団体ト云フコトヲ持ッテ居リマスノデ、是ハ実際費用ノ上カラモ、地域的ニ多少ノ制限ヲ加ヘルト云フコト（已ムヲ得ナイト思ヒマス、併シナガラ之ヲスッキリ医師会ノ方ニ定メテアリマス県郡市ト云フ区域ト地域上制限スルノガ宜イカドウカト云フコトハ、マダ考慮中デアリマス、明瞭ニ御答ヘ申上グルコトノ出来ヲ遺憾トスル次第デアリマス

4章　比較福祉研究の方法

○長岡政府委員　本日ハ主務大臣ガ差支ガゴザイマスルノデ、甚ダ僭越デゴザイマスガ、私カラ御説明申上ゲマス、只今土屋君ノ御質問ノ健康保険法実施ニ付テ医師ノ選択及開業医師トノ関係ガ、如何ニ相成ルカト云フコトニ付テノ御問デゴザイマスガ、長崎ニ付キマシテハ、実ハマダハッキリシタ方針ハ定ッテ居リマセヌ、唯大体ノコトヲ申シマスト、此ノ医療組織ニ付キマシテハ、先進諸国ニ於テハ大体政府ノ直営主義ト、医師ノ団体ニ対シテ請負ト申シマスト多少語弊ガアリマスガ、其ノ請負団体ニ対シテ報酬ヲ支払フ制度トノ二ツトナッテ居ルヤウデゴザイマス、政府直営ノ方法ニシマシテモ、第一ハ医者ヲ官吏トシテ、之ヲシテ医療給付ニ当ラセル方法モゴザイマスガ、是等ノ方法（現在ノ日本ノ社会状態ニ鑑ミマシテモ、亦只今ノ予算ノ額カラ申シマシテモ、医師ヲ官吏トスルヤウナ方法ヲ採ルコトハ到底出来ナイノデゴザイマス、尚又英国デヤッテ居リマスヤウニ、開業医中ノ希望者ヲ募集シマシテ、之ヲ嘱託医トシテ登録スルトイフヤウナ方法モゴザイマスガ、是亦我国ノ今日ノ状況カラ見マシテ、之ヲ採用スルコトガ困難ナノデゴザイマス、成ベク被保険者ヲシテ医師ノ選択ノ自由ナラシメルト云フ方法ヲ採リタイト思ヒマス、併シナガラ無制限ニ自由ヲ認ムルハ、誰デモ大家ヲ掛レルト云フヤウナ結果ヲ生スルヤウナカラ、ソレニハ多少ノ制限ヲ設ケナケレバナラヌト思ヒマスカラ、原則ヲ留キタイト思ヒマス、唯ニシテ報酬ヲ支払フ方法デゴザイマスガ、御承知ノ通リ独逸ノ如キハ医師会ニ於テ点数ヲ定メマシテ、例ヘバ普通ノ診察ガ一点デアレバ、簡単ナ手術ハ半点或ハ是レノ半手術ハ五点ト云フヤウニ決メマシテ、開業医ノ其ノ年ノ間ニ取扱ヒマシタ医療給付ノ総点数ヲ医師会ニ申出サシテ、甲ノ医師ガ五十点医療ヲシタ、乙ノ医師ガ百点ト云フヤウナ方法ニシマシテ、医師会ニ於テ政府カラ受取ッタ金ヲ点数ニ応ジ分配ヲ致シマス、ソレニハ多少ノ利益ト云フヤウナコトモアリマス、例ヘバ昨年ノ如キハ医師会ニ於テ総点数ノ非常ニ多カッタ時ニハ一点ノ単価ガ減ル、又総点数ガ少ナイ時ニハ一点ノ単価ガ高クナルト云フヤウ、随ッテ総点数ノ非常ニ多カッタ時ニハ一点ノ単価ガ減ル、又総点数ガ少ナイ時ニハ一点ノ単価ガ高クナルト云フヤウナ年々ニ依ッテ単価ニ異動ガアルヤウデゴザイマス、是等モ参考トスベキ案トシテ考ヘテ居リマスガ、併シナガラ大体ニ於テ現在ノ予算ハ、ソレ程潤沢デアリマセヌカラ、現在医師会ニ於テ定メマシタ診察料、薬価等ヲ其ノ儘支払フト云フコトハ予算上困難ナコトガアラウト思ヒマスノデ、公共的ノ仕事デアリマスカラ多少ノ便宜ヲ医師会及開業医ノ諸君ニ御願ヒシナケレバナラヌト考ヘテ居リマス、然ラバ只医師会所定ノ診察料、薬価ノ凡ソ何割位ヲ支払フコトニナルカト云フヤウナコトニ付テハ、マダ只今計算中デゴザイマシテ、細目ノ事ヲ申上ゲル材料ハゴザイマセヌ、唯医師会ノ総会等ニ於テ、大体只今申上ゲマシタヤウナ趣旨ニ依テ御了解ヲ願ッテ居ル訳デアリマス、又歯科医師会ノ方ニハ、マダ交渉ヘ致シテ居リマセヌガ、何レ予算ガ議会ヲ通リマシテカラ、是等ノ点ニ付テハ医師会等ヲ通ジマシテ細目ノ協定ヲシタイ、何レニシマシテモ、此ノ仕事ハ医師会、開業医諸君ノ好意ヲ受ケマセヌケレバ、円満ニ遂行ガ出来ナイノデア

れた方式は，今日までその原型を保ったままである。「医療の現物給付」と「出来高払い制」による方式が，「あるべき社会保障の像」であるか，否か，は別にして，日本においては，この時点で，すでに，医療の現物給付を実施する可能性が備わっていたのである。ただし，制度が限定的であったことから，医療の現物給付を受けることができる者の範囲が限定されていたことについては前述の通りである。結論的に言えば，日本においては，人的適用範囲と給付内容の両面で局限されていた医療の現物給付が，徐々に拡大するという図式で制度は展開を見せたのである。

　他方，フランスにおける制度化を理解するためには，a. ビスマルクの社会保険制度が，アルザス・ローレーヌを介して，1920年代にフランスに伝播してきたという歴史的事実や，b. フランスには，医師―患者関係（伝統的自由医療）が強力なものとして存在していた，というような事情の理解は不可欠である。それにもかかわらず，日本での社会保障研究の多くが，今日でもなお，理念型を求めていることから，フランスの社会保障医療を理解するには困難性がともなっている。

　同じくビスマルクの社会保険の影響を強く受けたと考えられるにもかかわらず，日本では「医療の現物給付」方式が採用され，フランスでは「医療費の償還制」が採用された。この結果については，大きく言えば，三つの方向からコメントがなされているといってよいであろう。第一番目にあげられるものは，a. 医療費の償還制というものは，まずは，患者が医師に対して全額支払うのであるから，国民に対して医療の現物を保障するというものと比べれば不十分なものである，というものである。次にあげられるものは，b. 医療の現物給付か医療費の償還制かという相違は，日仏の歴史的経緯から生み出されたものである。社会保障研究の基礎をなすのは，どちらの制度が望ましいのかということを問うことではなく，日仏において生じた出来事に内在する論理構造を明確にすることである，というものである。そして，最後に，c. 医療の現物給付か，医療費の償還制か，という問題は政策の選択の問題であって，国民医療費の抑制という観点か

らは参考にすることもできる，というようなものである。

　ここで注目しなければならないことは，最初にあげたものが，歴史的経緯による制度の差異に対して，（意識されているか，否か，は別として）「あるべき社会保障医療の像」という観点から評価を下しているということである。具体例をあげるならば，「しかし医療費償還方式は，所得保障の観念が基礎にあり，それが社会保障としての医療としてはたして適当であるかが問題となりうるし，また患者が医療費をいちおう用意しなければならないから，低所得層は必要な医療を受けられなくなるおそれがある」（荒木誠之『新版社会保障法』有斐閣，1996年，28ページ）だとか，「現物給付方式は，国民＝患者が事前に医療費を調達する必要がなく，国は医療を提供する人材と施設の整備・充実を図ることもその責任内容となるので，医療保障の方式としては，すぐれているといえよう」（古賀昭典編『社会保障論』ミネルヴァ書房，1994年，27ページ）というものがそれにあたる。

3　評価の背景に潜んでいるもの

　「制度化」の結果についてどのような評価をなしているのかを見れば，評価を下した者が有している社会保障研究についての態度が検証されることとなる。なぜなら，「論述されたもの」は，論述された対象物を表現していると同時に，論述した者の位置を表現することになるからである。

　ところで，研究者がフランスの社会保障医療の特色の一つである償還制について示す態度は，前述したように，大きく三分されている。それらのうちでも，明らかに立場を異にするのは，〈a. 医療費の償還制というものは，まずは，患者が医師に対して全額支払うのであるから，国民に対して医療の現物を保障するというものと比べれば不十分である〉とする考え方と，〈b. 医療の現物給付か医療費の償還制かという相違は，日仏の歴史から生み出されたものである。社会保障研究の基礎をなすのは，どちらの制度が望ましいのかということを問うことではなく，日仏において生じたことに内在する論理構造を明確にすることである〉という考え方である。こ

のような差異は，社会保障や社会福祉についての研究が持っている方法的差異となって具現化することになる。具体的には，〈a. あるべき像から社会保障をとらえ，論じる方法〉と，〈b. 歴史の中に論理性を見いだしながら，論じる方法〉という具合に，大きく二分されることとなる。

ところで，前者＝〈a. あるべき像から社会保障をとらえ，論じる方法〉によって，「現実」として私たちの前にある諸制度についての正しい理解が可能であろうか，と問うならば，答えは「ノン」である。ここで大切なことは，「なぜ？」，「どのように？」という問いを自ら設定し，それについて史料に質問を投げかけることである。質問を投げかけないと史料は答えてくれないのである。

●もっと考えてみたい人へ／テーマ
1　ある日突然のように，いきなり制度ができ上がるわけはない。全く新しいもののように見えるものであっても，それは，「それ以前に存在した何か」との関係で存在することとなる。読者の周りにそのようなことを感じさせるものがないか，探してみよう。
2　ごくわずかの地域に適用されていたり，わずかな人々にだけ適用されていたものが，拡大していく際になされることは，「それまでの制度を支えていた論理性」と「新しい論理性」に橋を架けて，「統合するような論理性」をくりかえし生成していく作業である。身近なものを例にとって，当初のものを支えていた論理性と改訂後にでき上がったものを支えている論理性を比べてみよう。
3　日本の健康保険法においても，「療養費の支給」というような形で，要した医療費の一部が償還されることがある。このような「日本の償還制度」と「フランスの償還制度」の存在意義について比較してみよう。興味深い解答が得られるに違いない。

●もっと考えてみたい人へ／文献
社会局保険部『健康保険法施行経過記録』1935年。
社会局保険部『健康保険事業沿革史』1937年。

厚生省保険局編『健康保険二十五年史』全国社会保険協会連合会，1953年。
久塚純一著『フランス社会保障医療形成史』九州大学出版会，1991年。
中本真生子著『アルザスと国民国家』晃洋書房，2008年。
内田日出海著『物語　ストラスブールの歴史』中央公論新社，2009年。
ウージェーヌ・フィリップス著／宇京頼三訳『アルザスの言語戦争』白水社，2010年。

2　現代に潜む歴史性
――フランスにおける「償還制」と「診療報酬超過請求権」の存在理由

　フランスの社会保障医療を日本のそれと比べた場合，次のような特徴がみられる。それは，フランスでは，診療所の医療については，今日でも「医療費の償還制」を原則としていることや，「著名な医師等は，患者に対して，診療報酬表に記載された診療報酬を超過して請求してよい」という制度を維持していることである。とりわけ後者のものは，日本の社会保障の医療からみれば，なんとも奇異なものである。そのようなフランスと日本の社会保障医療の相違については，たとえば，「フランスで採用されている償還制は，まずは，患者が全額，医師に対して支払うのであるから，社会保障としては不十分なものである」だとか，「日本は，医療の現物給付であるから，フランスのものより優れている」というようなことがいわれることがある。はたして，フランスの社会保障医療の原則である「医療費の償還制」とは，そのような単純なコメントで片付けられべきものなのであろうか。

1　今でも見られる「償還制」と「診療報酬超過請求権」

　くり返しになるが，フランスにおける「医療費の償還制」について見ておこう。単純化すれば，これは，a. まず，患者が診療所に行って，診察などをしてもらい，そこで患者が医師に対して診療報酬表にある額を支払

い，b. 患者は医師から必要事項を記載した領収書等の書類を受け取り，c. 被保険者（とその被扶養者）としての患者は，保険者に対して手続きをとって，要した費用の何十パーセントかを償還してもらうというものである（図4-1）。償還率は，原則として，医師の診察等については70％，医療補助者については60％，入院については80％，移送等その他については65％というようなものである。例外的に，エイズ（AIDS）の検査や高額を要する治療などについては，100％が償還されることになっている。

次に，「診療報酬超過請求権」について見ておこう。この権利を行使できる者は一般的な協約医とは区別されている。「診療報酬超過請求権」を行使できる者は，顕著な業績のある医師等に限定されているのである。それらの者については，「全国金庫」という支払い側の利益を代表する組織と「医師の全国組合」というような医師を代表する組織の間で締結される「診療報酬についての全国協約」によって定められている額を超えて，患者に請求することが認められている。「診療報酬超過請求権」が制度的に承認されていることは，私たちの目には奇異に映るかもしれない。

制度についてのこのような情報を手に入れた場合，研究者がなすべきことは，フランスの社会保障医療の中に，「医療費の償還制」や「診療報酬超過請求権」が存在しているのは，なぜなのかについて検討を試みることであって，「良い制度である」だとか「良くない制度である」というように価値判断をすることではない。

では，「医療費の償還制」や「診療報酬超過請求権」はどのような経緯をたどって今日の姿に至ったのであろうか。さらに，それらが今日でも存在していることの意味はどこにあるのだろうか。

2 「償還制」と「診療報酬超過請求権」の由来

ここで用いる方法は，今日の「償還制」と「診療報酬超過請求権」を起点として，歴史をさかのぼるというものではない。現代において私たちは，「償還制」や「診療報酬超過請求権」について，「すでに命名されたもの」

4章　比較福祉研究の方法

として認識することになっているが，しかし，そのように「命名されたもの」を起点としてルーツをさかのぼることには危険が伴う，というのがその理由である。なぜなら，そのような方法は，「命名されたもの」が見えなくなった時点を起点として説明をなすからである。強く意識されなければならないことは，(姿を現した)「償還制」と「診療報酬超過請求権」のかつての存在構造は，私たちが「今日的な理解をするそのようなもの」ではなく，旧くから存在していた「医師への謝礼のやりとり」に当然のように内包されていた(誰にも気づかれない)存在物

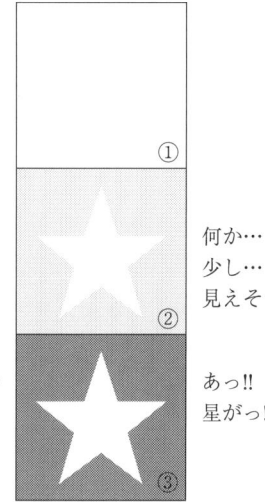

図4-3　そこには白い星があった

①
② 何か…　少し…　見えそうな…
③ あっ!!　星がっ!!

であったにちがいないということである。イメージとしては図4-3の①に星が見えないように，社会の中に溶け込んでいる状態をさぐる必要があり，まちがっても，③→②と逆上り，②を起点としないことが大切である。

少し具体的に見てみよう。

表4-1から表4-3に見るように，かつて，患者はさまざまな形で，医師に対して謝礼を支払っていた。ある者は金貨で支払い，ある者は羊やぶどう酒で支払っていた。その時代に，ある程度の金額が固定されていたのは，宮廷の医師たちについての謝礼であった。たとえば，ルイ12世の抱えていた医師は，1名の筆頭医師が年間治療について800リーブル，5名の一般医師が年間治療について500リーブルが支払われていた，という具合にである。傷病というものを，一つひとつ分節化して，合算して数量化することが一般に広まるのは，ずいぶん後のことである。

このようなことは，たとえば，モリエールの『いやいやながら医者にされ』や『病は気から』，バルザックの『田舎医者』，フローベールの『ボヴァリー夫人』等を読んでみると生き生きと描かれている。

表4-1　14〜15世紀における医師の治療とそれへの謝礼（治療の契約）

（内科）医師名	日付(年)	場所	症状（治療）	謝礼
イサック	1310	マノスク	4年間にわたる通常の治療 Soins généraux pendant 4 ans	月あたり小麦4スチエ
ジェオフロワ・マジェンジャン・レイノ	1388	エクス・アン・プロヴァンス	レプラ（ハンセン病）Lépre	100フィオリノ（金貨）
ジャン・ダロ	1431	トゥールーズ	睾丸の傷 Aff. testicules	?
ジャン・アレグル	1432	ヴァルレア	レプラ（ハンセン病）Lépre	?
ジャン・ギレルミ	1448	バルバンタン	レプラ（ハンセン病）Lépre	40フィオリノ
オンス・ド・バジ	1454	モンペリエ	失明 Cécité	金5エキュ
ピエール・クルトワ	1454-8	ディジョン	?	6グロ
ジャック・ジョスリエ	1460	アヴィニヨン	皮膚病 Maladie de peau(?)	60フィオリノ
ガスパ・ジラール	1462	ニーム	脚の傷 Aff. jambe	羊10匹
〃	〃	〃	〃	羊4匹と1/2ミュイのぶどう酒
ルウ・ド・サンドヴァル	1464	アヴィニヨン	レプラ（ハンセン病）Lépre	金80エキュ
マルタン・ド・カレラ	1465	タラスコン	眼の傷 Aff. yeux	?
ギロウム・マッソン	1471	ユゼ	ヘルニア Hernie	2リーブル
ピエール・ド・ナルボオ	1477	アヴィニヨン	涙腺瘻 Fistule Lacrymale	3エキュ

(出所)　Daniell Jacquart, *La mílieu médical en France du XIIe au XVe siècle*, Droz, Genève, 1981, pp. 178-179.

表4-2　14〜15世紀における外科医の治療とそれへの謝礼

外科医師名	日付(年)	場所	症状（治療）	謝礼
ペラルノ・ド・ベルナデ	14c中葉	パルディエ	傷 Plaie	100スー
ジャック・ド・シャヴァンジュ	1383	ディジョン	体の傷 Aff. sur le corps	金9フラン
エチェンヌ・ド・ビエール	1402-3	〃	脚痛 Mal de jambe	8グロ
ジャン・クラヴィエ	1458	ロートレック	?	金色羊3匹

(出所)　表4-1に同じ。

表4-3　15世紀における理髪師の治療とそれへの謝礼

理髪師	日付(年)	場所	症状（治療）	謝礼
ピエル・アルヴィ	1400	トゥールーズ	瘰癧 Ecrouelles	8エキュ
ペリネ・バルベット	1403-6	ディジョン	脚の傷 Aff. jambe	3エキュ
ルイ・ル・バルビエ	1415	〃	脱臼 Luxation	20フラン
ジャン・ルフォール	1444	〃	指の骨折 Doigt cassé	10グロ

(出所)　表4-1に同じ。

19世紀になると,表4-4から表4-8にみるように,医師への謝礼に関していくつかの基準ができ上がってくる。このような基準は時代とともに細かくなっていった。これらの「表」が示していることは,「なされた治療の質」や「治療がなされた場所」によって謝礼の額が決まってきたということである。しかし,さらに重要なことがある。それは,「謝礼の額に幅がある」ということと,「患者がいくつかの等級に分けられている」ということである。これらが教えてくれることは,いまだ傷病というものが抽象化されていないということである。すなわち,「どのような医師が,どのような患者に対して治療を行っても,A という治療は A というものなのだ」,という具合になるのはずいぶん後のことである。この時点では,たとえば,「貧しい者からは,あまり高い謝礼を受けとらない」という,かつてからの論理性がこのような形で残存しているのである。

これらを踏まえるならば,フランスにおける今日の「償還制」と「診療報酬超過請求権」については,以下のように理解すべきであろう。すなわち,「償還制」と「診療報酬超過請求権」は,実は,「包括的に謝礼の額が

表4-4　医師の住居で行われる場合の患者の等級区分

	患者やその家族の地位・職業
Ⅰ等	高級公務員や大工業家等の極めて富裕な地位にある者
Ⅱ等	卸売商人,資本家,銀行家,公証人,代訴人,工業家,金持ち地主等
Ⅲ等	地主労働者,被用者,売店での小商人,執達吏等
Ⅳ等	資格のない労働者

(出所)　Jacques Léonard, *La France medicale au XIXe siècle*, Gallimard/Julliard, 1978, pp. 216-219.

表4-5　往診についての謝礼の額

	謝礼の額(1日あたり)
Ⅰ等の患者	3フラン
Ⅱ等の患者	2フラン
Ⅲ等の患者	1フラン50
Ⅳ等の患者	1フラン

(出所)　表4-4に同じ。

表4-6 手術・手当てと患者の等級別謝礼
(単位：フラン)

	I等	II等	III等	IV等
瀉血	5	4	3	2
抜歯：				
診療所	3	4	1.5	1
患者宅	5	4	2	2
乱刺の吸玉	10	5	3	3
表皮膿痕切開	10	5	2	2
排液・人工漏膿・灸療法・ワクチン接種	10	5	3	2
単純な手当	5	3	2	2
ヘルニア整復術	40	30	15	10
穿刺	60	40	20	15
焼灼 (硝酸銀，酸等)	10	5	3	2

(出所) 表4-4に同じ。

表4-7 大外科医の行為に対する謝礼

単純な出産	20～100フラン
鉗子を使った出産	30～150フラン
逆子の出産	40～150フラン
後産のみ	10～50フラン
下顎骨の脱臼	25～100フラン
肩の脱臼	30～100フラン
肘の脱臼	30～100フラン
上腕尺骨橈骨の脱臼	15～50フラン
指の脱臼	10～20フラン
股関節の脱臼	100～150フラン
ひざの脱臼	50～150フラン
足の脱臼	50～100フラン
下顎骨の骨折	30～100フラン
肋骨の骨折	10～50フラン
鎖骨の骨折	30～100フラン
腕の骨折	30～100フラン
ひじと肩の間の骨折	30～100フラン
大腿骨の骨折	50～150フラン
脚二本の骨折	50～100フラン
腓骨の骨折	15～20フラン

(出所) 表4-4に同じ。

表4-8 Le Concours Médical 誌に載った往診による行為の料金表
(往診の距離と患者の等級別)　　　　　　　　(単位：フラン)

			I等	II等	III等	IV等
ナント	市内		10	5	3	2
	市外はキロあたりの旅費を追加		5	4	3	2
メイエンヌ	町の中	顧客の患者	5	3	2	―
		よその患者	10	5	3	―
	町の外は移動について追加旅費		5 (一律)			
ロリエン	城　砦　内		3	2.5	2	―
	城　　　外		4	3		―
	田舎に行く場合キロあたり		2 (一律)			
メイエンヌ (田舎)	医師の住んでいる田舎町		2	1.5		―
	田舎町の外は移動について追加		5 (一律)			

(出所) 表4-4に同じ。

決められていた」り，「患者と医師がそれぞれの事情を考えて直接的に謝礼の額を決める」という原則＝「伝統的自由医療」の原則の中に，発見することさえ困難な程度に溶け込んでいたものなのである。したがって，当時の記録のなかから，今日の「償還制」と「診療報酬超過請求権」の原型を，ことさらのように取り出して表現することには困難が伴うということができるであろう。

3 医師と患者が報酬や謝礼を決定していたことの崩壊過程

歴史的にみれば，医師と患者が報酬や謝礼を決定していたことの崩壊過程は，大ざっぱにいって，三つの方向からなされていったといえる。

一つ目の方向は「鑑定医に対しての謝礼の額」のように，公的な機関が，従来の方式による額＝医師と患者が自由に決定した額＝とは異なる額を創り出して固定化させたということにみることができる。とはいっても，「鑑定医に対しての謝礼の額」は「実際になされていた姿」を反映したものであった。しかし，19世紀の初頭以降において，謝礼の額が固定的に示されるようになったことは大きな出来事であった。表4-9と表4-10は，19世紀から20世紀初頭にかけての「刑事訴訟における鑑定のための費用の額」と「民事訴訟における鑑定歯科医師の費用の額」である。

二つ目の方向は，「共済組合」の登場によってもたらされたものである。具体的に言えば，以下のようになる。共済組合の多くは，フランス革命以降，集団を作ることを禁じられていた労働者などが，隠れ蓑として作っていたもので，主に，労働者の仲間が陥った困った状態に対応するという機能を果たしていた組織である。そのような共済組合が実際に行っていたことの一つとして，「共済組合員の支出した医療費の一部分を補助する」というものがあった。補助される額は，患者が実際に支払った謝礼の額からはほど遠い低額のものが多かったとされるが，しかし，重要なことは，「共済組合が医療費を補助するにあたり，組合員が実際に支払った医療費を意識せざるを得なかった」ということと，後に，「共済組合組織が，医

表4-9 刑事訴訟における鑑定のための諸費用の額

(単位:フラン)

行う者	行為	費用の額 パリ	費用の額 人口40,000人以上	費用の額 その他	主な条項*
医師・外科医	訪問,報告(最初の手当を含む)	6	5	3	17条1項
医師・外科医	死体の解剖その他単なる訪問より困難な手術的行為	9	7	5	同条2項
助産婦	訪問	3	2		18条
医師・外科医 助産婦	上記以外の必要と認められる行為	認められた額の償還			19条
医師・外科医 助産婦	死体の掘り出し	地方料金による			20条
医師・外科医	移動(10kmにつき)	2.50			24条 91条
医師・外科医	移動(8—9km)	2.50(10kmとみなす)			24条 92条
医師・外科医	移動(3—7km)	上記の半額			24条 92条
助産婦	移動(10kmにつき)	1.50			24条 91条
助産婦	移動(8—9km)	1.50(10kmとみなす)			24条 92条
助産婦	移動(3—7km)	上記の半額			24条 92条
医師・外科医 助産婦	移動(2kmまで)	な し			24条 90条

*1813年4月7日のデクレ,1838年11月28日のデクレにより改正された1811年6月18日のデクレ。
(出所) J. Briard et Ernest Chaudé, *Manuel Complet de Médecine Légale*, J-B Baillière et Fils, Paris, 1874, pp. 57-58より作成。

師たちにとって無視し得ないほどに大きな組織となった」ということである。すなわち,当時の実際の謝礼を意識した共済組合による「補助の額」が,時代とともに,次第に,医師達が請求する「診療報酬の額」を規定するという関係が生じ始めたのである。実際に行われていたものは,共済組合が医師と契約を結んで総額を決めて雇いあげたり,予約料金を決めると

4章 比較福祉研究の方法　129

表4-10　民事訴訟における鑑定歯科医の費用

	控訴院における場合		初審裁判所における場合	
	パリ	その他	パリ,リヨン,ボルドー,ルーアン	その他
〈宣誓〉				
1°　宣誓のための召喚	8.00F	6.00	8.00	6.00
2°　鑑定人が召喚された法定から20,000m以上の所に住んでいる場合の移動費と食費。10,000mについて。	4.40	4.80	6.40	4.80
〈業務〉				
1°　業務を執行する場合要請された者が、業務を自宅かあるいは20,000m以内の区域で行う場合。3時間について。	8.00	6.00	8.00	6.00
2°　その者の住所から20,000m以上移動した場合の移動費と食費。一往復10,000mにつき。	6.00	4.50	6.00	4.50
3°　1日について、4件処理するという条件で1日を費した場合、あるいは彼らの滞在の間の費用。	32.00	24.00	32.00	24.00
〈報告の証言〉				
1°　報告を証言するための執務時間	8.00	6.00	8.00	6.00
2°　もし鑑定人が召喚された法廷から20,000m以上の所に住んでいるなら移動費。10,000mについて。	6.40	4.80	6.40	4.80

(出所)　C. Goret, *La jurisprudence professionnelles des chirurgiens-dentistes*, Paris, 1919, p. 113.

いう方式がとられていた。**表4-11と表4-12**は、19世紀後半から20世紀初頭にかけての料金表である。共済組合の実施していた方式は、きわめて多様であったが、細かい説明はここでは省略しておこう。

　そして、三つ目の方向は、「無料医療扶助」というようなものによってもたらされたものである。これを今日的に言えば、「第三者払い」という表現になるかもしれない。簡単に説明すれば、医師への謝礼を支払えない患者の代わりに、公的機関が医師に対して謝礼を支払うというもので、法

表 4-11　予約料金を採用した共済組合とその料金（パリ地区）

共済組合名	契約料金
セーヌ県医療，薬剤共済組合連合	2フラン
リム工場主，労働者共済組合	3フラン
ガスコルポラシオン共済組合	3フラン50
アルザス・ロレーヌ共済組合	3フラン60
Picpus, Quinze-Vingt 地区市共済組合	4フラン
フランス病院共済組合	5フラン
"L'Age mur" 共済組合	5フラン
"Les Etats Réunis" 共済組合	6フラン
"La Sincérité" 共済組合	12フラン

（出所）　René Cousin, La Tuberculose et les mutualités, à Paris（Thèse pour le doctorat en médecine）, Imprimerie de la faculté de médecine, Paris, 1905, p. 11.

的には1893年の「無料医療扶助に関する法律」を根拠としている。費用は「普通費用」と「特別費用」とから成り立っていた。ここでの主要な関心事である「医師への謝礼」に関しては，普通費用に含まれていた（26条）。ただし，各県においては，それ以前から扶助は実際に行われており，すでに，1871年には「県会に関する法律」が県会の検討すべき事項として，県の公的扶助に関する事項を定めている（46条，48条）。1893年の「無料医療扶助に関する法律」は，医師への謝礼をどのような基準で定めて扶助するのか，については何も具体的には規定しておらず，扶助を行う地域の諸条件を考慮して，すでに実施されている現実的な方法を承認するというものであった。実際には，1.小郡方式，2.医療区画方式，3.ランデ方式・ヴォジエン方式というようなものがあったが，ランデ方式・ヴォジエン方式が，最もよく採用されていたといわれている。ヴォジエン方式は，救済される者の人数をもとにして，医師の契約料金が県会によって決定されるというものであるが，患者が年頭に医師を選択し，医師は患者1名につき，2フランを得るのが一般的なものであったとされている。

　この「無料医療扶助」には，「患者本人でない者」が医師に支払う＝第

4章 比較福祉研究の方法

表4-12 往診および診察料金を採用した共済組合とその料金（パリ地区）

共済組合名	料金	
	診察	往診
P. L. M 鉄道会社職員共済組合	0フラン	2フラン
"L'Union des Travailleurs du Tour de France"	0フラン	2フラン
"Les Bons Humains" 共済組合	0フラン	2フラン
召使い共済組合	0フラン	3フラン
"Benvenuto cellini" 共済組合	0フラン50	距離により 2フラン, 3フラン
新聞配送被用者友愛連合	1フラン	2フラン
セーヌ薬種商被用者協会	1フラン	2フラン
"La Franc-Comtoise"	1フラン	2フラン
セーヌ児童協会	1フラン	2フラン
セーヌ組合連帯金庫連合	1フラン	2フラン
"La Philanthropie Commerciale et Industr. du Depart. de la Seine"	1フラン	2フラン
"L'Epargne pharmaceutique"（薬剤術学生）	1フラン	2フラン
"L'Avnir humanitaire"	1フラン	2フラン
銀行，株式取引所被用者友好協会	1フラン	2フラン
商工業外交員協会	1フラン	2フラン
管理人共済組合	1フラン	2フラン
聾啞者友好協会	1フラン50	2フラン
パリ劇場コンサート被用者共済組合	1フラン50	2フラン
外交員保護共済組合	1フラン	3フラン
オペレッタ歌手共済組合	1フラン	3フラン
製陶，ガラス製造共済組合	2フラン	3フラン
商品取引所友好協会	2フラン	3フラン

(注) 固有名詞についてはそのまま記載した。
(出所) 表4-11に同じ。

三者払いの是認という要素が内在していた。すなわち,「患者」が支払っていた一般的謝礼の額とは関係なしに,患者でない第三者が医師への謝礼を支払うということがそれにあたる。しかし,実際にはそう単純ではない。注意深く見ると,かすかにではあるが,何らかの基準の存在に気づく。たとえば,ランデ方式の場合は,診察や往診の回数をもとに医師は収入を得ていたとされている。

これと関連しているのが「労働者が労働に起因して被災した事故の責任に関する1898年4月9日―10日の法律」である。法律はその第4条で,「……医療費,薬剤費については,被災者が自ら医師を選択した場合は,事業主は各県で行われている無料医療扶助に適用されている額に応じて,郡治安裁判所判事により定められた額の限度において支給する義務を負う」としている。ここにおいても,「各県において行われていた実際のやり方」が「各県によって実際に採用された無料医療扶助の制度化」へと影響を及ぼし,「労災の場合に支払われる医療の費用」の額となる,という「単なる事実が制度化するという流れ」がみてとれる。

4 1928年の社会保険の登場

1928年の「社会保険に関する法律」は,「現物給付は,一般医師の住居における場合であろうと,病院あるいは専門医である場合であろうと,協約に従って規律し,通常の組合料金を考慮に入れ,相互に効力を及ぼす金庫と職業組合による集団的契約の結果である地方料金表に従って算定される」(4条4項) とし,また,「当該金額は,契約に定められた条件に従って,金庫により負担され,あるいは金庫により被保険者に償還される。被保険者の医療費の負担は,第3項に定められた料金超過の場合を除き,金庫により,15％から20％の間で定められ,契約により定められる様式によって実行される」(4条5項) とした。ここで重要なことは,結果として得られる「地方料金表」とは,「通常の組合料金表を考慮に入れたもの」であるということである。制度化にあたっては,医師たちが現実に職業組

合の内部で保有していた料金表を基礎としながらも,「患者と医師」,「金庫と被保険者」の双方に効力を有する「地方料金表」を創設しようというねらいがあったのである。これから分かるように,1928年法は,「協約制度」を採用し,「第三者払い方式」の可能性を表明したのである。実は,この「第三者払い方式」という考え方は,人頭式を採用していたビスマルクの社会保険が,アルザス・ローレーヌを介してフランスに伝播したものとみることができるものでもあった。しかし,当時フランスで待ち受けていたものは,それらを拒絶するフランス独特の伝統的自由医療の諸原則であった。

当然のことであるが,法案が姿をあらわしたとき,医師たちは,この「第三者支払い方式」が存在していることを発見した。1927年,伝統的自由医療をまもるべく,医師たちは4本の柱から成る「医療憲章」を提唱することになる。そのなかに,伝統的自由医療の具体的な内容が見事に表現されている。それらは,1.医師の自由選択,2.守秘義務の尊重,3.診察や治療方法の自由,4.医師と患者の直接契約・直接支払い,というものであった。

当然の結果といえばそれまでであるが,1928年法はほとんど施行されないままで,改正作業が着手されることになった。その結果,「社会保険に関する1928年4月5日の法律を改正する1930年4月30日の法律」は,4条4項を「診療の報酬につき,金庫の保障する負担部分は,33条に定める場合を除き,地方で行われている最低組合料金費用を考慮して金庫が定める」と改め,4条5項を「……給付は,金庫により被保険者に前払いされるか,あるいは償還される」と改正した(4条4項)。

この時点では,「償還制」や「料金超過権」等は,ほぼ守られたということができる。結果として,従来からある二つの関係,すなわち,「患者と医師の間の謝礼のやりとりを,当事者間の直接的なものとすること」や,「保険者は,被保険者に,支出した費用の一部を償還する」という関係が,それぞれ独自の原理をもって並在する可能性を残したことになったのであ

る。この時点においても,「償還制」とともに,「診療報酬超過請求権」は,他からの介在を避ける形で残存しえたのである。

5　県レベルの協約から全国協約へ

　戦後，1945年のオルドナンスが，明文的に「診療報酬超過請求権」を制度化したことには注意しなければならない。なぜなら，明文化されることには，「法的に明確化される」という側面と，「当然のように存在していたものに関して，条件を付けて承認をする」という側面があるからである。とりわけ後者は重要である。なぜなら，「従来から当然のように存在していたはずのもの」の存在自体が危機にさらされたとき，そのような条件付きの承認作業がなされることがあるからである。具体的に見てみよう。オルドナンスの13条は，「被保険者に対して，12条に定める料金以上の額を要求した医師は，特別の場合，正当と見なされる」と規定したのである。そして，同じく13条で「特別の場合」とは，「被保険者の経済的状態」，「医師の著名度」，「その他の場合」という具合に具体化されたのである。

　1960年代に入ると事情が変わってきた。一つには，「社会保険の普遍化」が進展してきたことがあげられる。それに伴って生じたことは，「協約締結能力のある医師組合」について，社会保障の側から手がつけられ始めたことである。60年5月12日のデクレは，「診療報酬は，関係職業区分ごとにおいて，それを最もよく代表する組合，あるいは労働省のアレテによってリストが定められている医療専門家に関する専門医の組合との協約によって定められる」としたのである。これ以降，医師組合の関心は，いかにして代表権を獲得するかに移行していったし，いかに条件のよい診療報酬体系を勝ち取るかに移行していったのである。ここの時点でも，「償還制」は形式としては守られている。また，「診療報酬超過請求権」については，「被保険者の財産状態による場合」，「医師が著名であって，8条の定めるリストに掲載されている場合」に，正当とみなされるということになっている。

1970年に入ると，事情は大きく変わった。それは，「県レベルの診療報酬協約」が「全国レベルの診療報酬協約」にまで，拡大したからである。ひとたび，「診療報酬に関する全国協約」が締結され，承認されると，それはすべての医師に効力をもつものとなったのである。そのような環境で，自由な料金を決めることができる方法は，1.意思表示によって協約からはずれるか，2.懲罰を受けて，協約医師でなくなってしまうか，3.診療報酬超過請求権を獲得するか，の三つであった。困ったことには，被保険者がこのような医師の診療を受けた場合，患者に償還される金額を定める料金表が低額に設定されていたのである。ここにいたって，医師たちが保有したものは，形式としての「償還制」と，限定的な「診療報酬超過請求権」であったのである。とはいえ，社会保障医療の制度体系自体が，その中に「償還制」と「診療報酬超過請求権」を認めていることは極めて重要である。1970年以降にみられるこの全国協約制度は，5年ごとの改訂・手直しを経て今日の姿に至っているのである。

繰り返すが，1997年の全国協約は，1997年3月28日のアレテ (J. O., 29. 03. 1997, p. 4897) によって承認されているが，「償還制」はもちろんのこと，「診療報酬超過請求権」も残存したままなのである（10条等）。

表4-13 1980年の協約における各セクターの比較

1980年11月15日	実際の費用		優遇		被保険者への償還
	料金表	超過	社会保険	税	
〔協約医〕 (98.8%) 第1セクター a) 協約料金 b) 超過権	協約 協約	DE DP	○ ○	○ ○	協約料金の75% 協約料金の75%
第2セクター 自由料金	自由 (適切に)		×	×	協約料金の75%
〔非協約医〕 (1.2%)	自由		×	×	権限料金表の75% (低い)

(出所) C. R. E. D. O. C., *La convention de 1980 et le financement des soins de medecins*, Paris, 1982, pp. 15-16.

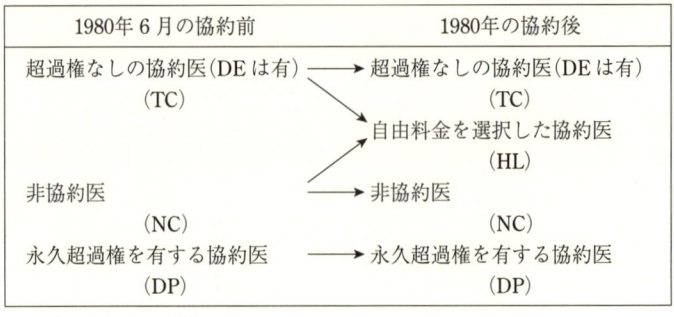

```
┌─────────────────────────────────────────────────────────┐
│   1980年6月の協約前              1980年の協約後          │
│                                                          │
│  超過権なしの協約医(DEは有) ──→ 超過権なしの協約医(DEは有)│
│       (TC)           ╲          (TC)                     │
│                       ╲──→ 自由料金を選択した協約医       │
│                                  (HL)                    │
│                       ╱                                  │
│  非協約医            ╱    ──→ 非協約医                   │
│       (NC)                      (NC)                     │
│  永久超過権を有する協約医 ──→ 永久超過権を有する協約医    │
│       (DP)                      (DP)                     │
└─────────────────────────────────────────────────────────┘

(出所) 表4-13に同じ。

**図4-4  1980年前と後の協約セクターの対応**

　診療報酬との関係で開業医が占めている位置は**表4-13**，**図4-4**の通りである。これをみて分かるように，開業医は「協約医師」と「非協約医師」に大きく2つに分類され，前者には，「超過権なしの協約医師」，「自由料金を選択した協約医師」，「診療報酬超過請求権を有する協約医師」が存在することになっている。1番目の者と3番目の者が第1セクターとされ，2番目の者は第2セクターとされている。重要なことは，〈全国協約制度自体が，「自由料金を選択した協約医師」や，「診療報酬超過請求権を有する協約医師」の存在を，制度的なものとして認めているということ〉に気がつくことである。

## 6 「償還制」と「診療報酬超過請求権」の意味

　以上述べてきたような歴史的過程を簡単に図式化して説明すれば，以下のようになる。あわせて，**図4-5**を掲げておこう。
　a. 最初に存在していたものは，医師等と患者が直接契約で「医師等への謝礼」の支払い方法や額を決め，患者が医師等に直接支払っていた形態である（19世紀中頃まで：図の中の[Ⅰ]）。
　b. そして，次には，医師等と患者が直接契約で「医師等への謝礼」の支払い方法や額を決め，患者が医師等に直接支払っていたが，他方で，労
```

〔Ⅰ〕 患者⇄医師
　①（医師達が作成した料金表や慣習にそった謝礼の支払い）

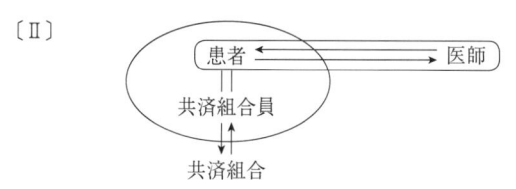

〔Ⅱ〕
　　　　患者 ←――→ 医師
　　　　‖
　　　　共済組合員
　　　　↕
　　　　共済組合

　②（例えば、共済組合が作成した償還のための料金表にそった組合員への支払い）

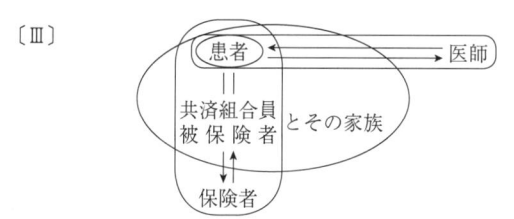

〔Ⅲ〕
　　　　患者 ←――→ 医師
　　　　‖
　　　　共済組合員
　　　　被保険者　とその家族
　　　　↕
　　　　保険者

　③（①と②の相互関係の制度化：医師への謝礼の一部を償還する制度）

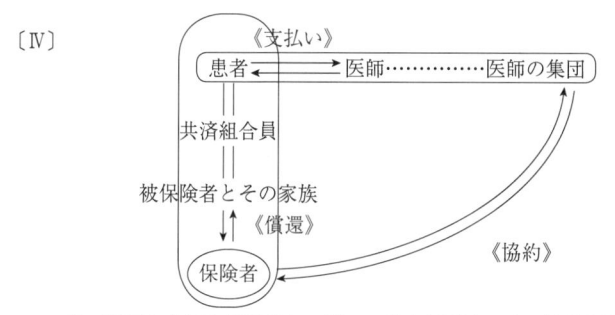

〔Ⅳ〕
　　　　《支払い》
　　　　患者 ←――→ 医師………医師の集団
　　　　‖
　　　　共済組合員
　　　　被保険者とその家族
　　　　↕《償還》
　　　　保険者　　　　　　　《協約》

　④（医師と集団と保険者との間での診療報酬をめぐる協約制度）

図4-5 フランスの医療保険制度の発生と展開

働者や市民が共済組合を作り，支払われた「医師等への謝礼」について，不十分ながらも，医療費を償還するという相互扶助を実施していた時期がやってくる（19世紀後半から20世紀初頭頃：図の中の〔Ⅱ〕）。

　c．さらに，初期の社会保険立法によって，支払われた「医師等への謝礼」に対しての「償還」という形で，「社会保険給付」がなされた時期となる（20世紀前半から20世紀中頃：図の中の〔Ⅲ〕と〔Ⅳ〕）。

ビスマルクの社会保険制度に影響されたものが、フランス的なものとして結実しようとする変化は、このような歴史的過程の一環として、c. の時期に生じている。結果的には、今日でも、原則としての医療費の償還制は残存しているのである。

　多くの読者は気がついたことと思うが、フランスにおける社会保障医療の展開過程は、伝統的自由医療のもっている諸原則が崩壊していく過程でもあったのである。それは、三つの方向からの力の作用の結果であるといってもよい。a. 第一にあげられるものは、患者が医師に対して実際に支払った謝礼の負担を、仲間でどのようにしてカバーするのか、という「相互扶助的・連帯的力」である。b. 次にあげられるものは、健康・保健の確保という「社会保障の側の力」である。c. そして、最後にあげられるものは、医師と患者は自由に契約を結び、医師は患者から直接謝礼を受け取るという「伝統的自由医療の力」である。具体的にいえば、①被保険者（およびその被扶養者）が、患者として医師に支出した費用の一部を、被保険者として金庫から償還される＝給付を受ける、という法関係は、「相互扶助的・連帯的力」をベースにもったものであったし、②その前提としての、謝礼を患者が直接医師に支払うという法関係は、「伝統的自由医療の力」をベースにもったものであったし、③「患者が医師に支払うべき謝礼の料金表」と「償還される＝給付されるべき給付の料金表」を全国的に統一する＝診療報酬全国協約のシステム化は、①と②を踏まえた「社会保障の側の力」をベースにもったものであった。フランスの現実を歴史的にみた場合、「相互扶助的・連帯的力」と「社会保障の側の力」が、システムとしての「伝統的自由医療」を、長い時間をかけて崩壊させていった過程であったということになる。

　ところで、「償還制」と「診療報酬超過請求権」については、どのように考えるべきであろうか。今日、私たちが目にする「償還制」と「診療報酬超過請求権」は、実は、「患者と医師が直接的に謝礼の額を決める」という原則＝「伝統的自由医療」の原則の中に、当然のように内包されてい

たものなのである。したがって，時代をさかのぼれば，「償還制」と「診療報酬超過請求権」は，ことさらのように取り出して表現することが困難なものであった＝発見すら困難なものであった＝ということができる。言い換えると，それは，「伝統的自由医療」の中に当然のように内包されていた＝違和感なく存在していた＝「償還制」と「診療報酬超過請求権」が，「相互扶助的・連帯的力」と「社会保障の側の力」の作用によって，顕在化したということになる（図4-1）。すなわち，方法論的には，姿が見えにくかったものが顕在化することに光を当てること＝気づき，質問すること＝の重要性を示しているのであった。

●もっと考えてみたい人へ／テーマ
1　ある制度の特徴的なことについて，私たちは，「この時代に，コレができた」と発言することがある。しかし，よく観察してみると，それらの多くが，「かつてからの日常性の論理」に内包されていたものであって，当時は，「ソレ」があまりにも普段に行われていたがゆえに顕在していなかったというものであることに気づく。体系化や分類，そして，違いを認識するということの多くは，このようなことと関係していると言ってもよい。
2　私たちは，ある人やあるものの特徴を感じたり表現したりするときに，「全体的なもの」に埋没しているもののうちから，何らかの基準で「ソレ」を引きずり出すことを行っている。にもかかわらず，あたかも，「ソレ」を「ソレ」以外のものと区別する方法が厳然として存在しているかのように表現してしまうことがある。
3　「ある事柄が制度的に明定されたこと」について，あたかも，「事件」がそこで起こったようにとらえてしまいがちである。そして，それらの点を記述することによって，歴史研究を行ったように感じることがある。しかし，はたして，「明定されたこと」は，その時点で，初めて生じたことなのであろうか。

●もっと考えてみたい人へ／文献
バルザック著／新庄嘉章，平岡篤頼，原政夫共訳「田舎医者」『バルザック全集』第4巻，東京創元社，1977年（3刷）。

マルク・ブロック著／高橋清徳訳『比較史の方法』創文社歴史叢書，創文社，1978年。
モリエール著／鈴木力訳『いやいやながら医者にされ』岩波書店，1978年（18刷）。
モリエール著／鈴木力訳『病は気から』岩波書店，1979年（11刷）。
フィリップ・アリエス著／伊藤晃・成瀬駒男共訳『死と歴史』みすず書房，1983年。
フランソワーズ・ルークス著／蔵持不三也・信部保隆共訳『肉体』社会評論社，1983年。
ジャン＝アンリ・マルレ（絵），ギョーム・ド・ベルティエ・ド・ソヴィーニ（文）／鹿島茂訳『タブロー・ド・パリ』新評論，1984年。
二宮宏之他『医と病い』叢書歴史を拓く・アナール論文選3，新評論，1984年。
岩田誠著『パリ医学散歩』岩波書店，1991年。
カルボニエ著，藤川正信訳『床屋医者パレ』福武書店，1991年。
久塚純一著『フランス社会保障医療形成史』九州大学出版会，1991年。
林信明著『フランス社会事業史研究』ミネルヴァ書房，1999年。
エミール・ゾラ著／竹中のぞみ訳『パリ上』，『パリ下』白水社，2010年。

3 福祉における「民間団体」の役割
——「公共性」の誕生

　買い物，介護，育児……。私たちの日常生活は，何らかの対応をしなければならない「事柄」であふれている。これらの「事柄」が，①「ある私人」の「責任」や「役割」となったり，②「社会」によって解決されるべき「問題」となったりする。これらの「事柄」や「問題」は，その社会との関係で，常に表れたり隠れたりするものである。したがって，それらに対応すべきは「誰」であるのかということを，事前に割り当てておくことはできない。社会保障との関係で言えば，「事柄」に該当するものは，「傷病」，「所得の喪失」，「高齢者の介護」，などなどということになるが，しかし，これらが「私的な責任」によ

って対応されるものなのか,「公的な責任」によって対応されるものなのかは固定的ではない。ここでは,社会保障をめぐる「民」と「公」との関係のありようを題材として,日本における「民間団体」の歴史的位置の変容について考えてみることとしよう。

1 「社会事業法」(昭13年・法59)制定時の議論(「民」から「公」へ)

まず,「社会的に対応される事柄とは,いったい何なのか」ということについて考えてみよう。このような「問い」を設定した場合に役に立つのは,「ある事柄」についての「役割」が,「私的」なものから「社会的」なものへと移行するような時点でなされた議論の中に見られる理屈を探ることである。例えば,「社会事業」といわれるものが,いったい「どういう理屈」で,「誰によって対応されるべき事柄」と考えられるようになったのかについて,「社会事業法」の法案提出時になされた議論をみることによっても,ある程度のヒントを手に入れることができる。

国務大臣侯爵木戸幸一による法案提案理由の説明は,「……政府ニ於テハ,戦時戦後ニ於ケル社会施設ヲ整備スルノ特ニ緊要ナルヲ思ヒ,是ガ為メ一面社会政策ノ拡充ニ努ムルト共ニ,他面公私社会事業ノ発展ヲ図ルコトヲ期シテ居ルノデアリマス」…「本事業ニ対シマシテハ,皇室ノ御思召ニ基ク御仁慈ハ申スモ畏キ極ミデアリマスガ,國ニ於テモ,地方團体ニ於テモ,年々相当ノ奨励金ヲ交付シテ,其発達ヲ図リ来ッタノデアリマス,併ナガラ其助成監督ノ方法ハ,救護施設,少年教護院,職業紹介所,公益質屋等,特別ニ法律ノ定メアルモノヲ除クノ外,未ダ制度トシテ確立セラルルニ至ラナカッタノデアリマス,随テ一般ノ社会事業ニ付テモ,一層積極的ニ其振興発達ヲ期スル為ニ,是ガ助成及ビ監督ノ方法ヲ制度化スルコトノ必要ナルコトハ……」というものであった(『官報』号外 昭和13年2月27日「衆議院議事速記録」第十九号,422ページ[社会問題資料研究会『帝国議会史』東洋文化社,第一期・第三十三巻,121ページ])。

しかし,これに対してなされた古田喜三太の発言は「……凡ソ社会事業

ト云フモノハ，地方ニ於ケル名望家，或ハ奇特家ノ手ニ依ッテ行ハレ，而シテ涙ト誠心誠意ヲ以テ行フ事業デアリマス，現ニ我國デハ公營私營ヲ合セテ八千ト稱シテ居リマス，此經費一箇年五千万圓以上ヲ使ッテ居ルヤウナ状況デアリマス，政府ハ是等ニ向ッテ今回ノ増額ヲ合シテ，僅ニ五千万圓ヲ保護助長ノ奨励金トシテ御入レニナルノデアリマスルガ，洵ニ私共少額ニ驚カザルヲ得ヌノデアリマス，殊ニ此種ノ事業ニ対シテ監督権ヲ及ボスニ当リマシテ，十四条カラ十七条ノ法文ヲ見マスト，代理人，家族，同居人，従業者マデガ此法規ニ違反シタ場合ニハ，経営者ニ向ッテ罰スルト云フ法規デアリマスルガ，是ガ大ナル私ハ誤ダト思フ」というものであった。ここからうかがえるのは，「ありがたい民間の善意に対する公的な監督」はできるだけ限定的であるべきだとする考え方からくる根強い反発があったことである（同424ページ［同122ページ］）。それに対して，国務大臣木戸幸一は，「……決シテ社会事業ヲ法律ニ依リマシテ厳格ナル監督等ヲ，主トシテヤルト云フ考ハ持ッテ居ラヌノデアリマス，社会事業ヲ助長誘導致シマシテ，現在ヨリモ向上サセ，サウシテ一層発展サセテ行クト云フコトガ，其主タル目的デアリマス」と答えている（同425ページ［同123ページ］）。

　この議論から読み取れる重要なことは，実態としての「社会事業」というものが，「民」と「公」の両者によって実施されている＝二種類の対応のされ方がある＝という共通した認識があったことである。そのような認識があったにもかかわらず，結果的にみれば，「民」のなすべきことと「公」のなすべきことを融和させるような「ひとつのシステム」として，その後の「社会事業」の位置づけが予定されていたということになり，そのような位置づけを予定された「社会事業」に対して，「公」の側からの監督や統制が意図されていたということになろう。

2　GHQとの文書の往復（「公的責任」への一本化）

　日本において，社会保障制度についての「公的責任」が全面に現れ，基

4章 比較福祉研究の方法 143

本的な考え方と制度化への筋道が，具体的なものとして姿を現していったのは，GHQと日本帝国政府との文書の往復を通じてであった。この過程を通じて，社会保障における「民」と「公」との役割りも固定的なものとして確立していくことになる。

1945年12月8日の「救済ならびに福祉計画に関する件」GHQ覚書（SCAPIN404）により，「日本帝国政府は1945年12月31日までに，1946年1月より6月に至る期間の失業者及びその他の貧困者に対する，食料，衣料，住宅，医療，金融的援助，厚生措置を与えるべき詳細且つ包括的計画を司令部に提出すること」とされた（全国社会福祉協議会『社会福祉関係施策資料集1』（『月刊福祉』増刊号，1986年，7ページ）。これに対して，日本帝国政府が同年12月31日にGHQに宛てて提出した文書「救済福祉に関する件」は，「……各種援護法令ヲ全面的ニ調整シ，新ニ国民援護ニ関スル総合的法令ヲ制定シ，国民ノ生活保障ヲ法律ニ依リ確保スルト共ニ，右ニ伴ヒ政府ノ法令ニ基ク援護ヲ拡充強化スル為新ニ有力ナル民間援護団体ヲ設立スベク急速ニ之ガ準備ヲ進メツツアリ，然シテ右団体ノ設立ニ当リテハ既存ノ戦災援護会，海外同胞援護会，軍人援護会等ノ各種団体ヲ整理統合スルモノトス」というものであった（同10ページ）。ここに表れているものは，「政府ノ法令ニ基ク援護ヲ拡充強化スル為新ニ有力ナル民間援護団体ヲ設立スベク」として，「公」ではなく「戦災援護会，海外同胞援護会，軍人援護会等ノ各種団体ヲ整理統合」して，新しい民間援護団体を設立するという基本的姿勢である。

それに対して，1946年2月27日の「社会救済」GHQ覚書（SCAPIN775）は，「……次ノ条件ニ合スル様変更ノ処置ヲトラバ日本帝国ニ対シ何等異議アルモノニ非ズ」とし，一定の条件を満たすことを求めている。それらの条件の一つとしてあげられたものが，「日本帝国政府ハ……責任体制ヲ確立スベキコト」，「従ッテ私的又ハ準政府機関ニ対シ委譲サレ又ハ委任サルベカラザルコト」というものであった。これに対しての，「救済福祉に関する政府決定事項に関する件報告」と題する日本帝国政府

提出文書（4月30日）は，「……政府ノ責任ニ於テ平等ニシテ且差別スルコトナク其ノ徹底ヲ期スル為救済福祉事業ノ実施主体ハ左ノ系統図ニ示スガ如ク単一ノ政府機関ニ依リ之ヲ行フコトトシ……」としている（同14ページ）。

この流れを見て分かることは，「社会保障における公的責任」という考え方がこの時点で確立したことであり，それは，戦時体制の維持とかかわりが密であった各種の「準政府的機関」をさまざまなことにかかわらせないという，GHQの意図とも関係していたということである。さらに指摘されなければならないことは，それについてどのように評価するかは別として，社会保障との関係において，姿を見せかけていた「中間的な団体」や「準公」というものが，この時点で姿を消したということである。極論すれば，この時点で，社会保障についての責任をめぐる議論は，「民」と「公」の二項対立的なものとなったということになろう。

3 〈「措置」から「契約」へ〉という図式の登場（「公的責任」の変容）

戦後の社会保障を巡る「民」と「公」との関係の基本的ありようを大きく変容させたのが，介護保険制度の創設であった。これにいたる経緯を，介護保険制度と深くかかわる「老人居宅介護等事業」＝（一般に考えられている「ホームヘルプサービス事業」に近いもの）＝を取り上げて簡単に見てみよう。

この事業の原初的なものは，老人福祉法が制定される一年前の，1962（昭37）年度から，要保護者層を対象として＝貧困な人々を対象として＝なされたもので，国庫補助事業として制度化されたものである。その後，1982（昭57）年には，所得税課税世帯に対しても有料で派遣が可能なものとなり，1989（平1）年度には，高齢化の進展に対応する改訂が行われている。この改訂により，事業の委託先として，「特別養護老人ホーム等を経営する社会福祉法人」や「福祉公社」，さらには，「在宅介護サービスガイドライン（老人保健福祉部長，社会局長連名の通知…昭和63）の内

容を満たす民間事業者」等を視野に入れた，幅広い供給体制の確保を試みたのである。対象者を貧困層から拡大するとともに，民間事業者による供給体制の確保を図ったとはいえ，サービスについての基本的性格は「措置」のままであった。ところが，高齢化の進展に伴って，この「措置」方式に対しては以下のような考え方が提示されるようになってきた。

　すなわち，①かつてとは異なり，高齢者としてのニーズを抱えた生活を送ることが限られた人々のみに生じる特別なことではなく（＝高齢者ニーズの普遍化＝)，従って，「高齢者の問題」は「貧困の問題」とは切り離して思考するべきであるという考え方が前面に押し出されてきたこと，②その事との関係で，多様化した高齢者のニーズやライフスタイルに対応可能なサービスが求められるようになり，③高齢者が選択権を行使できるとの必要性が認識されるに至ったこと，④従って，行政による「措置」ではなく，高齢者も市民として契約締結の主体となることが望ましいと考えられるようになったこと，等がそれにあたる。このような考え方が前面に出てくるにあたっては，「社会保障の財政の問題」や「社会的入院と称される事態に対しての対応」等があったことはいうまでもない。

　このような過程を介して，民間事業者やNPOに対しての，新たな意義付けがなされるようになってきた。その総仕上げにあたる具体的な制度化が「介護保険法」の制定（1997年）であり，「社会福祉事業法」から「社会福祉法」への法改正の作業（平成12年　法律111号）であった。

4　いわゆる「NPO」をめぐる議論に見る「民」と「公」(「民」への期待)

　社会保障をめぐっては，一貫して，「民」か「公」かという，二項を拠り所とする議論が主流を占めていた。ところが，介護保険制度の創設は，サービス提供事業者としての途を，一定の要件を備えた「NPO法人」などに開くというものでもあった。いったい何が生じたのであろうか。ここでは，いわゆる「NPO法」成立過程に見られた議論を介して，「民間団体」が，現代日本でどのように位置づけされるに至ったかをみてみよう。

まず、いわゆる「NPO法案」の前身である「市民活動促進法案」についての熊代昭彦衆議院議員による提案理由及び内容について、その概要を紹介しておこう。

....

熊代昭彦衆議院議員
○熊代議員　自由民主党，社会民主党並びに新党さきがけの与党三党を代表して，ただいま議題となりました私外四名提出の市民活動促進法案につきまして，その提案理由及び内容の概要を御説明申し上げます。

　近年，多くの市民による，多様かつ健全な価値観に立脚して行われる自律的な社会参加活動に対する意識が高まる中，さまざまな分野において市民活動を行う団体の活動が活発化しています。

　皆様も御記憶のとおり，平成七年一月，阪神・淡路大震災が発生したときには，全国的なボランティア活動並びに国際的な協力，支援が積極的に展開され，また，平素においても，地域における高齢者介護等福祉の分野におけるボランティア活動等や，さらに，海外で発生した災害時等における我が国の市民によるボランティア活動などが積極的に行われ，多くの国民がこの活動の重要性を認識したところであります。

　また，ボランティア活動を初めとする市民活動は，我が国の少子・高齢社会，国際化の進展などを背景として，今後，二十一世紀に向けて，我が国が，より活力があり，豊かな安心できる社会を構築していく上で重要な役割を果たしていくものであります。したがって，こうした市民活動を活性化するための環境整備を図っていくことによって，政府部門，民間営利部門とともに，自主，自律の民間公益部門の発展が促進され，社会が直面する諸課題を解決する手段等が多様かつ豊かになることが重要であります。

　しかし，現在，多くの市民活動を行う団体は，任意団体として活動しており，法人格がないことから，契約を結ぶことが困難であり，また不動産

登記や銀行口座の開設が不可能であります。さらには，国際的に認められるリーガルステータスがないため国際的活動において不利な扱いを受け，また，社会的信用を得にくいなどの活動上の障害が生じており，各方面からその対策を早急に講ずるよう要請されております。

今回の法律案は，このような要請にこたえるべく，市民活動を促進するための基盤整備の一環として，新たに，市民活動を行う団体に，簡易，迅速な手続のもとで広く法人格を付与することとしております。さらに，法人格を得た後も，法人税法上，収益事業から生ずる所得以外の所得は非課税とするなど，基本的には「人格のない社団等」と同じ税法上の取り扱いをすることを明確にすることなどにより，ボランティア活動を初めとする市民に開かれた自由な社会貢献活動としての市民活動の健全な発展を促進し，もって公益の増進に寄与することを目的とするものであります（第140回国会衆議院内閣委員会議録第6号，2頁，平成9年5月28日）。

....

ここから読み取れることは，「政府部門」，「民間営利部門」とともに，「民間公益部門」が，自主，自律を手掛かりとして，積極的に意義づけされていることである。ここに至って，戦後まもなく，「準政府機関」であるとして姿を現すことができなかった「準公」的なものが，積極的に意義づけされ，姿を現すこととなったのである。そして，戦後間もなくの「準政府機関」が，「提示された社会的な事柄」に対応する主体を誰れにするのかを模索するという脈絡から，消極的なものでしかなかったのに対して，いわゆる「NPO法案」の提示については様子が異なっていた。そこにあったのは，対応すべきは「民」か「公」か，という従来のとらえ方では把握することが困難な，実態として存在する「公共」的性格をもったさまざまなテーマであった。従って，当然のように，テーマについての主体的な担い手の把握が必要とされたのである。いわゆる「NPO法」を法案とし

て提示することは，そのような現実を，どのようなものとして表現するかが問われる「場」であった。

　当初みられた「市民活動」という用語は，後に，法律の題名も含めて「特定非営利活動」と修正されることとなった。そのことについてなされた，倉田委員からの「以下，その観点から一つ一つお尋ねをさせていただきたいと思います。まず，今回参議院段階で，衆議院から送りました「市民活動」という言葉が，題名も含めて「特定非営利活動」，こういうふうに修正をされましたけれども，この市民活動と特定非営利活動とは実態上同じなのか，あるいは違うところがあるのかどうか，この点についてお尋ねをいたします」という質問に対して，堂本参議院議員が，「「市民活動」を「特定非営利活動」と修正いたしました。これは，より積極的に私たちは修正したものでございまして，この法案が対象としている活動によりふさわしい表現にするためでした。そして今回，その対象の範囲が変わるとか，あるいはその活動の内容に関して変更があるというようなことはございません」と答えている（第142回国会衆議院内閣委員会議録第4号，2頁，平成10年3月17日）。

　そして，ここでの中心的テーマである「民間団体」に関しては，「市民活動」と「NPO活動」との関係，そして，それらと「国の関与」のあり方をめぐっては，おもに，「法案」の対象となっている「活動」をめぐってのものであった。

....

○海老原義彦君　……
　それと同じようにといっては，多少違うかもしれませんけれども，市民活動というものが第三セクターとしての地歩を占めてきたこの長い歴史を踏まえて，市民活動という言葉自体も一つの思想をその中に包含しておる。ここで思想と申しますのは，政治的な主義主張とかいったものではありま

せん。全くノンポリティカルであっても、ともかくそれなりの一つの思想を包含しておる。そういう意味で、もう立派な言葉になっておると思うんです。そういう立派な言葉であるだけに、この法律の中で市民活動という用語を使う場合にいろいろな問題を提起するのではないか。

今私が考えております問題点、二つばかりございますけれども、一つはそういうふうな市民活動の思想というものと全く別のところから動き出しておる同じようなNPO活動をやっておるものもある。そういうのは本来、市民活動の中に包摂すべきではないかという議論もございますけれども、それはあくまでも市民活動の側でなさるべきことでありまして、国が関与すべき話ではない。国がそういうものも市民活動に包摂する、国が法律でもってひっくくってしまうというのはいかがなものか。

それからいま一つは、この法律では民法三十四条の特別規定であるということから十二の活動に限定しておるわけでございますが、それを市民活動と定義することによって市民活動そのものが非常に矮小化された定義になって、市民活動自体にもそぐわないのではないか。

そういう二つの疑問が出てくるわけでございますけれども、その点についてどのようにお考えになりますでしょうか。

○衆議院議員（辻元清美君）　今御指摘の点、言葉の問題ということですが、この法案は市民活動促進法案という名前と、通称NPO法案という名前で親しまれております。どちらかといいますと、最近ではNPO法案という名前で呼ばれることが多いかと私は考えております。このNPOといいますのはノンプロフィット・オーガニゼーションということで、これは国際的にも非営利の活動全般を指すものと言われているところです。

そこで、今委員の御指摘の部分は、この言葉の問題は本当に私も大切にしなければいけないなと思いながら拝聴していたわけなんですが、実際にこのNPOという非営利の活動、非営利の概念というのは、余剰金をそれぞれの役員等に配分しないという原則にのっとっている団体であればすべてこのNPO、ノンプロフィット・オーガニゼーションに入るわけなんで

す。
　ということになりますと，今度，市民活動というのはどういう定義であるかといいますと，これは市民による自発的な活動全般を指すものというようになります。そうしますと，このNPO活動といわゆる市民活動全般ということの関係になりますけれども，NPO活動はいわゆる市民活動に限定されるものではなく，NPO活動の方が広い概念ではないかというふうに言われております。
　そういう意味では，この法律の名称等も含めましてこの委員会で一番ふさわしいもの，そして活動が活発になるものをぜひ皆さんで御審議いただく過程で考えていただければいいかと，私たち発議者の方では思っております。
　また今，この法律の十二項目の列挙という御指摘もありました。これは，私たちがこの法律をつくる折に，いわゆる市民活動として行われているさまざまな団体へのアンケート調査やいろんな調査に基づきまして，実態を勘案して拾い出したものです。
　ただ，この折に，先ほど委員も御指摘がありましたように，どうしても民法とのすみ分けという問題がありましたので，私たちの法案はこの活動内容についてということですみ分けを行わざるを得ませんでした。ただ，発議者としてこの法律をつくっていくに当たりまして，市民活動全般をカバーしたいということでほぼ拾い出したつもりであります。
　ですから，今御指摘のような矮小化するものという意図でつくったものではなく，できるだけこの十二項目を活用していただきまして，あらゆる市民活動の方にこの法律を使っていただきたいという気持ちでつくりましたし，そのように配慮して拾い出してあると思いますので，矮小化するものではないというふうに私たちは考えておる次第です。
○海老原義彦君　前段についてありがたい御理解をいただいて，ありがとうございました。
　最後の点の矮小化という問題につきましては，私も先生と全く同じ意見

でございまして，矮小化する形式をとっておるので矮小化するものだという誤解があるけれども，それは恐らく誤解であろう。ほとんどすべてのNPO活動が実はこの十二項目で大体読めるはずなんじゃなかろうかな，全部読めると確言できないけれども読める。もしそれでどうしても読めないぞというものがあったら，それは今後また検討の機会もあることであるから，先生方の意図として別に矮小化しようという気がないことはもちろんでありますし，現実にもそんなに矮小化するようなものではないだろうということは私も全く同感でございます。

　ただ，法律の用語として市民活動というものをこういうふうに定義すると，法律の便宜上の定義があたかも市民活動そのものの意味だというふうになって，せっかく積み上げてきた市民活動の思想を阻害するようになるかもしらぬなという危惧はあるわけでございまして，先生おっしゃいますように，NPO活動というのは本来非営利活動でございますから，それで十二項目ということを頭に置いて考えれば特定非営利活動とでも呼ぶのがいいのかかという気が私はするわけでございます（第142回国会参議院労働・社会政策委員会会議録第5号，3-4頁，平成10年2月5日）。……

....

　この記録を見て気がつくことの一つは，いわゆる「NPO法」をめぐる議論の中に，「社会事業法」制定時の議論と類似している点があることである。例えば，海老原義彦委員の「……一つはそういうふうな市民活動の思想というものと全く別のところから動き出しておる同じようなNPO活動をやっておるものもある。そういうのは本来，市民活動の中に包摂すべきではないかという議論もございますけれども，それはあくまでも市民活動の側でなさるべきことでありまして，国が関与すべき話ではない。国がそういうものも市民活動に包摂する，国が法律でもってひっくくってしまうというのはいかがなものか」という質問がそれにあたる。しかし，他方

では,「社会事業法」の制定時と大きく異なることもある。それは,「社会事業法」制定時における「社会事業」というものが,「すでに存在していた実態」との関係で存在していたのに対して,いわゆる「NPO法」については,現存する諸活動をまとめあげるというものではなく,「法案」が対象とすべきものはどの範囲のものなのか,についての議論がなされたことである。

5 介護保険をどのように見るか

「介護保険制度」をめぐる議論の特徴は,一見したところ対立しているようにみえながらも,実際には,ずれてしまっているという点にあったといえよう。そのような事態を引き起こしているのは,「介護保険制度」の登場について,①「公的な責任」としてきたもの＝措置制度としての高齢者の介護＝を「私的な責任」に転嫁するものとして位置づける立場からの立論と,②「私的な責任」で対応されてきたもの＝実態としての高齢者の介護＝を「社会的な責任」で対応するものとして位置づける立場からの立論とが併存していたからだと考えられる。前者が制度のレベルで議論しているのに対して,後者は介護の実態のレベルから議論を開始するが,「制度が不十分であるから実態がそのようなものになった」というようなことにはあまり触れられない。それまでの高齢者の介護にかかわる事柄の全体像からすれば,前者がすべてではないし,後者もすべてではない。生じたことは,「制度としての介護の供給体制の規制緩和」であると同時に,一定の要件の下での「介護の社会保険化」であったのである。

ところで,私たちの日常生活は,何らかのものを必要としている市民が,自分の選択で契約を締結するということを基盤としている。ここで重要なことは,高齢者(とされる人)であっても,障害者(とされる人)であっても,24時間,365日,「介護保険法」,「老人福祉法」,「障害者自立支援法」などのみに拘束された生活をしているのではない,という当然のことにことに気づくことである。一日の生活の多くの部分は,市民法といわれ

る一般的な法に規律された日常生活なのである。その過程で，その契約を締結し履行されたもののうちから，一定の要件を備えているとされるものに対して社会的給付がなされると考えるのが，通常の思考方法であろう。より具体化すれば，①商品やサービスの買い手が適格性を備えているか，②商品やサービスの売り手が適格性を備えているか，③商品やサービスが質的に適格性を備えているか，④購入した商品やサービスが定められた量の範囲内であるのか，というような要件を満たしたものについて，社会的な費用を出動させる＝社会的給付がなされる＝という具合に，再整理することによって，ようやく，成熟した市民社会をベースにした社会保障が構築される「基礎」が出来上がるのである。その場合必要となるのは，当人の意志を抜きにした「措置」ではなく，「契約」ということになる。そうした観点から，日本における「民間団体」を積極的に意義づけすることができれば，社会保障における「民間団体」の位置づけも安定したものとなるであろう。

6 フランスの Association からのヒント

　日本では，1997年に「介護保険法」が制定された。そして，1998年には「特定非営利活動促進法」が制定された。さらに，2000年には，「社会福祉事業法」から「社会福祉法」への名称変更を含む法改正が行われ，いわゆる，福祉についての基礎構造改革が進行していった。これらはいずれも，いわゆる，〈「措置」から「契約」へ〉という表現によって意味される一連のことと深い関係があることである。さらには，福祉を巡る諸関係の中に，「国家」と「国民」以外の各種の団体や民間の事業者を積極的に介在させるという戦略であった。

　日本において，このような動きがあった頃，フランスで盛んに議論されていたテーマが Association（アソシアシオン）についてであった。フランスにおいて，「Association の契約に関する法律」が制定されたのは1901年であった。この法律が制定された後，ちょうど100年目にあたる

2001年を境にして，Associationについての多くの議論がなされ，Associationについての多くの出版物が出現したのである。もちろん，ここで扱うAssociationの目的や対象となるものは，社会保障や社会福祉に限定されているものではない。しかし，100年目を期してなされていた議論の中には，先程述べたような日本の状況についての理解や解釈を豊富にするものが数多く含まれていた。

　Associationをどのようなものとして扱うかについては，日本における継続的で特徴的な研究方法を思い起こさなければならない。なぜなら，日本における継続的で特徴的な研究方法によれば，Associationを扱ったり，評価したりすることは，社会保障や社会福祉についての公的責任を軽視することになるという批判にさらされることになるからである。しかし，軽視されてならないことは，そのような日本において，社会福祉における「措置」方式から「契約」方式への移行や，各種の団体や民間の事業者を積極的に介在させるという，「特徴的な出来事」が生じたという事実である。

　方法的には，「従来からの方法」と「特徴的な出来事」がクロスする場面を意識してAssociationは扱われることとなる。当然のことであるが，ある場面においては，「従来からの方法」と「特徴的な出来事」は併存することになる。そして，それらは相互に無関心ではありえない。前者が後者を飲み込むような形で内包化することもあるし，後者が前者を変容させたりする。この両者の関係について，もし，前者を尊重する立場をとるならば，「サービスの現物を供給する体制が整っていなければ契約は締結できない」し，たとえ，「供給体制が整っていても，まずは，相手方を選択して，契約を締結するという面倒なことは，よほどのことでもなければ定着することはないと考えられる」から，「それは福祉の後退になる」という発言となる。

　しかし，他方で，以下のように考えることも可能である。すなわち，「私たちの日常生活のほとんどは，消費者としてのソレであって，介護保

険や年金制度によって24時間，365日が規律されているのではない」という前提から出発し，「日ごろから，私たちは購入したいものを購入しており」，「それらの購入した商品やサービスに対して，保険給付の対象となる＝制度としての福祉が介在する＝か，否かということ」は異なる次元の問題である，という風に考える道筋である。そうすれば，前提となるべきことは，「市民が，さまざまな商品やサービスを購入する」＝「日常生活の中に介護や福祉を位置づける」というものであり，「措置」方式から「契約」方式への動きは，日本の社会保障や福祉にとって，重要な転換点としての意義がある，ということになる。このことを意識するなら，フランスの Association の歴史について検討することや，現代における Association の役割を検討することが，私たちに多くのヒントを与えてくれることを理解できるであろう。

●もっと考えてみたい人へ／テーマ ─────────────────
1　「ある事柄」が「民」の責任となったり，「公」の責任となったりすることについて考えてみよう。
2　「社会的出来事」が出現する契機について，具体的な例を挙げて考えてみよう。
3　私たちの日常を振り返って，「ある人」が「市民」となって現れたり，「高齢者」として現れたりしている場面について考えてみよう。

●もっと考えてみたい人へ／文献 ─────────────────
全国社会福祉協議会『社会福祉関係施策資料集1』（『月刊福祉』増刊号），1986年。
日本社会事業研究会 他『日本社会事業新体制要綱／現下我国社会事業の帰趨』日本図書センター，1997年。
石川淳志，佐藤健二，山田一成編『見えないものを見る力』八千代出版，1998年。
大村敦志著『フランスの社交と法』有斐閣，2002年。
コリン・コバヤシ編著『市民のアソシエーション』太田出版，2003年。

久塚純一，岡澤憲芙編『世界のNPO』早稲田大学出版部，2006年。
福井憲彦編『アソシアシオンで読み解くフランス史（結社の世界史3）』山川出版社，2006年。
ピエール・ロザンバロン著／北垣徹訳『連帯の新たなる哲学』勁草書房，2006年。
福田アジオ編『結集・結社の日本史（結社の世界史1）』山川出版社，2006年。
大津由紀雄著『ことばに魅せられて・対話編』ひつじ書房，2008年。
久塚純一著「日本における「民間団体」の歴史的位置」[坪郷實，ゲジーネ・フォリャンティ＝ヨースト，縣公一郎編『分権と自治体再構築』]法律文化社，2009年。

5章 比較福祉研究と歴史的時期区分
——「旧い論理」と「新しい論理」の相互関係

　社会保障や社会福祉は近代以降に生成したものであるから，それらの歴史はあまりさかのぼって研究しないほうがよい，といわれることがある。そのような発言の背景には，「過去に存在した『社会保障や社会福祉に類似したもの』は，社会保障や社会福祉としては不十分なものであり，歴史研究の対象となることがあったにせよ，現代の社会保障や社会福祉について示唆するものはない」というような考え方があるといえよう。はたしてそうなのであろうか。ずっと以前のものが現代にまで生き残っていて，それが現代の制度の特徴を形成しているというようなことはないのであろうか。

1　フランスにおける医師への謝礼をめぐる「旧い論理」と「新しい論理」
——「歴史的経緯」と複数の論理の併存

　「医療をめぐる関係」において，「医師」と「患者」は，第一義的には，「治療をする者」と「治療をされる者」という立場で現れることになる。そのほかに，「医療行為に対しての謝礼を請求し，受け取る者」と「謝礼を支払う者」という姿で現れることもある。第4章でみたように，患者は，医療行為に対して，今日の私たちが行っているような方法で謝礼を支払ってきたわけではない。時代に応じて，なんらかのありようを要請されてきたのである。「旧い論理」に依拠した支払い方法が，一挙に今日のような姿になることはない。移行してゆく

過程で医師への謝礼をめぐる「旧い論理」と「新しい論理」は，なんらかの形で緊張関係にあったはずである。いったい，その緊張関係はどのようなものであったのだろうか。

1　問題の設定

　社会保障や社会福祉は医療に光を当てるが，それは医療の全般にわたるものではない。社会保障や社会福祉が医療に光を当てるのは，傷病や医療について，以下の2点に着目するからである。第一点目には，「傷病それ自体が，日常生活を困難なものにする」という点に着目するからである。すなわち，私的な傷病という出来ごとが社会的なものに変換されるのである。そして，第二点目には，「傷病に対応する医療行為には何らかの支出が伴う」という点に着目するからである。

　傷病に対して社会的側面から光が当てられるようになったのは，比較的最近のことである。それよりずっと以前の時代においては，病気やけがは，原則として私的なものとしてとらえられ，社会的な対応がなされるのはまれなことであった。その後，私的なものにとどまり得なくなった「医師」と「患者」の閉ざされた関係は，「医師」と「患者」に限定されたものとしてとどまらずに，「一般化した利益を代弁する社会」による介在を被るに至る。「一般化した利益を代弁する社会」にとってみれば，「患者」は，かつての存在とは異なる脈絡でとらえられることになる。「患者」は，「社会の秩序を乱すもの」，「労働力を毀損したもの」等々として，社会的に位置づけられることになる。その際，社会からの対応は，「身体」や「病」に直接向けられることとなるし，さらには，「要した費用に私的に対応してきたこと＝医療費の負担」に向けられることとなる。

　社会保障や社会福祉が充実した今日においてさえ，「病」や「けが」という状態が発生したとしても，「患者」は，「医者にかからずにじっとしている」こともあるし，「私費でまかなう」という場合もある。「前者の状態」は，「病」や「けが」について制度的な対応がなされていないのであ

るから,「病」や「けが」は「単なる事実としてのそれ」にとどまりえているともいえる。また,「後者の状態」は,市民法的な意味では,制度の対象として顕在化してはいるものの,社会保障や社会福祉の対象としては,顕在化していない。

　ところで,第4章でみてきたように,医師の治療行為については,なんらかの形で「謝礼の支払い」がなされてきたことは歴史的事実である。「病」や「けが」という事実上の状態に対して,もし,「医者にかからずにじっとしている」ような行動がとられるとするならば,「それでは困る」,「費用がないのなら,あなたの代わりに支払ってあげよう」という具合に,社会的な介在が始まることになる。それは,第一に社会防衛のための取り締まりの対象としてなされるし,次には「医師への謝礼という私的な支出」の部分に対しての社会的支出がなされるのことになる。すなわち,傷病の中には,「要した費用を,患者自身以外の者が支払うように認識されうるもの」もあるし,「特定の者の傷病が,一般化した社会全員の心配ごと」に変質することさえあるということである。今日の社会保障が,「費用のことを心配せずに医療の現物を給付することになっている」というものがこれにあたるといえよう。

　今一度確認しておこう。このことについて考える際に,前提しておかなければならないことは,第4章でみたように,「医師」と「患者」の間では,ずっと以前から,何らかの形態での「謝礼の支払い」が存在していたということである。したがって,〈「患者」が「医師」に対して支払ってきた謝礼といわれるもの〉を規律していた論理性や規範の経緯を跡づけることによって,「医師」と「患者」の関係に対して,第三者たる共済組合や社会保険,さらには,国が介在してくるシステム=社会保障における医療の姿=のありようを明らかにすることができるのである。

　そうすると,以下のようなことは重要な関心事とならざるを得ない。すなわち,「ずっと以前から存在していた医療の場における諸々の関係のありよう」が,どのような意味で近代市民法的な契約原理と接触したのか,

ということがそれにあたる。さらに,「それは,その後の社会法の成立や展開過程において,いかなるものとして法的に位置づけられてきたのか」ということがそれにあたることになる。

2　医師への謝礼と近代市民法についての視点

医師と患者の間で自由に決められていた「医師への謝礼」の内容に対して,何らかの形で影響を及ぼすような法が国家的に制定されるのは,フランスにおいては,19世紀後半のことである。それは第4章にみたとおり,一連の社会立法の中に現れる。

ここで問題とすべき重要なことは,以下の諸点である。すなわち,a. 初期社会立法が医師への謝礼について規定したとしても,その定め方は何を基準としたものであったのか,b. そして,その具体的内容はどのようなものであったのか,c. さらに,保険者なり,国なりが,どのような基準に基づいて,患者（被保険者）への給付の内容を定めたのか,d. 最後に,それらの給付が,それ以前の時代において行われてきた医師への謝礼の実際の姿と,どのような関係にあったのか,ということである。これについても,第4章でみたとおりである。

たしかに,初期社会立法は,医療に要した費用について給付するものであったが,それは,医師と患者の間における謝礼のやりとり自体に直接的に介在するものではなかった。それらは,共済組合,自治体,保険者等が,共済組合員・住民・被保険者（＝医師への謝礼を支出した患者）に費用を償還するもので,従って,給付する医療費の給付のありように間接的に影響を及ぼすにとどまるものであったのである。ここで忘れてならないことは,償還したり,給付したりする医療費の給付内容が,「医師への謝礼の実際の姿」を念頭に置いたものであったという歴史的事実である。なぜなら,どのような形であれ,「医師への謝礼の実際の姿」を念頭に置かない限りは,償還したり,給付したりする医療費の給付が制度的に意味をなさないからである。

さらに重要なことは，〈償還したり，給付したりする医療費の給付を規定することになる「医師への謝礼の実際の姿」〉が，旧くからの職業利益を確保し続けるための医師組合運動の影響を強く受けたものであったということである。実は，初期社会立法が定めた医療費の給付は，ずっと以前から存在していた旧い性格をその胎内に保有し続けた考え方を基礎としたものであったのである。ここで重要なことは，初期社会立法の定める医療費の給付というものが，近代市民法原理のもとで存在した謝礼の支払い方法を修正して登場したというようなものではなかったことに気づくことである。すなわち，初期社会立法が定めた医療費の給付は，a. 旧くから存在する医師への謝礼の支払い方法や額の現実の姿に強く影響されたものとして存在し，b. 医師への謝礼を部分的に規律する近代市民法的契約原理と時代的に重複しながら，存在していたのである。

　当然のことであるが，「それ以前からあった論理」と「新しく登場した論理」とは，緊張した関係の下で併存していた。そのような関係のありようを具体的なものとして示してくれるものは，医師への謝礼をめぐる法的な紛争状態である。具体的にいえば，医師への謝礼をめぐる具体的な事件の判決，裁判の過程を通して，国家的な介在のありようを歴史的にあとづけ整序することが，一つの有効な作業となるであろう。次の節では，「それ以前からあった論理」と「新しく登場した論理」との緊張した関係をみるという目的から，フランス革命ころ以降から初期社会法の成立時ころまでを時期的な対象範囲として，医師への謝礼の姿を，判決を通して把握してみることにしよう。

●もっと考えてみたい人へ／テーマ
1　今日では，当然のように感じられている事柄であっても，それが初めて制度化されるに当たっては，まずは，「異質なもの」として出現せざるをえない。しかし，それは，全く異質なものとしてではなく，それ以前から存在したものとの関係で，何らかの理屈をもって社会的に了承されることとなる。

何か具体的な制度を例にとりあげ，「あることが始まった」時に，どのような理屈で了承されたかを考えてみてはどうであろうか。
2 「旧い制度」から「新しい制度」へと移行する際に，単線的に移行することはあまりみられない。むしろ，「両者をどのように連続させようか」と悩んだり，「旧い制度との連続性をどのように確保しようか」ということに心を奪われたりするものである。今日流に言えば，法令の後ろにひっついている「附則」にみられる経過措置というようなものがそれにあたる。何らかの法改正を例にとり上げて，「旧い制度」から「新しい制度」への移行を，「論理の衝突」と「了解」という側面から検討してみてはどうであろうか。
3 「私的なこと」のように考えられていたことに対して，社会からの介在がなされるありようをみることは興味深い。「障害者の発見」，「高齢者の発見」等を例にとり上げて，なぜ，いかに社会的な介在がなされるようになったのかを考えてみよう。

●もっと考えてみたい人へ／文献
川上武著『現代日本病人史』勁草書房，1982年。
フェルナン・ブローデル著／村上光彦訳『物質文明・経済・資本主義 15—18世紀Ⅰ—2 日常性の構造2』みすず書房，1986年。
ジャック・リュフィエ，ジャン＝シャルル・スールエア共著／仲澤紀雄訳『ペストからエイズまで——人間における疫病』国文社，1988年。
ジャック・ドンズロ著／宇波彰訳『家族に介入する社会』新曜社，1991年。
久塚純一著『フランス社会保障医療形成史』九州大学出版会，1991年。
C・エルズリッシュ，J・ピエレ共著／小倉孝誠訳『〈病人〉の誕生』藤原書店，1992年。
ルイ・シュヴァリエ著／喜安朗・木下賢一・相良匡俊共訳『労働階級と危険な階級』みすず書房，1993年。
福田眞人著『結核の文化史』名古屋大学出版会，1995年。
フレデリック・F. カートライト著／倉俣トーマス旭，小林武夫共訳『歴史を変えた病』法政大学出版局，1996年。
アラン・コルバン編／小倉孝誠監訳『身体の歴史 第Ⅱ巻』藤原書店，2010年。

2 医師への謝礼をめぐる法的紛争
―― 当事者の論理と裁判所の判断

> 医師への謝礼に関しての「旧い論理」と「新しい論理」との緊張関係をみようとするならば，時期的な対象は，フランス革命の時期から社会保険法ができ上がる1928年ころまでを視野に入れて検討することが役に立ちそうである。その時期において，医師への謝礼をめぐっての法的な紛争はどのような形のものだったのであろうか。とりわけ，法的紛争が生じた際，近代的な裁判所は，いったい，何に基準を置いて判断を下したのであろうか。

1 医師への謝礼と近代市民法との接触

ここでは，近代市民法の成立以降の頃から出発して，初期社会立法が姿を見せ，その両者が併存し始めるころまでの時期において，かつてから存在した医師への謝礼の実際のありようが，それらの新しい法といかに接触したのかを把握してみよう。そのことによって，「旧い論理」と「新しい論理」のそれぞれにおける医師への謝礼の姿をとらえてみよう。

まず，ここでの検討の対象となる，医師への謝礼について争われた事件の判決を年代順に掲げておこう（**判決一覧表**）。そして，これらについて検討する前に，いくつかの注意すべき点について触れておくことにしよう。

まず，あげなければならないことは，対象となった事件の数が少ないことである。これについては，当時の医師と患者の関係のあり方を主な理由として，そもそも，医師への謝礼をめぐる法的な争いが発生しがたい状況であったと考えることも可能であるし，また，医師への謝礼をめぐる諸関係が，そもそも，近代市民法となじまない存在であったと考えることも可能である。これらは，どちらも誤りとはいえないであろう。なぜなら，あとで見るように，扱った判決のうち，医師への謝礼の額それ自体について

医師への謝礼をめぐる判決一覧表

① Trib. d'apple de Paris, 2e sect. (Tallien), 3 germ. an 11, 1791, S. 1803.
② Cour roy. de Limoges (Courdeau), 3 juill. 1839, S. 1840. 2. 57.
③ Cass. Ch. civ. (Andreu), 27 janv. 1858, S. 1858, 1. 531.
④ C. de Caen, 1er ch. (De Navenne), 21 avril 1868, S. 1868. 1. 97.
⑤ Cass. Ch. req. (Fabre), 4 déc. 1872, S. 1872. 1. 430.
⑥ Trib. civ. de la Seine, 7e ch. (F…), 29 juill. 1881, S. 1881. 2. 247.
⑦ C. de Dijon, 2e ch. (Aubry et Cie), 11 déc. 1883, S. 1884. 2. 177.
⑧ C. de Bordeaux, 1er ch. (Garderein), 12 mars 1884, S. 1884. 2. 177.
⑨ Cass. Ch. civ. (Brouillat), 2 févr. 1885, D. P. 1885. 1. 286.
⑩ Trib. civ. de Libourne (Grimault), 13 janv. 1887, S. 1889. 2. 45.
⑪ Trib. civ. d'Annecy (Comoz), 23 juill. 1887, S. 1889. 2. 45.
⑫ C. d'Amiens, 1er ch. (Loisel), 31 juill. 1889, D. P. 1890. 5. 31.
⑬ Trib. civ. de Bruxelles, 2e ch, (X…), 31 deéc. 1889, S. 1890. 4. 16.
⑭ Trib. civ. de la Seine, 7e ch. (B…), 24 janv. 1890, D. P. 1896. 2. 15.
⑮ Trib. civ. de la Seine, 7e ch. (Pinard), 7 nov. 1895, D. P. 1896. 2. 15.
⑯ C. de Lyon, 1er ch. (Faucherand), 15 nov. 1898, D. P. 1899. 2. 371.
⑰ C. de Bordeaux, 4e ch. (Delage), 16 fevr. 1900, D. P. 1901. 2. 206.
⑱ C. de Paris, 1er ch. (Docteur Audigé), 5 mai 1903, D. P. 1903. 2. 319.
⑲ Trib. de paix de Paris, 15e arr. (Docteur H), 28 janv. 1904, D. P. 1904. 2. 400.
⑳ C. de Paris, 3e ch. (Coutelet), 6 avril 1906, S. 1907. 2. 177.
㉑ Trib. civ. de Toulouse, 2e ch. (Olivier et Tapie), 15 janv. 1907, D. P. 1907. 5. 25.
㉒ Cass. Ch. req. (Vve Boutenjean), 27 mars 1907, S. 1907. 1. 209.
㉓ Cass. Ch. civ, (Dhondt), 13 avril 1910, S. 1910. 1. 501.
㉔ C. de Limoges (Janicot), 8 juill. 1910, D. P. 1912. 2. 92.
㉕ C. de Cass. du Grand-Liban (X…), 28 mai 1926, S. 1928. 4. 8.
㉖ Trib. civ. de Perigueux, 1er ch. (Arlet), 23 juin 1928, S. 1928. 2. 155.
㉗ Trib. du Caire, 1er ch. (Dunet), 4 mars 1929, S. 1930. 4. 14.
㉘ C. d'apple d'Alexandrie, 2^e ch. (Patriarch grec orthodoxe d'Alexandrie), 28 mars 1929, S. 1930. 4. 21.

争われたものは少なく，多くは，医師が患者に対して有する謝礼という債権の時効，証拠，などに関するものとなっているからであり，さらには，事件のうちの多くが，患者が医師への謝礼を支払わないことに対する，医師の側からの請求に基づくものとなっているからである。

しかし，ともかく，ここに採り上げたものでも30件近くはあるのであり，

その30件に現れたものは，限られた医師と患者が試みた，医師への謝礼に関する法的位置づけであり，また，それらをめぐる争いでもある。ここで，私たちは，裁判の判決という形で現象した，数少ない法現象を通じて，さらには，私たちの前に残された争いや判決の数が少ないという事実を通じて，そもそも，医師への謝礼をめぐる関係が法的な争いとして現象しなかった，あるいは，近代市民法の成立と医師への謝礼をめぐる関係はあまり交渉がなかったと一方で結論づけなければならないし，同時に，他方では，百年あまりの間における判決を検討することによって，医師への謝礼の当時の姿を，法関係という観点から把握しなければならないのである。

2 フィルターになるもの

まずは，医師への謝礼と近代市民法の原理との接触のありようを，いくつかの関門を設けることによって浮き彫りにしておこう。具体的な手順は以下の通りである。それは，「法的紛争となった＝医師と患者の考え方の中で摩擦が生じた事柄＝と思われるいくつかの点」と「医師への謝礼をめぐって，慣習や近代市民法の論理が接触したことが理解しやすい点」をあらかじめ設定して，それに具体的裁判をひっかけてみる，というものである。あらかじめ設定されたいくつかの関門を，ここではフィルターと呼んでいる。

ここでフィルターとなる項目と，そのフィルターを介して考えることとなる事柄は以下の諸点である。

[a. 医師への謝礼について裁判所が裁判をする際の裁判権限について]

これについては，たとえば，「医師への謝礼の支払い」というようなものが，近代的な債権・債務関係として裁判装置に乗るものなのか，ということが問題とされることになる。

[b. 裁判所が「医師への謝礼の額」を判断する際の基準について]

これについては，近代的裁判装置は，医師への謝礼の額を判断する際に，いったい，何を基準として結論を導き出したのだろうか，だとか，現代の

私たちがやるように「行為の回数」や「治療に使われたもの」を数量化して結論を導いたのであろうか，というようなことが問題とされることになる。

[c. 医師への謝礼をめぐる関係の慣習的な側面について]

これについては，「医師と患者の間での謝礼をめぐる紛争の結論が，近代市民法の論理に吸い込まれる＝紛争が解消される」のか，「かつてのものは慣習であるとして，近代市民法の論理と対峙する＝衝突する」のか，「かつてからの慣習自体が法的に承認される＝新しいものとして変身する」のか，というようなことが問題とされることになる。

[d. 時効について]

これについては，医師の治療行為というものをどのようにとらえるのかが問題のキーを握っている。具体的には，「医師の側に，患者に対して謝礼を請求する権利があるとしても，それについての時効はいつの時点を起算点とするのか」ということが問題となる。その際，とくに「医師の治療行為の一つひとつを，分節化できるものとして考えるのか」，それとも，「医師の治療行為を分節化しえない，一つの固まりとして考えるのか」というようなことが問題とされることになる。

[e. 証拠について]

これについては，「医師への謝礼をめぐる裁判で，裁判上証拠となりうるものはどのようなものなのか」というようなことが問題とされることになる。たとえば，医師は患者に対して，いちいち請求書を書いて渡したり，そのつど患者から借用証書を受け取ったりしなかったとされており，この点をめぐって，証言による証拠が認められるか，というようなことが問題とされる場面である。

[f. 謝礼の請求の相手方について]

一見したところ，謝礼を請求する相手については問題がなさそうである。しかし，争われた事例は存在する。なぜなら，「甲」の疾病に対する治療がなされたからといって，「甲」が謝礼の支払い義務を負うということは

自明のことではないからである。たとえば，伝染病患者である「甲」に対する治療のために，共同体が治療費の支出をすることはよくみられたからである。したがって，これについては，「治療を受けた本人以外の者＝家族，地域共同体，国家，等＝が支出すること」について考える基礎を与えてくれるものということができよう。「甲個人の疾患」が「甲個人の疾患として以上の意味をもつ」ことがあるとすれば，「医師に対しての謝礼の支払い義務は，一体誰が負うことになるのか」ということは大きな問題となろう。

[g. 医師でない者の謝礼の請求権について]

　これについては，「医師」と「非医師」の関係や，「医師への謝礼についての階層化」が問題となる。

　これらのフィルターのうち，ここでは，問題の所在を一層明確なものとすることが可能な，b. の「裁判所が「医師への謝礼の額」を判断する際の基準」についてと，d. の「時効について」の二つをとりあげることとしよう。

3　「医師への謝礼の額」を判断する際の基準について

　一覧表で言えば，①，⑫，⑰，㉑，㉔，㉖の判決が「医師への謝礼の額を判断する際の基準」について関係しているものである。

　まず，①の〈Tallien 対　相続人 Havier〉事件を紹介しよう。事件はテルミドール9日以来の英雄 Tallien に関するものである。

　ある日，Tallien は重病に陥ったが，国民公会は彼の健康の回復に最も強い関心を示していた。そして，国民公会は，彼の病気の状態がどのようなものなのかについての情報が，毎日入ってくることを望んでいた。そのような中で，英雄 Tallien に治療を行ったのは，Havier 博士であった。治療は効果的であり，Tallien は無事に回復した。Havier 博士は，謝礼として，そして，薬剤の提供について，「回復した Tallien が法外だと思うほどの金額」を請求したのである。Tallien が支払いを拒み続けたので，

博士の相続人は，英雄 Tallien を相手取り，それらの支払いを求めて提訴した。

セーヌの裁判所は，Guillotin 博士に鑑定報告書の作成を依頼した。そして，その報告書によれば，「相続人によって請求された謝礼の金額は，問題となった状況および時代，患者の質および財産を鑑みると，鑑定人には高すぎるとは考えられない」というものであった。鑑定人によれば，Tallien は国民公会の最も重要な人物の一人であり，まさにそのような彼の地位こそが，通常の患者よりも多くの治療を要求したのであり，まさにその「彼の地位」こそが，そのような治療を「彼の医師に代わって要求した」というものであった。Tallien は「要求された謝礼には誇張がある」として全面的に争ったが，判決は「Guillotin 博士によって作成された鑑定報告書の計算書に鑑みて，その報告書を採用し，未亡人 Havier に支払われなければならないとする総額2833リーブルにつき，Tallien に対して支払うことを命ずる」として，相続人である未亡人 Havier の請求を認めたのである。

次に，⑰の〈Delage 対 Jullien〉事件判決を紹介しよう。判決は「……地方医師組合により適用されている謝礼の料金表は，判事によって義務的に採用される必要はない。判事は，行われたサービス，疾病の性格，患者の社会的地位および財産，医師と患者の距離，医師が業務を行う地方でのその医師の著名度と地域性を考慮して，医師への謝礼の額を決定しなければならないこと……」としている。㉑の〈Olivier et Tapie 対 Agert〉事件の判決は「……個人に対してなされた治療に関して，医師への謝礼を評価するためには，治療の重要性，訪問の回数，主治医の地位，患者の財産を考慮に入れなければならない」と，より明快である。

このように，医師への謝礼を規律するものとして，慣習の存在はきわめて大きなものであった。しかし，個々の治療行為，訪問回数に関していえば，個々の行為や訪問というものを積算していく方向に進んでいったように思われる。表5-1は，1860年代における，医師が受け取った「謝礼に

5章 比較福祉研究と歴史的時期区分

表5-1 謝礼についての課税の鑑定の例（1860年代）

……に住む実地医P氏がN氏及びその家族になした往診，手当てに関して：

税		
180フラン	186…年1月1日から2月15日までN氏につき30回の往診，1回10フラン	300フラン
6フラン	1月2日　腕の治療	10フラン
6フラン	1月15日　2回目の治療	10フラン
6フラン	3月30日　足の治療　N夫人	10フラン
42フラン	4月1日から4月10日までN夫人に7回往診	70フラン
100フラン（ママ）	6月20日から7月30日までN嬢に毎日手当	100フラン
3フラン	8月10日，召使の1名を治療	5フラン
10フラン	8月10日から8月20日まで5回往診（同上者）	15フラン
60フラン	9月5日，召使の頭の傷，1か月治療	100フラン
413フラン	計	630フラン

　　私，……大学医学部医学博士は，個々の記載を検討した結果，欄外に記載された税額413フランはP氏に課される正当な額として認める。
　　……宛　　　　　　　　　　　　　　　　　サイン

（出所）　J. Briand et Ernest Chaudé, *Manuel Complet de Médecine*, Légale, J-B Baillière et Fils, Paris, 1874, pp. 36-37.

対する課税」に関しての鑑定の例である。これからわかることは，1860年当時においては，それぞれの行為に付された単価に，実施された回数を掛け合わせて額を算出する方法がとられていたということである。

　ここで，私たちは「行われた治療の質」，「治療が行われた状況」，「患者の地位」，「患者の財産状態」，「医師としての著名度」等が，医師への謝礼の額を決定する際の基準となっていたことを知ることになる。そして，判決が採用したそれらの判断基準は，「突如として思いつかれたもの」ではなく，「謝礼のやりとりを規律していた古くからの慣習」に依拠したものであったということに気づくことになる。㉑事件判決は，それ程古いものではなく，初期の社会立法が徐々に姿を現し始めていた1907年1月15日付

のものである。

　さらに，私たちは，「著名であったり，医学上の業績が顕著である医師は，診療報酬表に記載されている金額を超えて請求してよい」という，今日でも承認されている「診療報酬超過請求権」について，それが，決して「訳の分からない不合理なもの」なのではなく，その起源を，古くからの慣習に持っているものであるということを知ることができるのである。

4　時効について

　一覧表で言えば，②，④，⑪，⑭，⑮，⑯の判決が「時効」について触れているものである。

　まず，時効に関して，当時の民法典はどのように規定していたのかをみておこう。1892年法による改正を経るまで，民法典はその2272条で，「医師，外科医師，薬剤師についての訪問，手術，薬剤に関する債権は一年の時効にかかる」と規定していた。その後，「医業の行使に関する1892年11月30日―12月1日の法律」の第11条によって，民法典の2272条は「医師，外科医師，歯科医師，助産婦，薬剤師についての訪問，手術，薬剤に関する債権は，二年の時効にかかる」と改正された。ところが，この規定が時効の起算点については何も定めていなかったために，判決の導いた結論は以下のように大きく二分されている。

　まず②の〈Courdeau 対 Lachaume〉事件の判決は「時効の起算点を，医師が患者に治療を始めた日に定めるべきである（le point de départ de la prescription doit être fixé au jour même où le médecin a commencé à donner ses soins au malade）」として，「そうすることが一般原則に合致する」としている。

　これに対して，時効の起算点を疾病の終了した時点とするものは，④と⑯の事例である。④の〈De Navenne 対 Bisson〉事件判決は，「時効の起算点は，疾病の終わったときであり，個々の訪問は切断して考えられるべきではない」としている。その理由として「……医師は訪問を終えたすぐ

後に謝礼の請求をしないこと，あるいは，受け取らないことが慣習である」ことをあげている。判決は，他方で，「同一の疾病であっても，医師の治療の一つひとつが，患者を手放すほどに長い間隔をおいているものと推定された場合には，個々の期間の時効の起算点は，個々の期間の終了時である」としている。⑯の〈Faucherand 対 Boutin〉事件判決も④と同様の判断を示している。

　このような事例は，時効の起算点についての判断基準以上のことを教えてくれる。それは，疾病や障害というものが，「時には，一つひとつの兆候や医療行為との関係で分節化されてとらえられるもの」であり，また，「ある時には，総体としてとらえられるもの」であるということについてである。このことは決定的に重要なことである。なぜなら，医療や福祉の現場においてさえ，人々は，「かつては可能であった，身体の状況全体をうまく表現する表現方法」を放棄してしまっているからである。結局のところ，「調子が良くない」というような，「その人全体をうまく表現する方法」にとってかわったものは，「肺のココの部分がこうなっていて，ウンヌン……」という具合に，「分節化して表現する方法」であった。

● もっと考えてみたい人へ／テーマ

1　私たちは，ともすれば，福祉というものがきわめて現代的なものであって，昔のこととは縁がないことのように考えることになっている。しかし，フランスの事例が示しているように，必ずしも，そう単純ではない。一方では，日本におけるように，方法論においても，制度の実体においても，一挙にことが進んだ国もあれば，フランスのように，じっくりと時間をかけて進んできた国もある。ところが，福祉についての研究態度はどうであろう。

2　同一の患者にAという医療の行為を2回行った場合，Aという行為についての単価の2倍の料金がかかるという考え方は，一見したところ，合理性があるようだが，はたして，そう単純なものなのであろうか。

3　かつてのフランスにおいて，「医師への謝礼をめぐる裁判」で特徴的なことは，医師が原告になっていることである。そして，旧い論理に固執したの

は，患者というよりは医師の側であった。一見したところ，開明的な印象のある医師の側が旧い論理に依拠し，庶民の側が新しい論理に依拠したように映るのだが，はたしてそうなのであろうか。

● もっと考えてみたい人へ／文献
E. H. アッカークネヒト著／舘野之男訳『パリ病院1794―1848』思索社，1978年。
ル・ロワ・ラデュリ著／樺山紘一，木下賢一，相良匡俊，中原嘉子，福井憲彦共訳『新しい歴史』新評論，1980年。
久塚純一著『フランス社会保障医療形成史』九州大学出版会，1991年。
J. L. フランドラン著／森田伸子，小林亜子共訳『フランスの家族』勁草書房，1993年。
ドリンダ・ウートラム著／高木勇夫訳『フランス革命と身体――性差・階級・政治文化』平凡社，1993年。
ブロニスワフ・ゲレメク著／早坂真理訳『憐れみと縛り首――ヨーロッパ史の中の貧民』平凡社，1993年。
フランソワ・ダゴニェ著／金森修訳『病気の哲学のために』産業図書，1998年。

3 医師への謝礼を規律したもう一つの要素としての医師組合運動
―― 伝統的自由医療の系譜

　第4章でみたように，今日のフランスでは，診療報酬を決定する際に，金庫（保険者）と医師組合が大きな役割を果たしている。両者の間で，診療報酬に関する全国協約が締結され，それが承認されると，原則的には，それがすべての開業医に適用されることとなる。このような制度が現実のものとなっていった背景には，医師組合運動の強大な影響力があった。新しいとみなされる社会保障の医療における制度ではあるが，それは，「伝統的自由医療」という呼び名に象徴される旧くからの職業利益を確保し続けるためのものとして位置付けされる。具体的にいえば，「社会保険に関する1928年4月5日の法律」に猛反

発をして，1930年法を実現させた理屈も，「伝統的自由医療」に象徴される考え方であったのである。「医師への謝礼」，そして「診療報酬」の内容を規定するのに大きな役割をはたした医師組合運動とは，いったい，どのようなものであったのだろうか。また，医師たちは，自らをどのように組織化したのであろうか。さらには，医師たちは，どのように組織化されていったのであろうか。

1　医師の組織化

　今日，フランスの医師の組織は，そのはたしている機能に着目するなら2種類に系統立てることができる。一つは，医師組合（Syndicats médicaux）というものであり，もう一つは，医師会（Ordre de médecins）である。前者は，医師の職業的利益を追求する団体であり，医師が加入するか，否か，については任意のものである。それに対して，後者は，医師の職業倫理を守ることを目的とした懲戒権を有する団体で，フランスで医業を行うものは，原則として県の医師会の名簿に登録されていることが必要である。ただし，EU統合によって事情は変容している。両者の歴史的経緯を簡単に図式化したものが図5-1である。

　「医師への謝礼」をテーマとしていることから，ここで扱うものは，前者の医師組合といわれるものである。今日では，この医師組合は，全国金庫＝保険者と診療報酬に関しての全国協約を締結するという，社会保障医療にとっては，きわめて大きな役割を果たしている。多少の変容はあるものの，全国金庫との間で，診療報酬についての全国協約の交渉権限を有するのは，「フランスにおいて医師を最もよく代表する」という認定を受けた医師組合ということになっている。

　今日では，社会保障医療に関して，一方の当事者として位置づけられる医師組合も，歴史的にみれば，労働者たちの集団と同様に，それを結成することが法的に承認されるに至るまでには長い時間がかかっている。

　このことについて，簡単に経緯をたどっておこう。1791年のル・シャブ

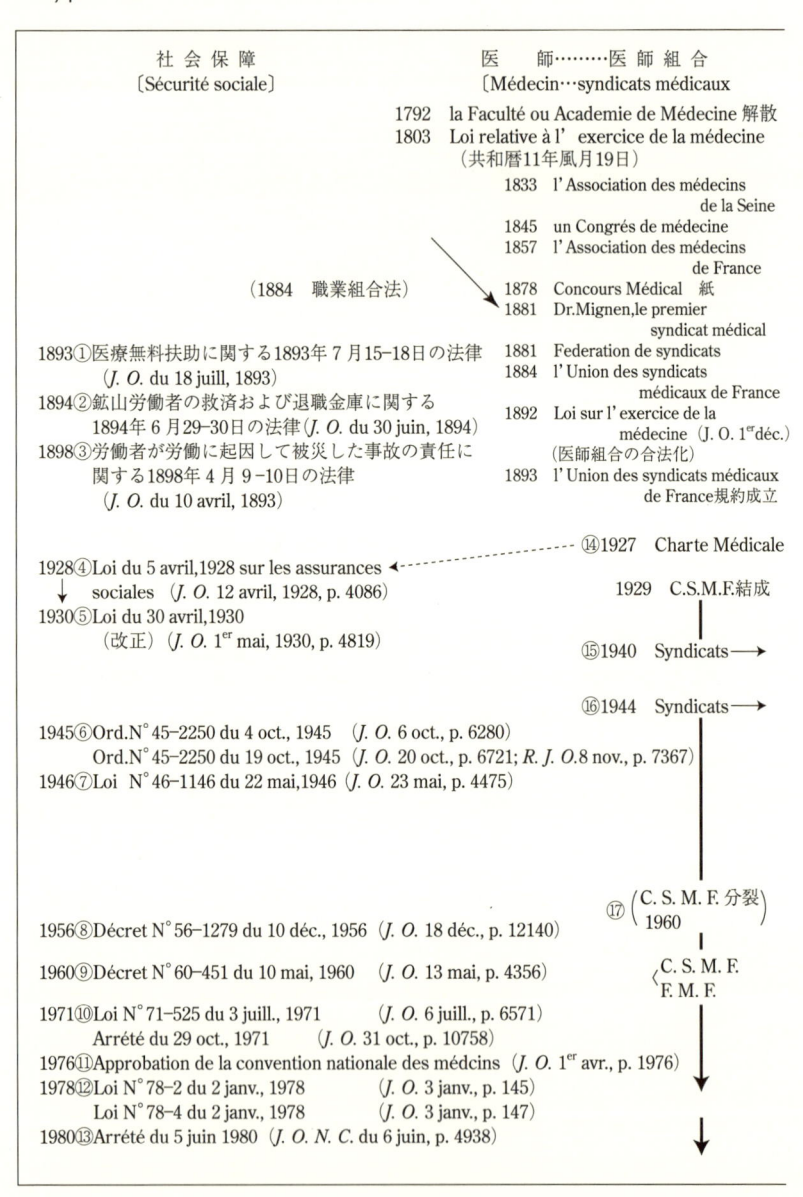

社会保障 〔Sécurité sociale〕	医　師………医師組合 〔Médecin…syndicats médicaux〕
	1792　la Faculté ou Academie de Médecine 解散
	1803　Loi relative à l'exercice de la médecine 　　　（共和暦11年風月19日）
	1833　l'Association des médecins de la Seine
	1845　un Congrés de médecine
	1857　l'Association des médecins de France
（1884　職業組合法）	1878　Concours Médical 紙
	1881　Dr.Mignen,le premier syndicat médical
1893①医療無料扶助に関する1893年7月15-18日の法律 　　　（*J. O.* du 18 juill, 1893）	1881　Federation de syndicats
	1884　l'Union des syndicats médicaux de France
1894②鉱山労働者の救済および退職金庫に関する 　　　1894年6月29-30日の法律（*J. O.* du 30 juin, 1894）	1892　Loi sur l'exercice de la médecine （*J. O.* 1^{er}déc.） 　　　（医師組合の合法化）
1898③労働者が労働に起因して被災した事故の責任に 　　　関する1898年4月9-10日の法律 　　　（*J. O.* du 10 avril, 1893）	1893　l'Union des syndicats médicaux de France規約成立
	⑭1927　Charte Médicale
1928④Loi du 5 avril,1928 sur les assurances 　↓　sociales　（*J. O.* 12 avril, 1928, p. 4086） 1930⑤Loi du 30 avril,1930 　　　（改正）（*J. O.* 1er mai, 1930, p. 4819）	1929　C.S.M.F.結成
	⑮1940　Syndicats⟶
	⑯1944　Syndicats⟶
1945⑥Ord.N°45-2250 du 4 oct., 1945　（*J. O.* 6 oct., p. 6280） 　　　Ord.N°45-2250 du 19 oct., 1945　（*J. O.* 20 oct., p. 6721; *R. J. O.*8 nov., p. 7367） 1946⑦Loi N°46-1146 du 22 mai,1946　（*J. O.* 23 mai, p. 4475）	
1956⑧Décret N°56-1279 du 10 déc., 1956　（*J. O.* 18 déc., p. 12140）	⑰（C. S. M. F. 分裂） 　　　　1960
1960⑨Décret N°60-451 du 10 mai, 1960　（*J. O.* 13 mai, p. 4356）	C. S. M. F. F. M. F.
1971⑩Loi N°71-525 du 3 juill., 1971　（*J. O.* 6 juill., p. 6571） 　　　Arrété du 29 oct., 1971　（*J. O.* 31 oct., p. 10758） 1976⑪Approbation de la convention nationale des médcins　（*J. O.* 1er avr., p. 1976） 1978⑫Loi N°78-2 du 2 janv., 1978　（*J. O.* 3 janv., p. 145） 　　　Loi N°78-4 du 2 janv., 1978　（*J. O.* 3 janv., p. 147） 1980⑬Arrété du 5 juin 1980（*J. O. N. C.* du 6 juin, p. 4938）	

図5-1　医師の組織化と社会保障の関係

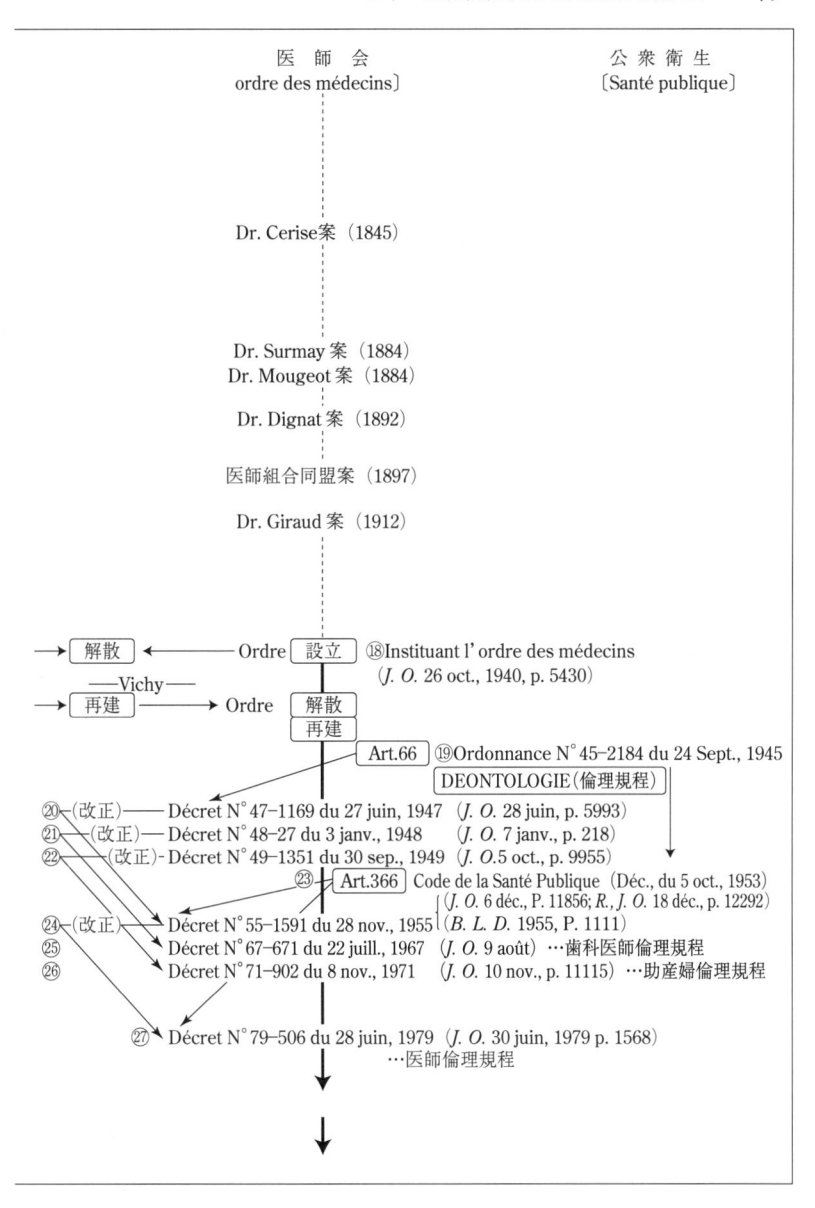

5章 比較福祉研究と歴史的時期区分　175

|医　師　会|公　衆　衛　生|
|ordre des médecins]|〔Santé publique〕|

Dr. Cerise案（1845）

Dr. Surmay 案（1884）
Dr. Mougeot 案（1884）

Dr. Dignat 案（1892）

医師組合同盟案（1897）

Dr. Giraud 案（1912）

→ 解散 ← ── Ordre 設立　⑱Instituant l' ordre des médecins
　── Vichy ──　　　　　　　（J. O. 26 oct., 1940, p. 5430）
→ 再建 ────→ Ordre 解散
　　　　　　　　　　　 再建
　　　　　　　　　　Art.66　⑲Ordonnance N° 45-2184 du 24 Sept., 1945
　　　　　　　　　　　　　　　DEONTOLOGIE（倫理規程）
⑳─(改正)── Décret N° 47-1169 du 27 juin, 1947（J. O. 28 juin, p. 5993）
㉑─(改正)── Décret N° 48-27 du 3 janv., 1948（J. O. 7 janv., p. 218）
㉒─(改正)- Décret N° 49-1351 du 30 sep., 1949（J. O. 5 oct., p. 9955）
　　　　　　　㉓ Art.366　Code de la Santé Publique（Déc., du 5 oct., 1953）
　　　　　　　　　　　　　　　　　　　　　　　　 {（J. O. 6 déc., P. 11856; R., J. O. 18 déc., p. 12292）
㉔─(改正)── Décret N° 55-1591 du 28 nov., 1955（B. L. D. 1955, P. 1111）
㉕　　　　　Décret N° 67-671 du 22 juill., 1967（J. O. 9 août）…歯科医師倫理規程
㉖　　　　　Décret N° 71-902 du 8 nov., 1971（J. O. 10 nov., p. 11115）…助産婦倫理規程

㉗　 Décret N° 79-506 du 28 juin, 1979（J. O. 30 juin, 1979 p. 1568）
　　　　　　…医師倫理規程

リエ法が，アンシャン・レジームの「コルポラシオン的束縛に対するもの」であったとすれば，その後にみられる「個人主義に対する医師たちの反動」は，医師たちに共通する利害を基礎に置いた「事実としての集団」という形態で現れた。すなわち，1884年の職業組合法が成立するに至るまでの間は，少なくとも，制度的には，国家の中には，コルポラシオンは容易に存在し得なかったのである。しかし，実態としては，1800年代の中ごろから，個人的な利益，一般的な利益とは区別された，特定の職業についての利害を基礎に据えた結合体が数多く出現し始めることになる。ルイ・ナポレオンの時代の1849年法による刑法典の改正，1864年法による刑法典の改正は，これらの状況下での対応策であった。

この点について少し具体的にみてみよう。1849年には，一切の団結を禁止した「1849年11月27日法」が制定される。同法は従来の刑法典第414条から第416条を以下のように改正している。

第414条　6日ないし3か月の禁錮，ならびに16フランないし，1000フランの科料に処せられるべきもの。

1　労働せしめる人々の間の，給料の引き下げを強制しようとする団結，その予備行為あるいは，実行の開始がある場合を含む。

2　同時に仕事を休止せしめ，作業場内の仕事を禁じ，ある時刻の前，または後に工場に入ることを妨害するための，一般に労働を中止し，妨害し高価にしようとするための労働者側のあらゆる団結。

前2項によって規定された場合については，首謀者あるいは煽動者は2年ないし，5年の禁錮に処せられる。

第415条　略。

第416条　前諸条により，規定された場合につき，首謀者ないし煽動者は，その刑の満期後，少なくとも2年，最長5年間高等警察の監視下に置かれる。

2 医師組合の法認

その後,1862年以降のスト多発という状況の下で,ナポレオン三世は,1864年5月25日—27日法により,争議権を法認するに至っている。同法により,刑法典第414—416条は以下のように改正された。

(刑法典第414条,第415条,第416条を改正する1864年5月25日—27日の法律——Bull., No. 12323)

第1条　刑法典第414条,第415条,第416条を廃止する。それらを以下の規定に置き換える。

第414条　暴力,暴行,脅迫あるいは詐術を用いて賃金の引き上げ,あるいは引き下げを強制し,また,産業及び労働の自由な行使に侵害をもたらす目的で労働の協同的な停止を導き,あるいは維持したる者は,何人も6日ないし3年以下の禁錮および16ないし3000フランの罰金またはこれらの二つの処罰の一つのみに処せられる。

第415条　前条により処罰される行為が,協同の計画の結果として犯された場合には,違反者は少なくとも2年間,最長5年間,高等警察の監視の下に置かれうる。

第416条　協同の計画に基づく罰金,禁止,禁則,厳禁によって,産業または労働に従事する自由を侵害したすべての労働者,雇主および請負人は,6日以上3か月以下の懲役ならびに16ないし3000フランの罰金またはこれらの処罰の一つに処せられる。

その後,職業組合が結社として法認されるに至るのは,「1884年3月21日—22日の職業組合法」による。このときまで,職業組合は,結社に関する普通法,すなわち,20名以上の許可を得ないすべての結社に対して刑罰を科していた刑法典第291条から294条の適用を受けていたのである。1884年法は,その第1条により,それらの諸規定と1834年4月10日法の,職業組合法への適用を排除し,また,前述の刑法典第416条を廃止したのである。これによって,制度的には,団結はほぼ合法的なものとなったのである。

表5-2 1894年7月1日フランスにおける職業組合の性格の概要

組合の性格サービス	下部（基礎）組合				同盟				計
	商工業組合			農業組合	商工業組合			農業組合	
	雇主組合	労働者組合	混合組合		雇主組合	労働者組合	混合組合		
図書館・書庫	74	420	11	35	6	18	1	2	567
組合事務所設置	98	304	25	10	2	11	…	…	450
相互扶助協会・金庫	53	225	36	15	1	4	2	…	336
諸出版物(年鑑・統計)	118	34	7	76	8	10	1	11	265
職業教育・講義	35	91	5	45	2	10	…	3	191
旅費扶助	…	108	…	…	…	…	…	…	108
………………………	…	…	…	…	…	…	…	…	…
医療サービス	3	2	2	1	…	1	…	…	9
………………………	…	…	…	…	…	…	…	…	…

（出所）Ministère du commerce, de l'industrie, des postes et des télégraphes, *Annuaire statistique de la France, 1892-1893-1894*, p. 422, tableau N° 325.

表5-3 1910年当時の主要な医師組合と組合員数

（単位：人）

①セーヌ医師組合	1,420	⑨フランス耳鼻咽喉科医師組合	144
②ローヌ医師組合	450	⑩トゥールズ医師組合	140
③フランス眼科医師(一般)組合	335	⑪ランド組合	140
④フランス温泉保養地医師組合	287	⑫ムールス・エ・モーゼル協同組合連合	139
⑤マルセーユ職業組合	260	⑬ロ・エ・ガロンヌ組合	129
⑥ソンム組合	180	⑭ゲール医師組合	127
⑦ニース，ニース郡，ピュジェテニエール組合	170	⑮ドルドーニュ医師組合	120
⑧フランス医学，歯科医学博士組合	156		

（出所）Bull. officiel de l'union des syndicates médicaux de France, 20 fév. 1910.

（職業組合に関する1884年3月21日―22日の法律――Bull., No. 14353）

第1条　1791年6月14日―17日法および刑法典第416条を廃止する。刑法典第291条，第292条，第293条，第294条および1834年4月10日の法律は職業組合に適用されない。

その後，1892年に至り，ようやく，医師たちは組合を結成することを法

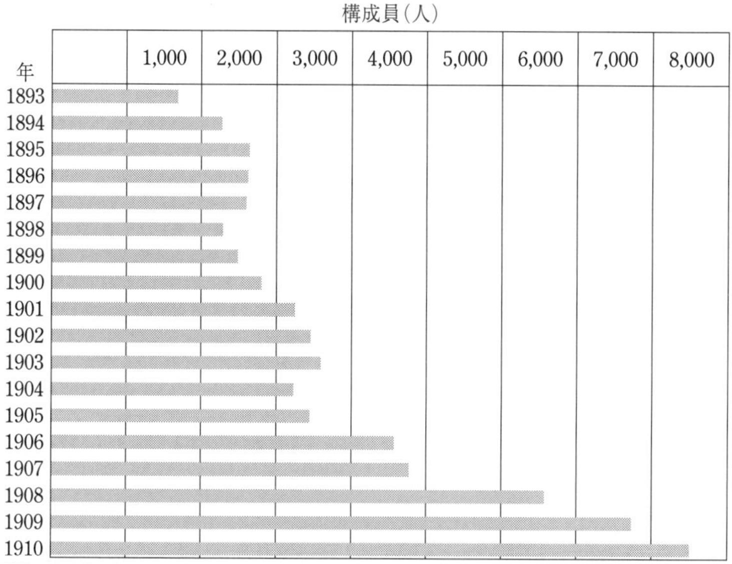

(出所) J. Nicolaÿ, *Syndicats de médecins et syndicats de pharmaciens*, Paris, 1911, p. 49.

図5-2 1893年～1910年における l'Union des Syndicats médicaux de France の構成員数

認されることとなった。医業の行使に関する1892年法はその第13条で以下のように規定している。

(医業の行使に関する1892年11月30日－12月１日の法律――J. O. du 1er déc.)

第13条 本法の適用以降，医師，歯科医師，助産婦は，国籍，県，市町村のいかんにかかわらず，すべての者につき，職業的利益を守るために，1884年３月21日の法律の下に組合 (associations syndicales) を結成する権利を有する。

当時の職業組合，医師組合の概要については**表５-２**，**表５-３**，**図５-２**の通りである。

3 医師組合規約

19世紀末の医師の組合の実際の組織は，同一の行政区域の下にある県単

位という形態をとることが一般的なことであった。特定の利害のための全国的な連合体としての組合は，その後に結成されるに至っている。全国的な組合は，外科医，耳鼻咽喉科医，眼科医などの専門科ごとの組合と，労働医，公的病院医，鍼術医などの部門ごとのものがあった。医師組合が作成する組合規約のひな型とも言える当時の「医師組合規約例規」をみれば，当時の医師組合が，今日の「医師組合としての性格」と「医師会としての性格」を併せ持ったものであったことが理解できる。さらに，集団としての医師組合が個々の医師への謝礼をどのようにとらえていたかについても理解できるであろう。

(医師組合規約例規)
第7条　義務は，組合のすべての決定，とりわけ以下の点に関する決定に従うことに要約される。
1　倫理的行為。
2　陰謀，患者の煽動，仲間の中傷，謝礼の額を引き下げること，職業利益を追求するための政治的あるいは地域的連合，等の手段によるすべての不正な競争の禁止。
3　略。
第9条　1　略。
2　略。
3　罰則は，警告，譴責，20フランから1000フランの罰金と併せて科される除名である。

忘れてはならないことは，このような医師組合組織が，実は，旧くからの職業組織（コルポラシオン）と深く結びついたものであったことである。Syndicat（サンディカ）を「組合」と日本語に翻訳したために，近代以降の労働組合組織をイメージするかもしれないが，医師の組織や弁護士の組織は実はそう単純なものではないのだ。日本とフランスの比較をする場合に，避けて通れないのは，歴史的な時期区分についてである。ある時点から急に「近代」というふうなことが生じているのではないことをフラ

ンスの例は示してくれる。

● もっと考えてみたい人へ／テーマ
1　日本において健康保険法が制定された当時，日本の医師の団体はどのような行動をとったのであろうか。
2　「フランスの医師を最もよく代表する」という認定はどのようにしてなされるのであろうか。全体のある一部分が，その全体を最もよく代表しているというようなことについて考えてみよう。
3　医師以外の職業を例にとりあげて，「旧い論理」と「新しい論理」が衝突したり，摩擦を起こしている緊張関係について検討してみよう。

● もっと考えてみたい人へ／文献
恒藤武二著『フランス労働法史』（法学理論篇105d），日本評論新社，1955年。
ジョルジュ・ルフラン著／小野崎晶裕訳『労働と労働者の歴史』芸立出版，1981年。
アルベール・ソブール著／山崎耕一訳『大革命前夜のフランス』法政大学出版局，1982年。
谷川稔著『フランス社会運動史』山川出版社，1983年。
リューデ著／前川貞次郎，野口名隆，服部春彦共訳『フランス革命と群衆』ミネルヴァ書房，1983年（第2刷）。
久塚純一著『フランス社会保障医療形成史』九州大学出版会，1991年。
福井憲彦編，綾部恒雄監修『アソシアシオンで読み解く　フランス史結社の世界史③』山川出版社，2006年。

6章 福祉と「セックス」・「ジェンダー」比較
——「約束された議論」の前提

　調査をして，集計をする際に年齢別や性別で結果の有する傾向を見ることがよくある。例をあげれば，「男性は，介護を配偶者に求める割合がきわめて高い」のに対して，「女性の場合はそれほどでもない」というようなものがそれにあたる。これは，介護という行為についての性別での意識の差を表わすものである。このような意識の差に対して，「介護を女性だけの固定的役割にさせてはならない」という提言がなされることがよくある。そして，高齢者や障害者の介護やケアについては「同性介護」が重視されていることも事実である。一見すると，「性役割を固定させるべきでないのなら，同性介護に固執するのはおかしい」といえそうであるが，そう簡単なことではないようである。ここには，いったい，どのようなことが横たわっているのであろうか。

1　福祉と「セックス」・「ジェンダー」
——整理してから問題を設定する

　福祉について考える際に，「女」・「男」—「セックス」・「ジェンダー」の切り口を避けて通ることは不可能である。具体的には，「福祉のサービスを受ける者」，「福祉にかかわる専門職」などについての研究や施策のプログラムにおいて，「女」・「男」—「セックス」・「ジェンダー」の切り口は多用されている。しかし，切り口と論じ方が一面的で，定型化しているように感じてしまう人もいることだろう。

1　トピックス

〈「受け入れ」どこまで……潜在患者は数千人〉という見出しで、埼玉医大での性転換手術が報道された（毎日新聞、1998年10月16日付、夕刊）。記事には「性転換者の戸籍上の性を変更すべきか、結婚、就職等の場面で性同一性障害の人たちを受け入れていけるのかなどが大きな課題となりそうだ」ということが記されていた。これらの点については、近い将来、大きな議論が待ち受けていることであろう。しかし、たとえ、これらの議論について、一応の決着がついたとしても、それは表面的なものであって、さらに大きな議論が出現することに気づくことになるだろう。「あの人は、結局は男性なのか、女性なのか」ということに関してのものがそれに当たる。疑うことのないように思われてきた自然の「性」に関しても、「制度としての性」の問題が横たわっているのである。「セックス」と「ジェンダー」については、一般に、「自然」と「社会」を軸として語られてきたが、そのような語り口のみでは切り開くことが困難な問題がありそうである。

私たちが何らかの書類を作成する際に、「性別」という欄の「男」・「女」に丸印をつけることはよくある。もし、そのチェックが「正しい」ものであるか、否かを確認しなければならないことが生じたら、最終的には、どこまでさかのぼっていくことになるのだろうか。その場合、最終的には、戸籍に記載された「性別」をよりどころとすることが一般的なことのようだ。それ以上さかのぼることはめったにない。したがって、今ここにいる私たちについては、「その人の持っている生物学的な意味での性別」と「紙に記載された性別」の間にズレはないことになっている。すなわち、「その人の性」と「権威付けされ、記録された性」は一致することになっているのである。しかし、「間違って記録された」という事態が発生しないわけではない。そのような事態が発生した場合、私たちの多くは「本当の性別ではなく、誤って紙に記載された」と考えることになっている。そのように考える場合に、前提としてあるものは「何かによって、本当の性

が確定できる」という考え方である。

　「セックス」と「ジェンダー」にかかわる多くの議論は、「持って生まれた自然の性」と「もっぱら、特定の性を有することを理由として、社会によって期待され、したがって、自らもその期待との関係で生活してしまわざるを得ないような与えられたもの」という形で語られることが多い。議論の多くは、「何の客観的根拠もないにもかかわらず、社会によってそのようにされてしまうこと」をめぐってなされることになっている。「はたして、客観的根拠というものがどれほどの正当性を備えているものなのか」だとか、「私たちが、当然の出発点のように考えている、持って生まれた自然の性」それ自体については、あまり触れられることはない。確かに、その人にはXYだとか、XXという染色体がある（ことが多い）。ところが、そのXYやXXの染色体を持っているという事実を承認して、「XYですね。はい、わかりました」という具合に、それだけで終わってしまうことはないのである。続いて、そのことをもって、「男性」であると命名したり、「女性」であると命名したりすることが始まるのである。そこから、様々なことが生じることになる。その意味では、「何らかの基準に照らして」、いったん性が確定されてしまった後のことについての議論は、それほど複雑ではない。複雑なのは、そのような議論が始まるもとになる、社会的に意味をもって確定される「初発の時点」を含めた場合である。

　出生後に戸籍に記載されるに際しては、一般に「出生証明書」、「母子健康手帳」などとともに「出生届」をもってお役所に届け出をすることとなっている。それらの書類にある性別の欄には、通常、医師がチェックした「性別」が記載されることとなる。今日では、あまり多くないケースとされるが、助産師や市町村長が証明することもあるだろう。その場合に、多くは、外性器のありようをよりどころとすることになる。しかし、インターセックスといわれる人々や、半陰陽とされる人々など、多様な人々がいることは事実であるから、最終的には性染色体をよりどころとすることが

正確だとされている。したがって、そこにある考え方は、性染色体のありようを基準として、社会的に意味を持ってしまうことになっている性別の振り分けをすることが可能である、というものである。

　人間の体細胞には46の染色体があり、性染色体にはXとYの2種類があり、男性の場合にはXとYの染色体を持ち、46, XYと表現され、女性の場合にはX染色体を二つ持ち、46, XXと表現されることになっている。ところで、みなさんの中には、超男性XYY型について聞いたことがあるという人もいることだろう。これについては、XYY型の性染色体を持っている人は、「男性なのか？」、「女性なのか？」と悩む人もいるかもしれないが、超男性という表現が示しているように「男性」であるとされる。性染色体の、いわゆる異常というものについては、XXY型（クラインフェルター症候群）、XYY型、XO型（ターナー症候群）、XXX型の四つの基本形があるとされているが、前二者が「男性」であり、後の二つが「女性」であるとされているのである。さらに、男性では、XXXY, XXXXY, XYYY, XXYY, 女性では、XXXX, XXXXXがあることも知られているということである。こうなってくると、「男性として」であれ、「女性として」であれ、一度確定されてしまうと、その後のことを大いに決定することになる「制度としての男性」、「制度としての女性」というものが存在していることがわかってくる。ジェンダーをめぐっては、それがどのようなものであれ、「一度確定されたもの」をめぐっての議論が展開されることとなる。

　ところで、先ほど述べた、「男性の場合にはXとYの染色体を持ち」というような表現方法自体が問題となってくることに気づいた人も多いであろう。この表現方法は、「XとYの染色体を持っているものを男性とする」という表現方法とはなっておらず、「最初に男性というものが存在している」かのような表現方法になっているのである。このことが重要なポイントなのである。このような態度は、「XYであろうが、XYYであろうが、さらにはXXであろうが、それ自体がどのようなものであっても、

ヒトの九つの性

①性染色体の構成	x性染色体とy性染色体の組み合せの構成をしているのか？
②性腺の構成	卵巣，精巣，卵精巣，線状性腺に分化しているか？
③内性器形態	子宮に分化しているのか？　前立腺に分化しているのか？
④外性器形態	陰唇やクリトリスに分化しているのか？　陰嚢やペニスに分化しているのか？
⑤誕生したとき医者が決定する性	女の子なのか？　インターセックス（半陰陽）なのか？　男の子なのか？
⑥戸籍の性	社会的な性的二元論
⑦二次性徴	月経が発現するのか？　勃起して射精するのか？　どちらも発現しないのか？
⑧性自認	女性なのか？　男性なのか？　インターセクシャル（半陰陽者）なのか？
⑨性的指向	女性を指向するのか？　男性を指向するのか？　両性を指向するのか？　その他

真性半陰陽の九つの性

①性染色体の構成	四十六xx核型 四十六xx／四十六xy モザイク核型 四十六xy核型
②性腺の構成	片側卵巣と片側精巣，または片側卵精巣か両側卵精巣の場合がある
③内性器形態	子宮と卵管が存在し，前立腺も存在する場合がある
④外性器形態	男女の混合で個人差がある
⑤誕生したとき医者が決定する性	インターセックス（半陰陽）
⑥戸籍の性	多くの場合，女性
⑦二次性徴	多くの場合，男女両性の二次性徴が混合で発生する
⑧性自認	個人差がある
⑨性的指向	個人差がある

九つの性解説

　真性半陰陽の性染色体の構成は四十五xx核型か，四十六xy核型の場合でも発生する。また真性半陰陽の性腺の構成は，左右両側に卵巣と精巣一対に分化している。内性器形態は，子宮も卵管も存在し，前立腺も存在する。しかし性腺は卵子も精子も生産していない場合がある。

　出所　橋本秀雄『男でも女でもない性』青弓社，1998年，13, 15ページ，18-19ページ。

いっこうにかまわない」という態度ではなく，男性＝XY，女性＝XXという典型的な二分法的な態度である。セックスについてそのような態度をとり続ける限り，ジェンダーについての議論もありきたりのものとならざるを得ないことは明らかである。「男性の場合にはXとYの染色体を持ち」と表現していることを問題視したからといって，ここで，XとYの染色体についての歴史的研究の積み重ねについて異議を唱えているわけではない。「これ」と「コレ」とは違うというように，何となく感じてしまう感覚を支え，安定化させる知，すなわち，性科学による探求によって，「これはXY」，「コレはXX」ということが一度宣言されてしまうと，そこで示された要件を充足することによって各個人が「男性」や「女性」とされてしまうということに，問題が潜んでいるのである。

　同様なことは「障害」についても生じる。私たちは，ある人と出会って，私たちが「なんとなく生活しづらいだろうなあ」ということを感じることがある。そして，それとは別の次元で，「その場に適合しない人々を集合させ，障害者と認定されるための要件を確定させる」という歴史的過程を経て，「その要件」を満たしているか，否かによって，「彼や彼女が障害者か，否かを確定させる」作業手順が存在している。このように，障害者とされる人々についての認識が，日常生活の中で，個人個人の感覚というシステムで生じている場合もあれば，科学としてのシステムを介して生じていることもある。このことについての議論は決定的に重要なものである。

　その後の議論はあまり困難なものではない。なぜなら，「決定された後のことについてだけ」，「正義」なり，「平等」なりの観点から議論すればよいからである。

　その点，橋本秀雄『男でも女でもない性』（青弓社，1998年）は明快である。参考までにヒトの九つの性についての記述の一部を掲げておこう（前ページ）。

2 議論の流れを整理してみると

　今一度,「両性の平等」というようなことについての議論の流れを簡単に整理しておこう。

　今の日本の憲法は,重要な基本原理をいくつか持っている。第14条等にみられる基本的人権の一つとしての,「法の下の平等」も重要なものである。「法の下の平等」については,さまざまな議論がなされてきた。

　戦後まもなく,昭和22年に制定施行された労働基準法は,その第6章に,「女子」や「年少者」についての保護規定を設けた。この背景にあった考え方は,「女性」が働く際には,近代市民法の予定した抽象化された人間像によってでは,決してとらえることができない困難な問題が横たわっており,したがって,「女性」は保護されることによって,かえって「男性」と平等に働くことが可能となる,とするものである。しかし,「女性」一般について規定したパターナリスティックな女子の保護規定に関しては,「具体的な個」を見ていないという批判や,女性を自由な労働や自己実現から遠ざけ,かえって,女性労働者と男性労働者を差別することとなる,という批判もあった。いわゆる,「保護」か,「平等」か,という選択的議論がこれにあたるといえよう。

　その後,1976年から始まる「国連婦人の十年」,国連の「女子に対するあらゆる形態の差別の撤廃に関する条約」の批准（85年）等があり,日本においても,国内法の整備が進む中で,いわゆる「男女雇用機会均等法」が制定,施行されることとなった。法制定に伴い各種の法律が改正されることとなったが,その一つとして「労働基準法」中の「女性の深夜労働」や「女性の労働時間」等に関する規定の改正があり,結果として,男性と同様の条件で働くことができることなどが部分的に実現することとなったのである。この議論は,働く場における男女の平等の問題にとどまるものではなかった。家事,育児,介護,などをめぐっての性別役割分担意識に対しての批判となって広がりをもったことは言うまでもない。「男女雇用機会均等法」が施行された1986年ころの性別,年代別の意識の差は図6－

〈男性〉　　　　　　　　　　　　　　　〈女性〉

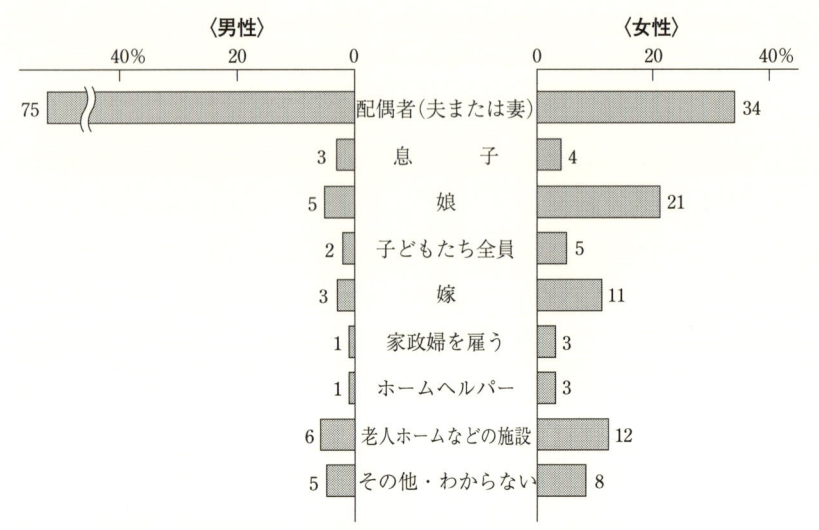

	男性		女性	
配偶者(夫または妻)	75			34
息子	3			4
娘	5			21
子どもたち全員	2			5
嫁	3			11
家政婦を雇う	1			3
ホームヘルパー	1			3
老人ホームなどの施設	6			12
その他・わからない	5			8

(注)　全国30～69歳の男女3,000人（有効2,308人）。
(原資料)　総務庁老人対策室『長寿社会と男女の役割・意識』1989年2月より作成。
(出所)　井上輝子，江原由美子編『女性のデータブック』有斐閣，1991年，179ページ。

図6-1　介護を頼む相手（男女別，1989年）

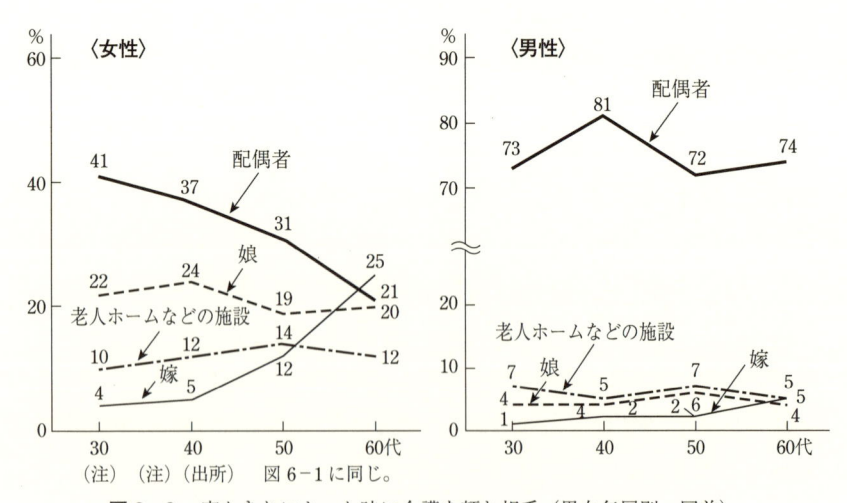

図6-2　寝たきりになった時に介護を頼む相手（男女年層別，同前）

(注)　(注)　(出所)　図6-1に同じ。

1，図6-2のようなものであった。今日では，さらに進んで，「男女共同参画型社会」の実現という観点から，議論が展開されていることは，みなさんも知っているとおりである。

「アメリカでは19世紀には女性の『母性』が称揚・強調され，ヴィクトリアン・モラルが優勢であったが，1920年になると産業化・民主化の進行によって生じた家族生活の危機を夫婦間の愛情によって乗り越えるという要請から wife-companion の役割が母性に優先して強調されるようになり，ロマンティックでセクシュアルな関係を維持することが妻である女性の務めとして強く意識されるようになった。……そしてこの規範をとりわけ遵守した白人中産階級の女性たちから，今度は1960年代に，その companion としての役割規範を桎梏として女性解放の運動が起こっていったことは興味深いところである。60年代の性革命も，女性を一つの核とした，性を通じた自己決定の運動であった」と簡潔に，性をめぐるイデオロギーの変遷について述べているものもある（牟田和恵「好色と Romantic love，そして援助交際」『江戸の思想』6号，ぺりかん社，119ページ）。

3 女性／男性という切り口

　少し以前のことであるが，「産む／産まないは女性が決める」という発言がなされた時期があった。この場合の「女性という切り口」は，「女性でない者」が決定してきたことに対しての女性の自己決定権について，象徴的になされた表現であったと理解することもできよう。しかし，最近では，出生前診断や着床前診断等との関係で，女性の自己決定権は困難な問題に直面しているといえよう。「産む／産まないは女性が決める」という表現は，たとえば，出生前診断によって，障害をもった「胎児」であることがわかった場合についても妥当するものであろうか。ここには，「女性」という表現をした際に生じる「メタの部分」と「そのままの部分」の関係が横たわっているのである。「人間には，「男性」だけでなく，「女性」もいるのであるから，そのようなことは「男性」のみで決定すべきではな

い」と表現したかったのに,「女性」という語をポジティブに使用したことから複雑なことが生じたのである。

「男性ではないもの」という表現を使用せずに,「女性」という表現を使用して,「女性」の置かれたマージナルな部分を表現しようとしているわけであるが,それによって「女性のマージナルな部分のみ」を表現することは困難である。「女性」ということ自体が,実は,「男性」との関係で存在していることも事実である。とすれば,「女性」と言い放った瞬間に,「男性」社会が作ってきたさまざまな価値を付与された「女性」という現実が姿を現すこととなるのである。

ジェンダーの問題を考える際に生じる困難性は,「もともとの自然な意味での性」を表現する「女性」という用語を使用しつつ,「社会的な意義付けをされた性」の問題を語ることと関係している。実は,ジェンダーの問題は,(変容することもある)「社会的な意義付けをされた性」にまつわる事柄を,あたかも(変容することのない)「自然な意味での性」から発生していることのようにシステム化してきたことと関係しているともいえよう。

「男装をした女性」が会社で働いて,「女装した男性」が家事をしているようなカップルに対して,となりの住人が「男が働いて,女が家にいるのはよくない」という発言をしたとしよう。そのような発言は,自然の性との関係でいえば,「女性が働いて,男性が家事をしている」のであるから,批判者の意図したような正当なものとはなっていない。そのような発言は,発言者の思考にとっての「何らかの時点」を起点としてなされているのであって,その以前のこととは断絶されたものとなっている。例えば,服装をみたあとの発言であったり,性染色体に依拠し,固定した後あったり,という具合にである。

●もっと考えてみたい人へ/テーマ ─────────
1 「社会を構成しているみんなでやろう」ということを表現したいのにもか

かわらず,「女性」も「男性」もだとか,「障害者」も「健常者」もという具合に, 表現してしまうことがある。これを乗り越えるには, どうすればよいのであろうか。
2 「なんとなくソレ=たとえば男=と感じている対象物」を「やっぱりソレ=男=だ」としてアイデンティファイする営み, すなわち,「これが存在しているから, ソレではないもの=女=ではない」→「ソレ=男=だ」として決定づける営みについて考えてみよう。
3 「性的指向」・「性自認」・「二次性徴」・「戸籍の性」・「誕生したとき医師が決定する性」・「外性器形態」・「内性器形態」・「性腺の構成」・「性染色体の構成」という具合に逆にさかのぼりつつ, ヒトの九つの性について考えてみよう。

●もっと考えてみたい人へ／文献

ポール・ヴェーヌ著／大津真作訳『差異の目録』法政大学出版局, 1983年。
南光進一郎著『超男性 XYY の話——行動遺伝学研究のモデル』海鳴社, 1985年。
＊＊＊（ルシェルシュ誌12号より）著／市田良彦編訳『三〇億の倒錯者』インパクト出版会, 1992年。
山崎浩一著『男女論』紀伊國書店, 1993年。
ヴィルフリート・ヴィーク著／梶谷雄二訳『「男という病」の治し方』三元社, 1993年。
虎井まさ衛著『女から男になったワタシ』青弓社, 1996年。
鈴森薫著『出生前診断』診断と治療社, 1996年。
ジャン・ラボー著／加藤康子訳『フェミニズムの歴史』新評論, 1997年。
江戸の思想編集委員会『江戸の思想 第6号——身体／女性論』ぺりかん社, 1997年。
内閣総理大臣官房男女共同参画室『男女共同参画2000年プラン・男女共同参画ビジョン』1997年。
橋本秀雄著『男でも女でもない性』青弓社, 1998年。
『現代思想〈「女」とは誰か〉』Vol. 25-13, 青土社, 1997年。
イヴ・コゾフスキー・セジウィック著／外岡尚美訳『クローゼットの認識論』青土社, 1999年。
東海林保著「いわゆる性同一性障害と名の変更事件, 戸籍訂正事件について」

［最高裁判所事務総局家庭局監修『家庭裁判月報』52巻7号］2000年。
柴山恵美子，藤井治枝，渡辺峻編『各国企業の働く女たち』ミネルヴァ書房，2000年。
宮崎留美子著『私はトランスジェンダー』ねおらいふ，2000年。
セクシュアルマイノリティ教職員ネットワーク編『セクシュアルマイノリティ』明石書店，2003年。

2 「『女性』という用語」と「意味しようとしている『女性』」
——具体的事例を介しての理解

> はたして，私たちは，「女性」という用語を使用して，私たちが意味しようとしている「女性」を表現できるのであろうか。「日本女性会議」，「世界女性会議」というような用語で使用される「女性」とはどのような意味で使用されているものなのであろうか。ここには，「女性」にまつわるセックスとジェンダーの問題と，言語をめぐる問題があるがゆえに，ひとたび「女性」と発言した瞬間に生じるやっかいなことが待ち受けている。

1 発端

事柄の発端は，以下のようなものであった。

198？年に，「日本女性会議」が，「ある政令指定都市」で開催されることとなった。ある団体が，その催しに出席することを希望する「乳幼児をつれて参加したい人々」のために，会場での「託児」サービスを希望したが，実現しそうになかった。当時の新聞によれば「エッ！　託児所がないの？」ということになる。すった，もんだのあげくに，実際には，「託児」のサービスは行われることとなったのだが，このような「できごと」について，疑問を提示する方法にはいろいろなものがあるだろう。たとえば，「託児所がないのはおかしい！」というものもあれば，「託児所を設けないとする考え方はどこから出てくるのだろうか？」だとかである。ここには，

「託児所を設ける」，「託児所を設けない」という結論それ自体以上に重要なことがある。「託児所を設ける」，「託児所を設けない」ということを最終的に選択させた理屈と，それを正当化する基本的な論理性にアプローチすることが重要なのである。

　今日の社会的変化やそれへの対応のあり方は，一方では，従来からある論理やそれを支える側の論理を基盤として押し進められ，他方では，それとは相いれない，新しい論理，たとえばお互いに助け合うというような論理を基盤として押し進められている。ある場面では，前者を男性の側の論理，後者を女性の側の論理と表現する人もいるかもしれない。しかし，事柄はそう単純ではない。ここで配慮すべきは，以下のようなことについてである。すなわち，a. 人間には女性も存在する＝人間という普遍的存在には男性以外の者も存在するということ，b. しかし，「女性」という用語を用いて表現する場合には，「男性が中心となって担った役割」への女性の参画という形でしか表現することのできない場合もあるだろう，ということがそれにあたる。

　実際に生じたことを見る際の予測を立てておくなら，方向は大ざっぱにいって三つのものとなっていそうである。もちろん，その三つの方向性が，「女性」と「男性」にとって複雑に絡み合い，自らが主体的役割を担っていると感じている人々の頭の中でも混乱をみせていることもあるだろう。ここで三つの方向といったものは以下のようなものである。a. まずあげられるのは，「愛国婦人会」や「国防婦人会」にみられたような構造のもとで，女性の社会進出を考えてしまう方向性である。これを，一応，「伝統型」としておこう。b. 第二の方向性は，両性の平等というようなことについて，たとえば，両性の競争というような抽象化された構造のもとで考えてしまうものである。これを，一応，「競争型」としておこう。c. 第三の方向性は，性別は問題とせずに，社会を構成する多様な人々を前提として考えるというものである。これを，一応，「互助型」としておこう。

表 6-1　○○○女性会議テーマ一覧（1984〜88年）

テーマ / 年	84	85	86	87	88
家族	○	○			
家庭			○		
家庭生活と婦人の生き方	○				
家庭・家庭生活の見なおし			○	○	○
家庭生活の中でのよりよい人間関係づくり		○			
家庭と教育			○		
子供の現状	○				
親業を考える	○				
子供の健康（心と体）	○				
青少年の健全育成と母親のあり方	○				
豊かな青少年を育てるために	○				
子作りの教育　お金をかける教育					○
母性の重要性及び健康増進					○
高齢化社会	○	○			○
高齢化社会への展望と福祉の充実					○
高齢化社会と婦人の問題	○				
高齢化社会と私たちの生き方		○			
高齢化社会へ向けての問題点と条件づくり					○
高齢化社会への対応			○	○	
福祉と高齢化社会					○
福祉社会と地域の連携	○				
福祉の充実・私たちにできること・のぞむもの					○
福祉の充実及び高齢化社会への対応					○
望ましい福祉　高齢化社会への道を歩むために					○
みのりある老後を	○				
老後の自立		○			
老後			○		
これからの生きがい					○
これからの生き方					○
国連婦人の10年の私たちのくらし	○$_2$				
国連婦人の十年の最終年にあたって		○			

表6-1 (つづき)

テーマ　　　　　　　　　　　　　　　　　　　年	84	85	86	87	88
国連婦人の十年世界会議NGOフォーラム'85に参加して		○			
ナイロビ世界婦人会議NGOフォーラム報告―国連の十年の成果と今後の課題―		○			
国連婦人の十年の成果と今後の課題―どう生きる今からのわたしたち―		○			
国連婦人の10年―今後に向けて―	○				
国連婦人の10年と今後の課題	○				
いま，いのちとは			○		
「いのち」の大切をどう受けついできたか			○		
地域で家庭で（2000年に向けて）次の世代に何を残すか			○		
明日の世代へ伝えたいもの					○
共に生きる社会をめざして―好ましいパートナーシップの形成―			○		
共に生きる社会をめざして―望ましいパートナーシップの形成―				○	
共に生きる社会をめざして―私たちの提言―					○
共に生きよう・充実した人生					○
共に助け合う社会をめざして				○	
男女の共同参加		○			
男女平等社会			○		
男女平等			○	○	
男女平等をめぐる意識の変革をどう進めるか				○	
男性から見た現代の女性		○			
西暦2000年に向けて男女平等の実現を（女性の能力・役割）			○		
男女平等をめぐる意識の改革					○
女性の自立と男女の役割					○
おんな同志のパートナーシップ作りへ向けての課題			○		
家庭におけるパートナーシップの養成			○		
家庭生活におけるパートナーシップの形成			○		○
職場におけるパートナーシップの形成			○		
地域社会におけるパートナーシップの形成			○		
性別役割分担意識		○			
家庭生活における男女役割分担のみなおし				○	
性差を越えた社会の実現					○
男性中心社会から男女共同参加型社会に					○

表 6-1 （つづき）

テーマ ＼ 年	84	85	86	87	88
女・男				○	
地域社会と婦人の連携	○				
地域活動と婦人の連携		○			
地域における婦人の連携			○		
地域社会における婦人の活動				○	
地域			○		
地域社会				○	○
地域社会及び家庭生活					○
地域づくり	○				
地域づくりと婦人の役割	○				
心身の健康					○
経済的自立					○
80年代　婦人は今	○	○			
女性が今，考えねばならないこと	○				
女性の変革		○			
女性への提言―家庭・地域・職場・政策決定過程へ男女共同参加を促進するため―				○	
女性の社会参加と地域とのかかわり					○
職場			○		
社会参加をすすめるための問題点と条件づくり				○	○
社会参加			○		
働くことの第一歩は家庭から			○		
女性管理職の立場から			○		
女性が働くための問題点と条件づくり				○	○
おんなが外へ目を向けるとき					○
女が働くこと	$○_2$				
婦人の就労		○			
婦人と労働		○			
女が働くこと　男女雇用機会均等法を考える			$○_2$		
法律を実効あるものに			○		
働く婦人			○	○	
女性の自立と社会参加		○			

表6-1 （つづき）

テーマ	84	85	86	87	88
婦人の自立		○			
婦人の自覚		○			
社会慣習の見直し		○			
男性の理解を得るには		○			
21世紀に生きる私たちの命題—輝く婦人になるために—			○		
21世紀に生きる私たちの命題	○				
婦人がつくる21世紀					○
2000年に向けてのあらたなとりくみ		○			
2000年に向けて女性は今—家庭教育の見直し			○		
21世紀に伝えよう，男と女の本当のくらし					○
家庭教育の見直しと自立を目ざした行動			○		
生涯学習					○
高齢化社会にむけて家族関係のみなおし				○	
社会通念を変えるための学習と行動				○	
思いやり				○	
これからの私の生き方		○			
21世紀に生きる男女	○				
専業主婦の立場			○		
商店の主婦として			○		
元教師の立場			○		
国際理解と国際協力			○	○	
国際化への対応					○
国際化の深まる中での婦人ボランティア活動	○				
国際理解と婦人活動					○
国際化時代の人間像を求めて					○
心豊かに生きる社会を目指して		○			
豊かで住みよい地域づくり		○			
情報化社会と私たちの選択		○			
○○○区の活性化と男女の役割					○
明治・大正・昭和を生きて		○			
素晴らしい男性像・女性像				○	

表6-2 テーマ各区別類型 (1984〜88年)

類型(%)＼区別(%) 実数	I区		II区		III区		IV区		V区		VI区		VII区		計	
伝　統	6	17(%)	6.5	19(%)	4.5	13(%)	6.5	19(%)	5	14(%)	2	5(%)	4.5	13(%)	35	24(%)
市民―競争	14.5	21(%)	12.5	18(%)	6.5	10(%)	12	18(%)	8.5	13(%)	4.5	7(%)	9.5	13(%)	68	48(%)
	50	21(%)	54	28(%)	31	21(%)	52	28(%)	47	28(%)	45	20(%)	50	24(%)		
具体的―扶助 生活者（相互）	8.5	21(%)	4	10(%)	10	25(%)	4.5	11(%)	4.5	11(%)	3.5	9(%)	9	13(%)	40	28(%)
	29	29(%)	18	18(%)	48	48(%)	20	20(%)	25	25(%)	35	35(%)	26	26(%)		
計	29	20(%)	23	16(%)	21	15(%)	23	16(%)	18	13(%)	10	7(%)	19	13(%)	143	

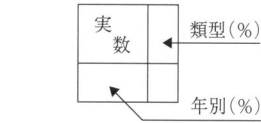

表6-3 テーマ年代別類型

凡例:
実数	類型(%)
	年別(%)

	1984		1985		1986		1987		1988		計
伝統	7.5	21(%)	6	17(%)	8.5	24(%)	6	17(%)	7	21(%)	35
	30(%)		20(%)		26(%)		32(%)		19(%)		24(%)
市民―競争	9	13(%)	17	25(%)	16	24(%)	9	13(%)	17	25(%)	68
	36(%)		57(%)		48(%)		47(%)		47(%)		48(%)
具体的生活者(相互)―扶助	8.5	21(%)	7	18(%)	8.5	21(%)	4	10(%)	12	30(%)	40
	34(%)		23(%)		26(%)		21(%)		34(%)		28(%)
計	25		30		33		19		36		143
		17(%)		21(%)		23(%)		13(%)		26(%)	

2 いかに「調査」したか

 ここで,私が実施した具体的な方法について簡単に述べておこう。

 まず,対象としたのは,a.「調査対象となった都市」で,b.「一定の期間内」において,c.「男女共同参画型社会の実現」というようなスローガンのもとに実施された,公的な催しである。

 それらについて,抽象的な表現としての「男女共同参画型社会の実現」が,具体的「内容物」としてどのような催しものを開催していたかをフィルターとして,逆に,抽象的な表現である「男女共同参画型社会の実現」の持っている内容物の意味を再現してみる,というのがここでのねらいである。

 「男女共同参画型社会の実現」というキー・コンセプトのもとで,例えば,「働く」というテーマを語ったとしても,その場における,具体的な

表 6-4 ○○○女性会議実行委員会一覧表 (1984〜88年)　但し、○……一人、○の横の数字は人数を示す

6章 福祉と「セックス」・「ジェンダー」比較　203

表 6-4 （つづき）

団体名(番号で表示)	地区 年	Ⅰ区 84	Ⅰ区 85	Ⅰ区 86	Ⅰ区 87	Ⅰ区 88	Ⅱ区 84	Ⅱ区 85	Ⅱ区 86	Ⅱ区 87	Ⅱ区 88	Ⅲ区 84	Ⅲ区 85	Ⅲ区 86	Ⅲ区 87	Ⅲ区 88	Ⅳ区 84	Ⅳ区 85	Ⅳ区 86	Ⅳ区 87	Ⅳ区 88	Ⅴ区 84	Ⅴ区 85	Ⅴ区 86	Ⅴ区 87	Ⅴ区 88	Ⅵ区 84	Ⅵ区 85	Ⅵ区 86	Ⅵ区 87	Ⅵ区 88	Ⅶ区 84	Ⅶ区 85	Ⅶ区 86	Ⅶ区 87	Ⅶ区 88
⑥⓪		○	○	○	○	○																														
⑥①			○	○	○	○					○									$○_2$																
⑥②								○	○	○	○																									
⑥③								○	○	○	○							$○_2$	$○_2$	$○_2$																
⑥④		○	○	○	○																															
⑥⑤		○														○																				
⑥⑥															○	○																				
⑥⑦															○	○																				
⑥⑧				○	○										○	○																				
⑥⑨				○	○										○	○																				
⑦⓪											○																									
⑦①					○	○																														
⑦②		○	○		○	○																														
⑦③						○																														
⑦④									○	○	$○_2$																									
⑦⑤								○	○		○																									
⑦⑥								○	○	$○_2$	$○_2$															○										
⑦⑦								○	○	$○_2$	$○_2$												○													
⑦⑧								$○_2$	$○_2$	$○_2$	$○_2$												○													
⑦⑨								$○_2$	$○_2$	$○_2$	$○_2$																									
⑧⓪								$○_2$	$○_2$	$○_2$	$○_2$																									
⑧①								$○_2$	$○_2$	$○_2$	$○_2$																									
⑧②																$○_2$																				
⑧③												○	○	○	○	○																				
⑧④														$○_3$	$○_3$	$○_3$																				
⑧⑤												○	○	○	○	○																				
⑧⑥															○	○																				
⑧⑦																																				
⑧⑧																																				
⑧⑨																	○	○	○	○	○															

6章 福祉と「セックス」・「ジェンダー」比較

地区	団体名 (番号で表示)	I区 84	I区 85	I区 86	I区 87	I区 88	II区 84	II区 85	II区 86	II区 87	II区 88	III区 84	III区 85	III区 86	III区 87	III区 88	IV区 84	IV区 85	IV区 86	IV区 87	IV区 88	V区 84	V区 85	V区 86	V区 87	V区 88	VI区 84	VI区 85	VI区 86	VI区 87	VI区 88	VII区 84	VII区 85	VII区 86	VII区 87	VII区 88
	⑨																				○															
	⑨																		○		○															
	⑨																				○															
	⑨																				○															
	⑨																				○															
	⑨																				○	○₂														
	⑨																					○₂	○	○₂	○											
	⑨																						○	○												
	⑨																									○										
	⑩																										○	○	○	○₂						
	⑩																											○	○	○						
	⑩																												○		○					
	⑩																												○₂	○₂						
	⑩																											○	○	○						
	⑩																																	○		
	⑩																											○	○	○	○					
	⑩																												○	○						
	⑩		○	○₂	○₂	○₂																														
	⑪	○																																		

表6-5 実行委員・各区別 (1984～88年)

類型(%)\区別(%)	I区		II区		III区		IV区		V区		VI区		VII区		計	
伝統	73.5	14(%)	79	15(%)	52	10(%)	70.5	13(%)	66	12(%)	132	25(%)	63	11(%)	536	62(%)
市民―競争	54(%)	17(%)	45(%)	21(%)	56(%)	9(%)	65(%)	11(%)	71(%)	15(%)	76(%)	16(%)	74(%)	11(%)	118	14(%)
	20.5		25		10.5		12.5		17		19		13.5			
具体的―扶助 生活者（相互）	15(%)	20(%)	14(%)	34(%)	11(%)	14(%)	12(%)	12(%)	19(%)	5(%)	11(%)	11(%)	16(%)	4(%)	212	24(%)
	42		72		30.5		25		10		24		8.5			
	31(%)		41(%)		33(%)		23(%)		10(%)		13(%)		10(%)			
計	136	16(%)	176	20(%)	93	11(%)	108	12(%)	93	11(%)	175	20(%)	85	10(%)	866	

（凡例）

実数	類型(%)
	区別(%)

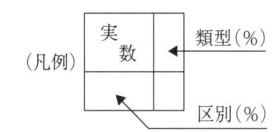

6章 福祉と「セックス」・「ジェンダー」比較　207

表6-6　実行委員年代別類型

凡例: 実数 | 類型(%) / 区別(%)

	1984		1985		1986		1987		1988		計	
伝　　統	83	15(%)	102	19(%)	113	21(%)	122	23(%)	116	22(%)	536	
	63(%)		62(%)		62(%)		62(%)		60(%)		62(%)	
市民―競争	20	17(%)	25	21(%)	26	22(%)	25	21(%)	22	19(%)	118	
	15(%)		15(%)		14(%)		13(%)		11(%)		14(%)	
具体的生活者(相互)―扶助	28	13(%)	37	17(%)	44	21(%)	49	23(%)	54	26(%)	212	
	22(%)		23(%)		24(%)		25(%)		29(%)		24(%)	
計	131		164		183		196		192		866	
		15(%)		19(%)		21(%)		23(%)		22(%)		

　講演や助言の内容が，どのようなものであるかは画一ではない。従って，具体的な講演や助言の内容について，a.「伝統型」とみなされるもの，b.「競争型」とみなされるもの，c.「互助型」とみなされるものに類型化する作業を媒介させることが必要となる。そこでの仕分けは，「インタビュー」と「催しの記録の整理」という方法をとった。その結果については，後で述べるが，ただし，ここで得られた結果については，二次調査のためのトレンドを知るというようなものであるとしておこう。

3　結果

　女性会議でとり上げられた具体的なテーマから見てみよう。表6-1は，5年間に，各区で催されたシンポジウム等のテーマの一覧である。合計す

表 6-7　○○○女性会議の実行委員

			1984		1985	
Ⅰ区	実行委員団体数		16		23	
	脱退数	対前年%	—	—	8	50%
	新入数	%／全体	—	—	15	65%
	三役構成		A(委員長)／B, C(副)		A／B, C	
Ⅱ区	実行委員団体数		26		30	
	脱退数	対前年%	—	—	5	19%
	新入数	%／全体	—	—	9	30%
	三役構成		A(委員長)／B, C(副)		B／D, E	
Ⅲ区	実行委員団体数		9		11	
	脱退数	対前年%	—	—	4	44%
	新入数	%／全体	—	—	6	55%
	三役構成		A(委員長)／A', B(副)		A／A', B	
Ⅳ区	実行委員団体数		13		17	
	脱退数	対前年%	—	—	3	23%
	新入数	%／全体	—	—	7	41%
	三役構成		A(委員長)／A', B(副)		A／A', B	
Ⅴ区	実行委員団体数		13		12	
	脱退数	対前年%	—	—	6	46%
	新入数	%／全体	—	—	5	42%
	三役構成		A(委員長)／B, C(副)		A／B, D	
Ⅵ区	実行委員団体数		26		31	
	脱退数	対前年%	—	—	2	8%
	新入数	%／全体	—	—	7	23%
	三役構成		A(委員長)／B, C(副)		A／B, C	
Ⅶ区	実行委員団体数		11		9	
	脱退数	対前年%	—	—	3	27%
	新入数	%／全体	—	—	1	11%
	三役構成		A(委員長)／B, C(副)		A／B, C	

6章 福祉と「セックス」・「ジェンダー」比較　209

但し，三役構成のアルファベットは各区ごとで同じ団体を示す。(例：IのA≠IIのA)

1986		1987		1988	
28		31		30	
10	43%	6	21%	4	13%
15	54%	9	29%	3	10%
A／B, C		A／B, C		A／B, C	
33		28		28	
2	7%	9	27%	6	21%
5	15%	4	14%	6	21%
B／F, A		B／F, G		B／F, F', G	
14		14		16	
1	9%	1	7%	2	14%
4	29%	1	7%	4	25%
A／A', B		A／A', B		A／A', B	
18		20		24	
8	47%	10	56%	4	20%
9	50%	12	60%	8	33%
A／C, A'		A／B, A'		A／A', D	
14		14		12	
2	17%	5	36%	4	29%
4	29%	5	36%	2	17%
A／B, D		A／E, F		A／G	
34		36		36	
3	10%	2	6%	4	11%
6	18%	4	11%	4	11%
A／D, E		A／D, F		A／D, H	
16		24		22	
5	56%	8	50%	6	25%
12	75%	16	67%	4	18%
D／E, C		D／F, C		D／F, C	

ると143のテーマでシンポジウム等が実施されたのである。それぞれの年において，各区で採用されたテーマには，丸印をつけた。

　前に述べた手順にしたがって，テーマを類型化し，七つの区ごとと，年度別でみたものが**表 6 - 2 ・表 6 - 3** である。ここからわかることは，「男女共同参画型社会の実現」というキー・コンセプトを掲げて実施されながらも，内容的には，「競争型」のものが多いということである。

　次に，実行委員の構成と変動についてみてみよう。表 6 - 4 は，5 年間で各種の女性の団体が，シンポジウムの実行委員会に何名の委員を送り込んだかを一覧表に示したものである。団体名 3 番のように，毎年，委員を送り込んだり，4 番のように毎年複数の委員を送り込んだ団体がある一方で，90 番のように，ある年に一人の委員を送り込んだのみで終わってしまった団体もある。

　インタビューをもとに，実行委員を類型化したものが，**表 6 - 5 , 表 6 - 6** である。実行委員会の構成は，圧倒的に「伝統型」の委員が多いということがわかる。

　表 6 - 4 と**表 6 - 5 , 表 6 - 6** から，想像できることは，「特定の団体が，実行委員を固定的に送り込んでいる」ことであり，同時に，「実行委員会を構成している団体が激しく入れ代わっている」ことである。それについては，**表 6 - 7** が明らかにしてくれる。**表 6 - 7** は，実行委員会を構成している実行委員がどの程度入れ代わっているかを示している。多いものになると，対前年比で50％近く入れ代わった区もある。**表 6 - 7** が示しているもう一つのことは，実行委員会の「三役」の固定性である。

　これらを総合すると，「男女共同参画型社会の実現というキー・コンセプト掲げること」と，「そこで展開される具体的内容物が意味すること」とは異なることがあるという重要なことがわかってくる。

4　何がわかってきたか

　このようにみてくると，「使用される『女性』という用語」と「意味し

ようとしている『女性』」との関係について理解しなければならないことに気がつく。そして，「当の女性自身」が「自分自身のこと」を表現することが抱えていることについても考えなければならないことに気がつく。これは，私たちが解明しようとしている事柄が，「女性」／「男性」という用語法で，簡単にけりがつくようなものではないということを意味している。

　リュス・イリガライは，『差異の文化のために』(浜名優美訳，［リブラリア選書］法政大学出版局，1993年) において，「平等を要求する女たちか，それとも差異を主張する女たちか」という大きなテーマを採り上げている。「女性は『自分の肉体を書く』ことを学ばなければならない」という理論から出発する「エクリチュール・フェミニン」を軸に理論を展開したリュス・イリガライは，「文法上の性に関する言語の法則の変化なしには性の解放は実現しえないということもはっきりさせておくことが望ましい。主体の解放には，性的差異を固定する規則あるいは無効にする規則 (かりに魔法以外でそういうことが可能ならば) に追従しない言葉を使うことが必要である」というようなことをテーマとしてとり上げている (『差異の文化のために』前掲，26-27ページ)。

　ジュリア・クリステヴァやリュス・イリガライが展開する「エクリチュール・フェミニン」理論は，「女性は男性の言葉では表現できないような体験を表現できる」とする。とりわけ，書き言葉に注目し，文法構造にまで研究は進められる。このようなリュス・イリガライの方法については，「私は自著の『検鏡』を姉にでも送るような気持ちでボーヴォワールに宛てて送ったが，彼女は一度も返事をくれなかった。正直なところ，返事をもらえずにかなり悲しい思いをした。この本のせいでわたしは大学の制度的な困難に巡り合い，この困難な局面においてわたしを援助してくれる姉，注意深く聡明な読者をボーヴォワールに期待していた。残念ながら，その期待は実現しないままだった！　シモーヌ・ド・ボーヴォワールがわたしに対して示した唯一の意思表示は，彼女が老いについて本を書いていたと

き,『痴呆症患者の言語』について情報を求めたことだけだった。わたしたちの間で,女性の解放に関しては一言も言葉が交わされたことはない」(『差異の文化のために』前掲,2-3ページ)と表現されるような,シモーヌ・ド・ボーヴォワールの方法との微妙な関係が背景にあったことも象徴的である。

　このようなことは,高齢者のニーズ調査についても課題とされるべきである。なぜなら,高齢者のニーズとされているものの多くは,「高齢者自身が発する言語」を基礎に認識されるというよりも,既存のサービス＝「すでに言語化されているサービス」＝との関係で把握されることになっていることが多いからである。

●もっと考えてみたい人へ／テーマ
1　もう少し広げて,「社会の中には,自分ではない人がいる」ということを考えるとしたら,どのような思考の方法が必要になってくるのであろうか。
2　制度としての「子供」や,制度としての「乳幼児」を切り口とすれば,おもしろいことを考えることができそうだ。
3　似たようなことは,障害者についてもいうことができそうだ。一方から見て単純に,社会参画を論じるのではなく,相互の関係として考えてみてはどうであろうか。

●もっと考えてみたい人へ／文献
福富護著『「らしさ」の心理学』講談社,1985年。
藤井忠俊著『国防婦人会』岩波書店,1985年。
ジャン・ラボー著／加藤康子訳『フェミニズムの歴史』新評論,1987年。
リュース・イリガライ著／棚沢尚子,小野ゆり子,中嶋公子訳『ひとつではない女の性』勁草書房,1987年。
リサ・タトル著／渡辺和子監訳『フェミニズム事典』明石書店,1991年。
M. ペロー編／杉村和子,志賀亮一監訳『女性史は可能か』藤原書店,1992年。
ロンダ・シービンガー著／小川眞理子,藤田伸子,家田貴子共訳『科学史から消された女性たち』工作舎,1992年。

リュス・イリガライ著／浜名優美訳『差異の文化のために』(リブラリア選書) 法政大学出版局, 1993年。
ジュリア・クリステヴァ著／西川直子訳『黒い太陽』せりか書房, 1994年。
上野千鶴子著『ナショナリズムとジェンダー』青土社, 1998年。
久塚純一著「北九州における女性のネットワーク」[北九州産業社会研究所『北九州産業社会研究所紀要』31号所収]。
ショシャナ・フェルマン著／下河辺美智子訳『女が読むとき女が書くとき』勁草書房, 1998年。
要田洋江著『障害者差別の社会学』岩波書店, 1999年。
「女性・戦争・人権」学会学会誌編集委員会編『女性・戦争・人権』行路社, 1999年。
佐々木陽子『総力戦と女性兵士』青弓社, 2001年。

③ 福祉の専門職性と性
──「性」を消すことと「性」を前面に出すこと

　朝早くテレビを見ているとおもしろいことに気づくことがある。まずは，a.「やってはいけない（とされている）性的なこと」をしてしまった「子供の事件」。b. そして，「なすべき（とされている）性的なこと」をしなかった「夫婦の離婚」。c. 最後に，「あってはならない（とされている）性的なこと」をしてしまった高齢者のこと。このように次から次へと変化するテーマの中で，私たちが，男性性や女性性について，ある固定的な考え方を身につけていることがわかってくる。

1　社会保障や社会福祉制度に潜む女性性と男性性
　まずは，制度的なことから接近してみよう。
　国民年金には複数の給付があるが，年金給付の一つに「遺族基礎年金」というものがある。国民年金法は37条以下で「遺族基礎年金」について規

表6-8 世帯類型別の最低生活保障水準（月額）の具体的事例
（単位 円） 平成21年度（'09）

	1級地-1	1級地-2	2級地-1	2級地-2	3級地-1	3級地-2
標準3人世帯（33歳男・29歳女・4歳子）						
世帯当たり最低生活費	180 170	172 870	165 580	158 270	145 980	138 680
生 活 扶 助	162 170	154 870	147 580	140 270	132 980	125 680
第 1 類	106 890	102 080	97 280	92 450	87 650	82 840
第 2 類	55 280	52 790	50 300	47 820	45 330	42 840
児童養育加算	5 000	5 000	5 000	5 000	5 000	5 000
住 宅 扶 助	13 000	13 000	13 000	13 000	8 000	8 000
重度障害者を含む2人世帯（65歳女・25歳男（重度障害者））						
世帯当たり最低生活費	192 400	186 730	179 170	173 490	160 950	155 270
生 活 扶 助	126 110	120 440	114 760	109 080	103 410	97 730
第 1 類	76 370	72 940	69 500	66 060	62 620	59 190
第 2 類	49 740	47 500	45 260	43 020	40 790	38 540
障害者加算	26 850	26 850	24 970	24 970	23 100	23 100
重度障害者加算	14 380	14 380	14 380	14 380	14 380	14 380
重度障害者家族介護料	12 060	12 060	12 060	12 060	12 060	12 060
住 宅 扶 助	13 000	13 000	13 000	13 000	8 000	8 000
老人2人世帯（68歳男・65歳女）						
世帯当たり最低生活費	134 940	129 460	123 960	118 480	107 990	102 500
生 活 扶 助	121 940	116 460	110 960	105 480	99 990	94 500
第 1 類	72 200	68 960	65 700	62 460	59 200	55 960
第 2 類	49 740	47 500	45 260	43 020	40 790	38 540
住 宅 扶 助	13 000	13 000	13 000	13 000	8 000	8 000
老人1人世帯（68歳女）						
世帯当たり最低生活費	93 820	90 190	86 540	82 910	74 260	70 640
生 活 扶 助	80 820	77 190	73 540	69 910	66 260	62 640
第 1 類	36 100	34 480	32 850	31 230	29 600	27 980
第 2 類	44 720	42 710	40 690	38 680	36 660	34 660
住 宅 扶 助	13 000	13 000	13 000	13 000	8 000	8 000
夫婦子2人世帯（35歳男，30歳女，9歳子（小学生），4歳子）						
世帯当たり最低生活費	216 480	207 870	199 270	190 640	177 040	168 430
生 活 扶 助	140 960	134 620	128 280	121 920	115 590	109 240
第 1 類	133 920	127 890	121 870	115 830	109 810	103 780
第 2 類	57 410	54 830	52 250	49 660	47 080	44 500
児童養育加算	10 000	10 000	10 000	10 000	10 000	10 000
教 育 扶 助	2 150	2 150	2 150	2 150	2 150	2 150
住 宅 扶 助	13 000	13 000	13 000	13 000	8 000	8 000

6章　福祉と「セックス」・「ジェンダー」比較　215

母子3人世帯（30歳女，9歳子（小学生），4歳子）

世帯当たり最低生活費	191 120	184 100	177 080	170 060	158 050	151 020
生活扶助	155 970	148 950	141 930	134 910	127 900	120 870
第1類	100 690	96 160	91 630	87 090	82 570	78 030
第2類	55 280	52 790	50 300	47 820	45 330	42 840
ひとり親世帯就労促進費	10 000	10 000	10 000	10 000	10 000	10 000
児童養育加算	10 000	10 000	10 000	10 000	10 000	10 000
住宅扶助	13 000	13 000	13 000	13 000	8 000	8 000
教育扶助	2 150	2 150	2 150	2 150	2 150	2 150

資料　厚生労働省社会・援護局調べ
注　1）　第2類は，冬季加算（VI区額×5／12）を含む。
　　2）　就労収入のある場合には，収入に応じた額が勤労控除として控除されるため，現実に消費し得る水準としては，生活保護の基準額に控除額を加えた水準となる。
（出所）　厚生統計協会『国民の福祉の動向』2009年版，158ページ。

定している。法37条によれば，「遺族基礎年金は，被保険者又は被保険者であった者が次の各号のいずれかに該当する場合に，その者の妻又は子に支給する」ことになっている。ここに「夫」の文字がないことを疑問に思った人もいることだろう（現行法では，「妻」が「配偶者」に改正されている）。

　介護についても似たようなことが生じることがある。「老親を介護したいと考えている勤労している単身者」がいた場合，その人が「男性」である場合と「女性」である場合とで，周りの者の対応に違いはないであろうか。「男性」の場合に，「勤務を辞めて，生活保護を受給しながらでも介護をすること」をサポートするような対応は期待できるのであろうか。答えは，限りなくノンに近い。逆に，「女性」の場合はどうであろうか。「勤務を中断したり，辞めるなどして介護すること」を要請されることはないであろうか。

　最後に，生活保護についての例をあげておこう。表6-8は，世帯類型別の最低生活保障水準（月額）の具体的事例として多くの箇所で引用されるものである。ここで気がつくことは，夫婦と考えられる男性と女性が存在する場合，男性が常に4，5歳年上になっているということである。「実際の趨勢を反映している」といえばそれまでであろうが，それ以上の

意味を持っていることはないであろうか。

2　障害者や高齢者と性

　まず，よくある例から紹介しておこう。老人保健福祉計画の策定時においても高齢者の実態・意識調査がなされたし，介護保険事業実施についても高齢者の実態・意識調査がなされている。その際，調査は，おきまりのADL（日常生活動作）についての調査項目からなされることが多い。簡単に言えば，「食事は一人でできるか？」，「入浴は一人でできるか？」，「トイレに一人で行けるか？」というような質問が並ぶわけである。ここで，予想されたとおりの回答が出てくることになる。それは，「作ろうと思えば，食事はつくれるが，つくらない」というような趣旨のものである。男性高齢者の多くが，自分で食事の用意をしたことがない＝食事の用意は女性がする＝ということから出てきた回答と思われる。このことをめぐっては，「身体的にできる者はするべきである」という基本的な考え方で考えるのか，あるいは「身体的にはできるが，しないことが多い，といった生活習慣に基盤を置く」というスタイルで考えるのか，という選択が待っている。

　「私が家にいるとき，通常のトイレ介護は父がすることもありますが，生理介護だけは，どんなことがあっても母がしています。43キロの母が，47キロの私の身体を支えて，拭いたり，下着の上げ下げをするのですが，生理の時はナプキン交換で，かなり時間がかかります。58歳になって，体力の落ちてきたいまは，ときどき冗談のように『重たいな』『（子宮が）あっても仕方ないやろ』『（子宮を）摘りいな』『私があんただったら，摘ってるよ』等ということばが出てきます。そうすると私は『しゃあないやろ』と言って，母の言葉の中にある本音の部分に気づかないふりをしています」（岸田美智子・金満里共編『新版　私は女』長征社，1995年，267-268ページ）。「今は冗談で『ホテルに行こか』とか『KISSしようか』などと言いあっているのですが，やっぱり最後は，『まりちゃんはもう，ボ

クじゃものたりないのやろ，ボクもそのほうがええねんけどな』と，逃げられるのです。私としては，もう，どうでもなれ，まああの男やったら，どうなってもええわっていう感じなんです。おまけに，もうひとりの，あこがれ君（このまえ『好きだから，お風呂のときに介護されるのに，かえって抵抗を感じてしまう』と言った，あの男性職員です）は，その後，職場の配置がえでめったに会えなくなりました……」（同前，127ページ）。

システムと同時に生活にかかわるという微妙なバランスの上に福祉的考え方が存在していることから，一方では，「性を消すこと」＝父ではなく，体重の軽い母が介助をすることの大変さを認識すること＝が要請され，他方では，性的なことを「強く意識する」＝生理介護は「父でなく母が介助すること」＝ことが要請されることになっているのであろう。

これらの表現から，「子供を産むことや性的なことを意識すべきでない」ということと，「子供を産むことや性的なことを意識するのは禁じられるべきことではない」ということの微妙な関係をみることができる。

3　専門職と性

いったい，「男性に適した仕事」や「女性に適した仕事」というようなものはあるのだろうか。このような質問に対して，ある人は「そんなものはあるはずがない」と考えるだろうし，また，ある人は「コレについては

表6-9　就業している医療専門職の数と性別構成割合(1996年末)
（単位：人，％）

	総数	男性	女性
医師	240,908	208,649(86.6)	32,259(13.4)
歯科医師	85,518	72,252(84.5)	13,266(15.5)
就業保健婦（士）	31,581	44(0.1)	31,537(99.9)
就業助産婦	23,615	0(0)	23,615(100)
就業看護婦（士）	544,929	14,885(2.7)	530,044(97.3)
就業准看護婦（士）	383,967	18,589(4.8)	365,378(95.2)

（資料）　厚生省大臣官房統計情報部編『医師・歯科医師・薬剤師調査』（平成8年版），厚生統計協会，厚生省大臣官房統計情報部編『衛生行政業務報告』（平成8年版），厚生統計協会より作成。

やっぱり女性に適した仕事だ」というように考えるだろう。

「育児や介護」ということに範囲を狭くして考えてみよう。「女性のみが『育児や介護』にかかわるべきではない」という発言がある。ここには，「育児や介護は，両性が共に行うべきものであるという考え方」があり，「体重の重たいひとを抱えたり，持ち上げることは女性には困難である」という考え方がある。このような発言に対して，「重たい体を持ち上げるのは男性がよいという考え方は，結論から言えば，男性に固定的な役割を与えようとしているのではないか」と発言すると次のような反論が待っている。すなわち，「『何の根拠もなしに，役割を性別によって固定する』ことと，『科学的根拠をもって発言すること』とは異なるのだ」と。こうなると，最終的なよりどころは，どうやら科学ということになりそうである。

具体的な事例をあげて考えてみることにしよう。

「近年，全看護職の約1％を占める看護士のなかから，この法を根拠として雇用の機会均等を求める動きがみられたが，真に両性の平等が求められないままに，みずからの権利のみを主張するということ自体，この法の精神（法自体が平等性を欠いている）を理解しないものだといえよう」（亀山美智子『看護史』新版看護学全書・別巻7，メヂカルフレンド社，1993年，181ページ）。これは「女性の独占状態にある職場に参入させてくれ」という男性看護士からの要求についてのものである。趣旨は，長い間，社会進出を阻まれてきた女性についての平等を求めるありようと，そうではない男性とは別である，ということになるのであろう。しかし，事柄は，そう単純なものではない。

ここに，日本の医師，歯科医師，保健婦（士），助産婦，看護婦（士），准看護婦（士）についての統計を紹介しておこう（それぞれの名称は，統計のとられた当時のものをそのまま使用している）。表6-9を見てわかるように，医師，歯科医師については男性の占める割合が高い。医師については86.6％が，歯科医師については84.5％が男性で占められている。逆に，就業保健婦（士），就業看護婦（士），就業准看護婦（士）については女性

の占める割合が高い。具体的に見ると，就業保健婦（士）については0.1％，就業看護婦（士）については2.7％，就業准看護婦（士）については4.8％が男性である。助産婦については男性は存在していない。同様のことは，ホームヘルパーについてもいいうる。ここで，重要なことは，それらの専門職の職務内容と性について考えてみることである。具体的にいえば，「医業をなす者」，「歯科医業をなす者」，「保健指導に従事することを業とする者」，「助産又は妊婦，じょく婦若しくは新生児の保健指導を行なうことを業としている者」，「傷病者若しくはじょく婦に対する療養上の世話又は療養の補助をなすことを業とする女子」，「傷病者若しくはじょく婦に対する療養上の世話又は診療の補助を行なうことを業とする者」のそれぞれについて，それぞれを行っている者が，男性か，女性か，ということに着目することである。

「保健師助産師看護師法」（昭和23年，法203号）に限定してみよう。まず，保健師については，「この法律において，『保健師』とは，厚生労働大臣の免許を受けて，保健師の名称を用いて，保健指導に従事することを業とする者をいう」（法2条）としている。次に，助産師に関する規定を見てみよう。「この法律において，『助産師』とは，厚生労働大臣の免許を受けて，助産又は妊婦，じょく婦若しくは新生児の保健指導をなすことを業とする女子をいう」（法3条）としている。さらに，看護師については「この法律において，『看護師』とは，厚生労働大臣の免許を受けて，傷病者若しくはじょく婦に対する療養上の世話又は診療の補助をなすことを業とする者をいう」（法4条）としている。

助産師については「近年，女性が高度の教育を受け，知能的にも体力的にも男女の格差が認められなくなりつつあり，また経済的自立をめざし，社会的地位の確立を図るなど意欲的な高まりが進み，各職業分野でも女性特有の能力発揮が期待されていることに基づいて門戸を解放し，制定されたのが男女雇用機会均等法であったと理解している。しかし，妊娠・分娩・産褥の分野ではいかに男女が平等であると主張しても，生殖生理の分

野では厳然とした差別があり，また男女性意識の上でも違いがあることは事実なのである」（伊藤隆子「助産婦資格の男子への拡大に対する賛否の意見を巡って」日本助産婦会『助産婦』Vol. 42, No. 10, 1988年，6ページ）というものにみられるような考え方も強く，今のところ男性の就業助産師は実現していない。

　1998年3月，東邦大学医療短期大学助産婦養成コースを卒業した男子学生は，願書提出意思はあったものの，願書を受理してもらえずに，結果的に助産婦国家試験を受験していないということである。根拠となったのは，かつての「保健婦助産婦看護婦法」にみられた「この法律において，『助産婦』とは，厚生大臣の免許を受けて，助産又は妊婦，じょく婦若しくは新生児の保健指導をなすことを業とする女子をいう」（3条）という定義であったらしい。

　アメリカやフランスでは男性の助産師が存在しているのに対して，アジアの国々では文化的背景などを理由として，助産師は女性だけであるという国が多いことも知っておかなければならない。フランスでは助産師のことを sage-femme（訳語では助産婦に近い）というが，ご存知のように femme は「女性（の）」ということを意味する単語である。しかし，男性で，女性の助産師と同様の仕事をする者＝日本語では助産士というようなもの＝に対しては，sage-homme と表現する場合もあるが，homme-sage-femme と表現することが多いらしい。これを無理に日本語に訳すと，男性助産婦ということになる。

●もっと考えてみたい人へ／テーマ ─────────────

1　いったい，何歳くらいになると，在宅入浴サービスにおいて「性」は気にかけなくてよいといえるのだろうか。ここで重要なことは，「○△歳」というような基準を作ることではない。また，「一律の基準を作ることができない」ということをいうことでもない。重要なことは，「解答」がどのようなものであれ，「基準」を感じたり，「基準」を作ったりする際に，「その基準

6章　福祉と「セックス」・「ジェンダー」比較

に正当性を与えることになるもの」が，いったい「何」なのかということを探りあてることである。
2　「男女共同参画型社会の実現」や「福祉と性」についての議論のありようが，男性の側からのものも，女性の側からのものも画一的なものになっていることはないだろうか。男性が作ってきた論理構造や言語について考えてみよう。
3　医療や福祉に関する専門職の階層性と性別について考えてみることも重要な作業である。

●もっと考えてみたい人へ／文献
香内信子編集・解説『資料　母性保護論争』ドメス出版，1984年。
マルコム・ポッツ，ピーター・ディゴリー，ジョン・ピール共著／池上千寿子，根岸悦子共訳『文化としての妊娠中絶』勁草書房，1985年。
ディディ・ユベルマン著／谷川多佳子，和田ゆりえ共訳『アウラ・ヒステリカ』リブロポート，1990年。
㈶福岡県地域福祉振興基金『「私の家庭介護の経験から」入賞作品集』1992年。
ヤニク・リーパ著／和田ゆりえ，谷川多佳子共訳『女性と狂気――19世紀フランスの逸脱者たち』平凡社，1993年。
亀山美智子著『看護史』新版看護学全書・別巻7，メヂカルフレンド社，1993年。
ミレイユ・ラジェ著／藤本佳子，佐藤保子共訳『出産の社会史――まだ病院がなかったころ』勁草書房，1994年。
碓井益雄著『子づくりの博物誌』工作舎，1994年。
バーバラ・ドゥーデン著／井上茂子訳『女の皮膚の下――十八世紀のある医師とその患者たち』藤原書店，1994年。
A. V. ビュフォー著／持田明子訳『涙の歴史』藤原書店，1994年。
岸田美智子，金満里共編『新版　私は女』長征社，1995年。
アニー・アンジュー著／高井邦子・岩見祥子共訳『特性のない女――女であることの精神分析的素描』言叢社，1996年。
バーバラ・エーレンライク，ディアドリー・イングリッシュ共著／長瀬久子訳『魔女・産婆・看護婦』法政大学出版局，1996年。
新村拓著『出産と生殖観の歴史』法政大学出版局，1996年。
特集「世界の看護職規定法」日本看護協会出版会『看護』50巻13号，1998年。

上野千鶴子＋メディアの中の性差別を考える会編『きっと変えられる性差別語』三省堂，1996年。
佐藤孝道著『出産前診断』有斐閣，1999年。
シャノン・ベル著／吉池祥子訳『セックスワーカーのカーニバル』第三書館，2000年。

7章 比較のための「圏域設定」
―― 「地域医療計画」の設定をめぐっての調査から

　比較を成り立たしめる重要な要素として，比較のための「圏域」がある。A国とB国の医療施設数を比較しようとする場合には，国境で囲まれたA国とB国というものが，それぞれの「圏域」ということになる。たとえ「比較の対象となるモノ」が適切に選定されたとしても，比較のための「圏域」が適切に設定されていなければ，それは比較としての意味をなさないことになる。いったい，比較のための「圏域」とは，どのような意味をもっているものなのだろうか。また，適切に，「圏域」が設定されない場合には，どのようなことが生じるのだろうか。

1 「地域医療計画」からみる比較の圏域の意味
　　―― 「行政の圏域」と「生活の圏域」

　多くの場合，患者は一定の閉ざされた圏域を越えられない存在ではない。日本国内においては，都道府県境を越えて移動し，受療する多くの患者が存在する。また，社会保険医療の給付を受けるからといって，「当該自治体の住民」が「当該自治体に所在する医療機関」で受療することを要請されることはない。今日，ヨーロッパ大陸においては，人々は国境を越えて自由に移動する時代がやってきた。もし，ニーズを有する者が自由に移動して社会的給付を受けることが可能であるなら，一定の圏域内における病床数を比較したり，一定の圏域内における必要な病床数を算出したりすることに意味はあるのだろうか。

1　「地域医療計画」とは

　第7章を通じて扱う「地域医療計画」とは，1985年の「医療法」改正によって，各都道府県に策定が義務づけられたものを指している。その意味では，類似の行政的計画が存在したとしても，1985年の「医療法」改正によって，各都道府県に策定が義務づけられたもの以外は，ここでは検討の対象外となる。また，その後になされた「医療法」の数次にわたる改正は，この章での視野に入れないことも付け加えておかなければならない。さらに，都道府県の策定した「地域医療計画」が，当初の策定から数次にわたる見直しを経て，今日のものとなっていることも了解した上で，ここでは，1985年の「医療法」改正のみに限定して考えることとする。

　ここ以下の説明は，当時の法律の状態に従ってなされることになる。「地域医療計画」は，「医療法」によって，都道府県が策定することを義務づけられたものであった（医療法第30条の3）。「地域医療計画」に記載されるものには，「必要的記載事項」と「任意的記載事項」があった。「必要的記載事項」とは，「地域医療計画」に必ず記載されなければならない事項であり（第30条の3第2項1号2号，3号），「任意的記載事項」とは，「地域医療計画」で定めることができる事項とされた（第30条の3第3項）。

　「医療法」上，「必要的記載事項」とされたものは，「二次医療圏の設定」（第30条の3第2項1号），「三次医療圏」（第30条の3第2項2号），設定された「二次医療圏での必要病床数」（第30条の3第2項3号）のみであった。これらのうち，「三次医療圏」については，都道府県の区域を単位として設定するとされた（同法施行規則第30条の29第1項2号）。したがって，実質的には，a. 都道府県内にどのような「二次医療圏」を設定するのか，ということと，b. その「二次医療圏」内で算出される「必要病床数」がいくつになるのか，ということが「必要的記載事項」となったといえよう。わずかに，これだけの事項が「必要的記載事項」となったこと自体が問題とされるべきであるが，ここでは，「圏域の設定」に焦点を絞

っている関係上，寄り道をすることはやめておこう。

　医療法との関係で「医療圏」という場合，「医療圏」は「一次医療圏」，「二次医療圏」，「三次医療圏」の三段階で設定されることになる。ここでいう「地域医療計画」に関しては，「主として，病院の病床……の整備を図るべき地域的単位として区分する区域」を「二次医療圏」と呼んでいる。その「二次医療圏」において，「既存病床数」が「必要病床数」を超過している場合には，増床の許可を与えないことができるという権限を都道府県知事に与えたことが，事態を複雑化させることとなった（第7条の2）。

　法案がその姿を明らかにしていく過程で，当然のように医師会は猛反発をした。なぜなら，〈「既存病床数」が「必要病床数」を超過する〉という事態が発生することにでもなれば，増床することができなくなってしまうということが予想されたからである。ところが，その後，「医療法」改正がスムーズに進行していく事態が生じた。そのような流れの背景には，「医療法」改正のもう一つの柱である「医療法人の役員及び指導監督に関する規定の整備」について，「一人医師診療所の法人化」が進展するという事情があったといえる。

　医療供給サイドにおいて，その後生じたことは，a.「病床規制をされる前に増床しておこう」という，いわゆる「駆け込み増床」であったし，b.（増床の可能性を残すために）都道府県内に「病床不足の二次医療圏を設定しよう」という試みであった。

2　「地域医療計画」にいう「必要病床数」とは

　「地域医療計画」において「必要病床数」は，$G=(\Sigma AB+C-D)/E$という算式で算出されることとなった。ただし，当該区域に所在する病院の入院患者のうち，当該区域に住所を有する者の数がΣABにより算出した数を下回る区域においては，Fを加算することができるとされた。その場合，$F=D/E\times 1/2$とされた（法施行規則第30条の30第1項1号）。

　この算式において，AからEまでのそれぞれについては，以下の数値

表7-1 地方ブロックの性別・年齢階級別入院受療率（一般病床、1985年当時）

(人口10万対)

年齢階級	北海道 男	北海道 女	東北 男	東北 女	関東 男	関東 女	北陸 男	北陸 女	東海 男	東海 女	近畿 男	近畿 女	中国 男	中国 女	四国 男	四国 女	九州 男	九州 女
0歳～4歳	425	343	352	301	364	307	355	256	397	332	395	306	388	301	493	451	288	283
5歳～9歳	165	179	334	263	175	133	182	123	240	122	194	138	194	147	282	222	257	143
10歳～14歳	107	130	297	242	170	118	126	123	140	117	158	106	196	144	269	202	212	188
15歳～19歳	326	229	333	232	194	109	274	163	204	137	264	145	276	164	378	232	288	193
20歳～24歳	438	363	413	403	206	236	498	511	257	259	318	282	537	386	599	398	329	286
25歳～29歳	390	495	309	603	198	378	344	650	198	487	275	433	420	605	460	559	375	337
30歳～34歳	448	358	334	374	210	300	434	364	249	287	306	345	423	333	553	346	351	329
35歳～39歳	496	319	369	266	268	219	489	320	283	224	391	240	453	298	579	308	494	248
40歳～44歳	721	503	504	313	324	292	779	523	361	307	520	317	552	377	678	407	610	337
45歳～49歳	835	518	696	440	486	358	1065	625	513	426	752	399	721	540	988	709	809	512
50歳～54歳	1414	830	845	519	712	495	1266	691	810	558	1113	599	922	541	1422	782	1031	637
55歳～59歳	1424	1162	1239	686	941	638	1523	999	995	632	1319	834	1273	798	1548	949	1282	841
60歳～64歳	2556	1597	1535	1037	1189	866	2127	1430	1165	802	1625	1061	1471	1017	1894	1364	1552	1114
65歳～69歳	3425	2637	2149	1470	1742	1276	2575	1845	1785	1368	2362	1806	2099	1552	2687	2063	1984	1897
70歳～74歳	4587	4871	3046	2739	2397	2137	4312	3628	2710	2202	3031	2352	3198	2623	3827	3914	3374	3432
75歳～79歳	6372	8169	3780	3953	3394	3272	5036	4905	3555	3378	3648	3864	4190	4254	5578	6013	4723	5462
80歳以上	8839	11414	4424	4398	4239	4674	5468	6815	3796	3854	4533	5067	5215	5676	7433	8743	6897	9387

が当てはめられることとなった。

A＝当該区域内の性別，年齢階級別人口

B＝厚生大臣の定める当該区域の属する都道府県の区域を含むブロック（厚生大臣が都道府県の区域を単位として全国区域を区分して定めるものをいう）の性別年齢階級別入院受療率（**表 7-1**）

C＝当該区域に所在する病院の入院患者のうち当該区域以外の区域に住所を有する者の数

D＝区域外入院患者

E＝病床利用率

表 7-2 病床利用率（1985年当時）

病床の種類	病床利用率
一般病床	0.839
精神病床	1.000
結核病床	0.565

表 7-1 にあるように，Bの数値が，北海道，東北，……九州の各ブロックで画一であること，Eの病床利用率が一般病床については，0.839（**表 7-2**）と画一であることは大きな問題点であった。

たとえ，その数値に科学的根拠があるとしたところで，受療率の数値が1ずれただけで，「必要病床数」において2床から30床は変動を生じることを指摘しておこう。Eの病床利用率が0.839と画一であることについても，同じような指摘がなされうることとなる。

しかし，最大の問題点は，「大まかな数値によって算出されたもの」が，ひとたび「必要病床数」として確定された瞬間に，「法的に重要な機能を果たすもの」となってしまうという点にあるといえるだろう。

3 病床数比較の前提

病床数の比較をする際に，いくつかの前提的なことを知っておくことは不可欠である。比較の対象となる「病床の定義」＝「何をもって病床とするのか」については言うまでもない。その他に気をつけなければならないことを二つあげておこう。一つは患者の移動にかかわることであり，もう一つは，医療の供給体制にかかわることである。

まず，患者の移動にかかわる問題から考えてみよう。「甲」，「乙」，

「丙」，「丁」の圏域で病床数を比較するとしよう（図7-1）。この場合に，「甲という圏域の住民」は「甲という圏域に所在する医療機関」を利用しなければならないことになっているのか，あるいは，「甲という圏域の住民」であっても，「甲以外，すなわち，乙，丙，丁という圏域に所在する医療機関」を利用できるのか，によって，事情は一転する。結論から言えば，日本の社会保険の医療給付は，「患者がどこに居住しているのか」ということと，「患者が利用する医療機関がどこに所在するのか」ということが一致することを求めていない。そうなると，都道府県域を厳密な単位として圏域を設定したり，その中で「二次医療圏」を設定し，患者の静態的な数値を盾に厳密な議論を展開することには，疑問が生じることとなる。

次に医療の供給体制に関する事柄について考えてみよう。これについては，医療の需要の側の社会化，すなわち「国民皆保険」体制が達成されたにもかかわらず，それを実質化する医療の供給の側において，「自由開業医制」および「出来高払い制」を基盤としていることが問題となる。結論的にいえば，診療報酬について，定額方式や人頭式でも採用しない限り，医療機関は「儲かるところに偏在する」ことを運命づけられているといえるのである。

このような前提条件を理解すれば，圏域を設定する際のラインの引き方がどのような意味を持っているのかが理解できよう。圏域を設定する際のラインの引き方次第で，図7-1にみるように，「病床過剰」となったり，「病床不足」となったりすることは容易に生じるのである。

「移動の自由」と「住民であるという要件」については，以下のように

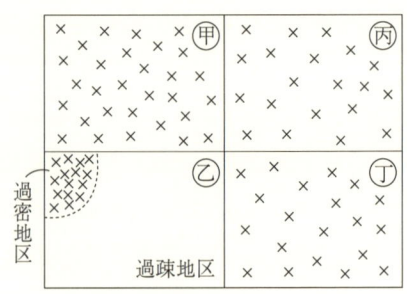

×印は病床数を示す。
㋐圏域で病床過剰，㋑圏域で病床不足という結果が出ることになる。

図7-1　病床の配置と圏域設定

言うことができる。自治体の社会福祉サービスを受給する際に，当該自治体の住民であるということが要求される場合は，比較のための圏域の設定は自治体間で行っても大きな支障は生じないこととなる。しかし，医療保険については事情が異なっている。結局のところ，「比較の対象が何であるのか」ということと，それについての「社会的システム」を，比較にとりかかる以前に十分に知っておくことが必要なこととなる。

　さらには，考えるための基本として，「生活の圏域」と「行政の圏域」を念頭に置いておくことの重要性も忘れてはならない。ここには，比較のための空間的な圏域ということと，「生活」と「制度」ということにかかわる大きな問題がクロスしているのである。

●もっと考えてみたい人へ／テーマ
1　「生活の圏域」と「行政の圏域」とは，一見すると，対立的なもののようであるが，相互規定的である面もある。具体的な例をあげて考えてみよう。
2　一つの病院を中心に，そこから同心円的に円を描いて距離を測ったところで，あまり意味はない。むしろ重要なものは，地域の人々が公共交通機関等を利用して移動，アクセスできる距離と時間である。たとえば，バスの所要時間を基準に地図を書いてみると，地図の形が変わってくることに気がつくことだろう。
3　介護保険制度を例にとって，「当該自治体の住民であること」と「当該自治体の給付を受ける権利」について考えてみたらどうなるだろうか。

●もっと考えてみたい人へ／文献
河合克義著『住民主体の地域保健福祉計画』あけび書房，1993年。
厚生省大臣官房統計情報部編『患者調査』（上・下巻），（各年版），財団法人厚生統計協会。
厚生省大臣官房統計情報部編『医療施設調査・病院報告』（動態調査・静態調査），（各年版），財団法人厚生統計協会。
安藤秀雄著『医療法規概説』医学通信社，1991年。
厚生省医療法制研究会編『第三次改正医療法のすべて』中央法規，1998年。

医療法制研究会編『健康政策六法』(各年版)中央法規。

2 地域医療計画にみる圏域設定
――福岡県における地域医療計画の策定を素材として

　甲地区と乙地区を比較して,「甲地区では病床が過剰である」のに対して,「乙地区では病床が不足している」ということがいわれることがある。それ自体もっともらしく聞こえるのだが, そこには気にかかることがたくさんある。日本で, このようなことがいわれるようになったのは,「国民医療費を抑制する」だとか,「社会保障費の抑制」だとかに深い関係がある。このような主張は, 要するに, 病床を適正に配置するという目的をもったものというよりは, むしろ, 病床の規制を目的としたものということができる。そもそも, 必要な病床数とはどのようにして算出されるものなのであろうか。そして, 病床を算出するための圏域はどのように設定されるべきなのであろうか。圏域を広く設定した場合と, 圏域を狭く設定した場合とでは, 実際にどのようなことが生じるのであろうか。そうすることによって, 問題がはっきりと見えてくる具体例はないものだろうか。

1　福岡県で生じたこと

　前節では一般論として考えてみた。次には, 具体的な材料が必要になる。そこで, 1985年の「医療法」改正に際して福岡県で生じたことを素材として検討することにしてみた。1985年の「医療法」改正後, 福岡県では四つの「二次医療圏」が設定されようとした。この「二次医療圏」は,「広域生活圏」をベースとしたもので, 四つの「二次医療圏」は,「筑後広域生活圏」,「筑豊広域生活圏」,「福岡広域生活圏」,「北九州広域生活圏」というものであった (図7-2, 表7-3)。このような福岡県の意向の背景には, 医師会の強い要請があったといえよう。前節でみた「必要病床数」を

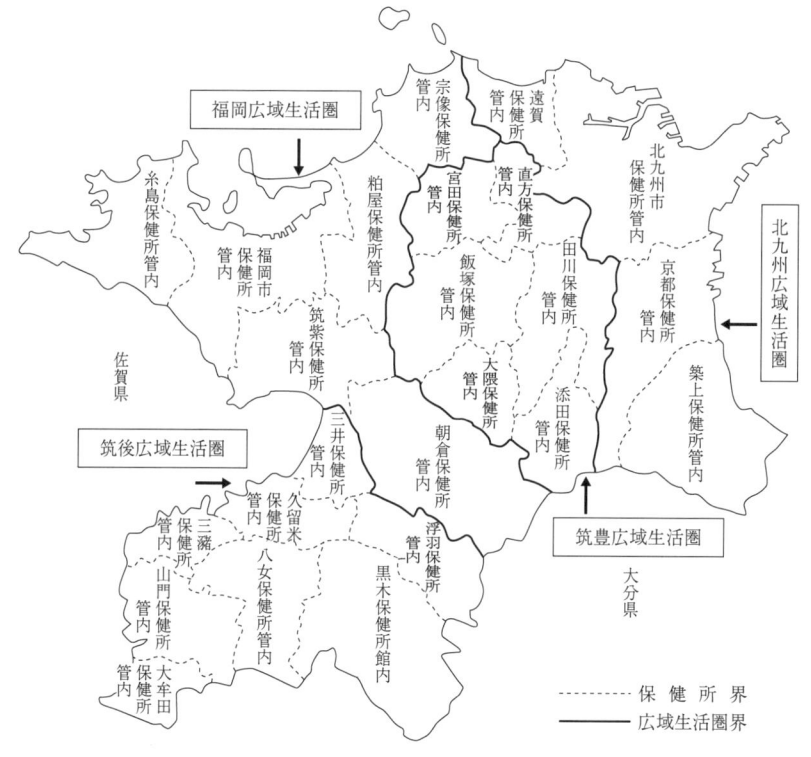

図7-2 広域生活圏と保健所区域

算出するための算式を，四つの「二次医療圏」に当てはめてみると，確かに，「筑後広域生活圏」では病床が不足しているという結果が出てきた（表7-4）。すなわち，「筑後広域生活圏」においては，増床できる可能性が残されているということになったのである。

しかし，このことによって簡単に結論を出すわけにはいかない。なぜなら，「筑後広域生活圏」には，久留米市という，病院・病床過密地域があり，同時に，そのまわりに，病院，病床の過疎地域が存在しているからである。すなわち，想像されることは，「病院，病床の過疎地域の存在」が「病院・病床過密地域の存在」をみえないものとしてしまった結果として，

表 7-3　広域生活圏，保健所，市町村（1985年当時）

筑後広域生活圏	筑豊広域生活圏	福岡広域生活圏	北九州広域生活圏
大牟田市保健所	直方保健所	福岡市	北九州市
大牟田市	直方市	東区	門司区
久留米保健所	小竹町	博多区	若松区
久留米市	鞍手町	中央区	戸畑区
三井保健所	宮田保健所	南区	小倉北区
小郡市	宮田町	西区	小倉南区
北野町	若宮町	城南区	八幡東区
大刀洗町	飯塚保健所	早良区	八幡西区
浮羽保健所	飯塚市	宗像保健所	遠賀保健所
吉井町	桂川町	宗像市	中間市
田主丸町	稲築町	福間町	芦屋町
浮羽町	筑穂町	津屋崎町	水巻町
八女保健所	穂波町	玄海町	岡垣町
八女市	庄内町	大島村	遠賀町
筑後市	頴田町	粕屋保健所	京都保健所
立花町	大隈保健所	宇美町	行橋市
広川町	山田市	篠栗町	苅田町
黒木保健所	碓井町	志免町	犀川町
上陽町	田川保健所	新宮町	豊津町
矢部村	田川市	古賀町	築上保健所
星野村	香春町	久山町	豊前市
三潴保健所	金田町	粕屋町	椎田町
大川市	糸田町	筑紫保健所	吉富町
城島町	川崎町	筑紫野市	築城町
大木町	赤池町	春日市	新吉富村
三潴町	方城町	大野城市	大平村
山門保健所	赤村	太宰府市	
柳川市	添田保健所	那珂川町	
瀬高町	添田町	糸島保健所	
大和町	大任町	前原町	
三橋町		二丈町	
山川町		志摩町	
高田町		朝倉保健所	
		甘木市	
		杷木町	
		朝倉町	
		三輪町	
		夜須町	
		小石原村	
		宝珠山村	

表 7-4 広域生活圏における病床，必要病床数（一般病床，1985年当時）

	許可病床数	補正病床数	既存病床数 a	必要病床数 b	差引 a−b
福　岡	26,612	821	25,791	19,476	6,315
筑　後	12,730	894	11,836	13,130	−1,294
筑　豊	6,147	146	6,001	5,602	399
北九州	17,979	677	17,302	14,518	2,784
計	63,468	2,538	60,930	52,726	8,204

「筑後広域生活圏」の病床不足という数字上の現象がみられたのではないか，ということである。「広域生活圏」で得られた数値は，狭い圏域から得られた数値の合算の結果ということであるから，「ある圏域の『病床過剰』現象を，そのまわりの『病床不足』現象が見えなくしている」というようなことが生じ得るということになる。併せて考えられなければならないことは，入院や通院は生活の一部として考えるべきであるから，「二次医療圏」をむやみに広く設定しないほうがよいということである。

もし，もう少し狭い「二次医療圏」を設定することによって，「病床過剰」地域と「病床不足」地域の様相に変化が見られるならば，「病床過剰」と「病床不足」についての情報を得る方法を考え直さなければならないことになるであろう。

2　病床は過剰だったのか？　不足だったのか？

単純な発想であるが，四つの「二次医療圏」について，さらに細かく圏域を設定してみたら，「広域生活圏」でみたことと異なることが生じるのではないか，ということになる。

ここで重要なことは，「$G=(\Sigma AB+C-D)/E$ という算式」以外のものを使ってみることである。より細かい作業に要請される質的なことは，a. 生活の圏域に近い広さ，たとえば，保健所管轄区域程度の広さで圏域を設定してみることと，b. データが，患者が他地域にある病院に依存したり，他地域の病院が患者を吸収したりする様子がわかるものとなってい

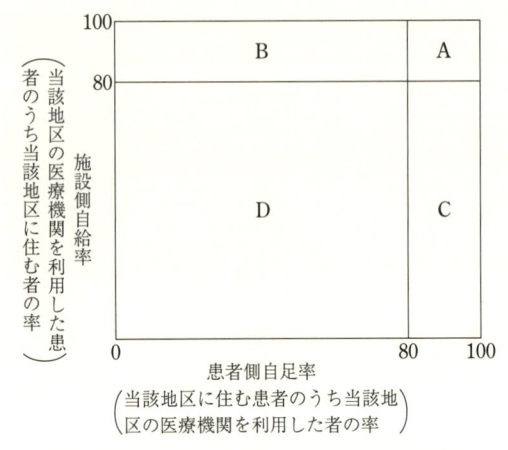

図7-3 施設側と患者側からみた圏域の概念図

るということである。すなわち、「生活の圏域」とかけ離れない程度の広さの圏域で、患者の移動状態を把握することが求められているのである。

そのようなことを考えるために、まずは、**図7-3**のような枠組みで概念設定をしておこう。概念設定に使用されるものは、患者の側からみた「自足率」、「依存率」と、医療施設側からみた「自給率」、「吸収率」である。それぞれは以下のように説明されることになる。

「自足率」：自地区内居住患者が居住地区内の医療施設を利用した患者の割合

「依存率」：自地区内居住患者が居住地区外の医療施設を利用した患者の割合

「自給率」：自地区内医療施設で受療した患者のうち、自地区内に居住する患者の割合

「吸収率」：自地区内医療施設で受療した患者のうち、自地区外に居住する患者の割合

図7-3を見ていただきたい。横軸に「患者側自足率」をとり、縦軸に「施設側自給率」をとっている。すなわち、ゼロから右に行けば行くほど「当該地区に住む患者のうち当該地区の医療機関を利用した者の率が高い」

ということになり，ゼロから縦に上れば上るほど，「当該地区の医療機関を利用した患者のうち，当該地区に住む者の率が高い」ということになる。その概念図の中に，縦横それぞれに80％（これは75％でも85％でもよい）を境にして，ABCDの四つのゾーンを設けてみよう。区分されたABCDの各ゾーンは，それぞれ，A＝自地域完結型地区，B＝他地域依存型地区，C＝患者吸収型地区，D＝相互依存型地区，ということになる。

その区分設定をもとにして，四つの「広域生活圏」の中にあった24の「保健所管轄圏」で，a. 患者が自らの居住地域で医療を受けているか，否か，b. そして，病院を利用している者が病院の所在している地区の住民であるか，否かを見てみよう。

3　比較の空間的単位は適正であったのか？

図7-4を見ていただきたい。図7-4は，「広域生活圏における患者動向」を「自足率・依存率」で示したものである。図の下にある小さな表は数値で「ソレ」を示したものである。患者の動向は「総数」，「外来」，「入院」の3パターンで見ることが多いが，ここでは，「入院」のみで検討している。次に，図7-5を見ていただきたい。図7-5は，「広域生活圏における患者動向」を「自給率・吸収率」で示している。図の下にある表は数値で「ソレ」を示したものである。図7-4と同様に「入院」のみで検討している。一見したところ，各広域生活圏とも，「自足率・依存率」と「自給率・吸収率」が，ほどよくそろっていて，大した問題はなさそうである。相対的に見て，「筑後広域生活圏」での自給率が低い（83.8％）＝吸収率が高い（16.2％）ことが目につく程度である。次に，同様の作業を，圏域を狭くして，当時の保健所管轄区域で行ってみよう。

図7-6を見ていただきたい。図7-6は，「保健所管轄区域別に見た患者動向」を「自足率・依存率」で示したものである。円グラフに記載された数値が「自足率」である。すなわち，数値は「自地区内居住患者が居住地区内の医療施設を利用した患者の割合」を示している。100％からその

広域生活圏別にみた自足率・依存率（％）
[入　院]

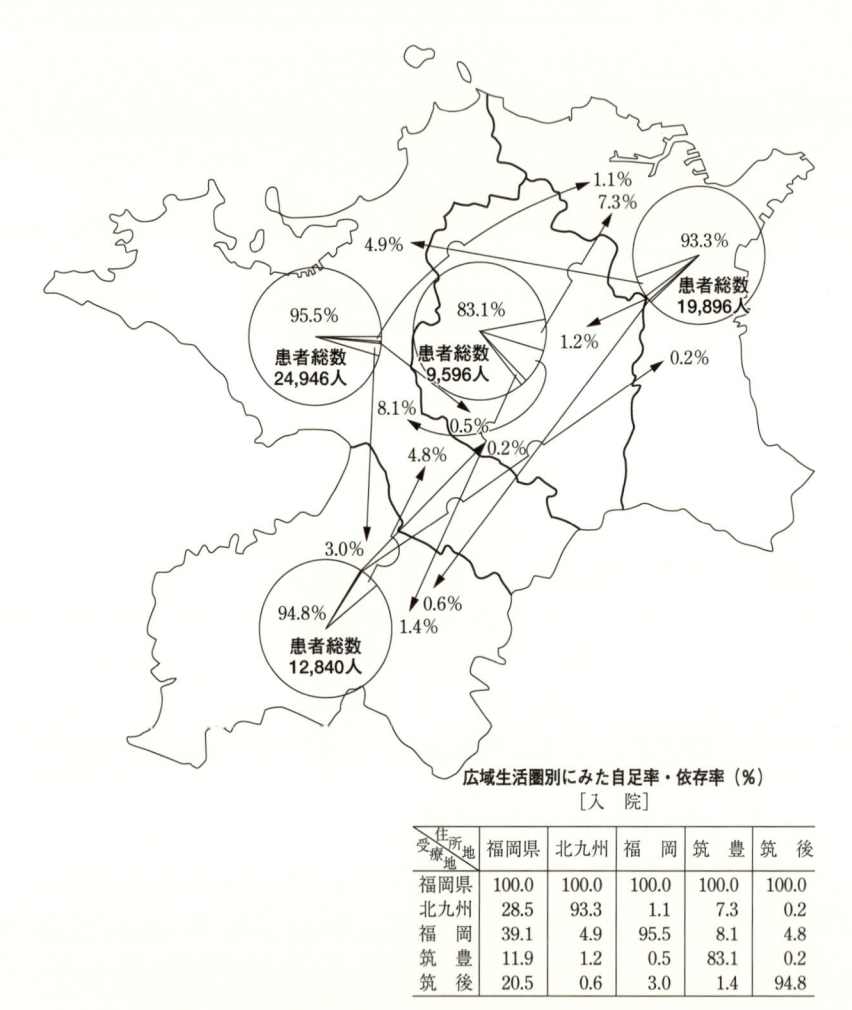

住所地 受療地	福岡県	北九州	福　岡	筑　豊	筑　後
福岡県	100.0	100.0	100.0	100.0	100.0
北九州	28.5	93.3	1.1	7.3	0.2
福　岡	39.1	4.9	95.5	8.1	4.8
筑　豊	11.9	1.2	0.5	83.1	0.2
筑　後	20.5	0.6	3.0	1.4	94.8

図7-4　広域生活圏における患者動向（自足率・依存率：入院）

7章 比較のための「圏域設定」　237

広域生活圏別にみた自給率・吸収率（%）
[入　院]

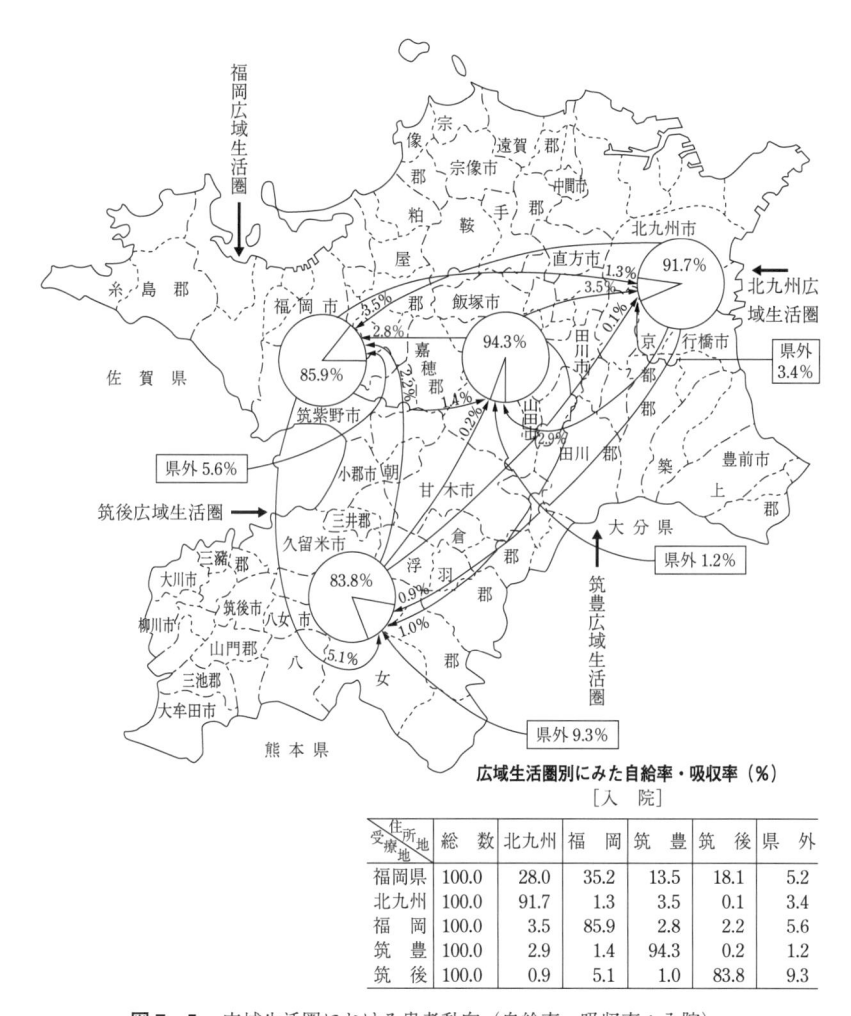

受療地＼住所地	総　数	北九州	福　岡	筑　豊	筑　後	県　外
福岡県	100.0	28.0	35.2	13.5	18.1	5.2
北九州	100.0	91.7	1.3	3.5	0.1	3.4
福　岡	100.0	3.5	85.9	2.8	2.2	5.6
筑　豊	100.0	2.9	1.4	94.3	0.2	1.2
筑　後	100.0	0.9	5.1	1.0	83.8	9.3

図7-5　広域生活圏における患者動向（自給率・吸収率：入院）

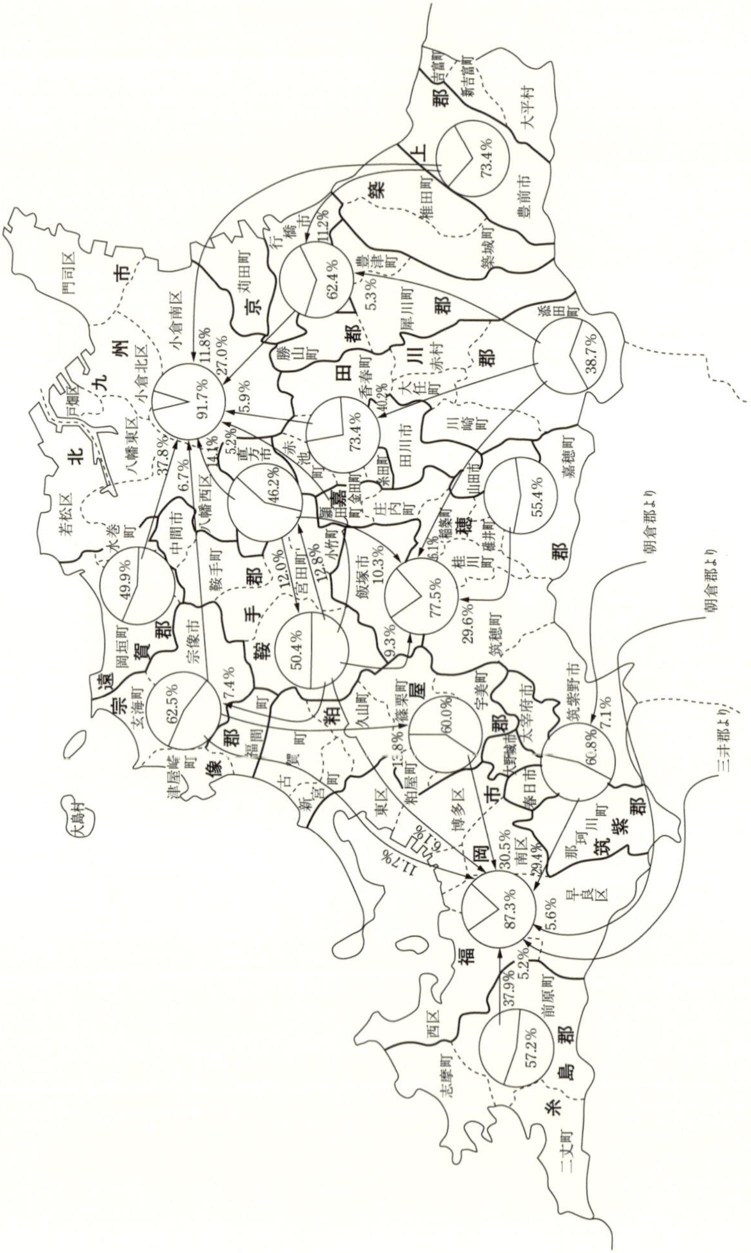
北九州市
門司区
小倉北区
小倉南区
戸畑区
八幡東区
八幡西区
若松区
91.7%
京都郡
苅田町
行橋市
62.4%
勝山町
豊津町
犀川町
築上郡
椎田町
築城町
豊前市
新吉富町
吉富町
大平村
73.4%
田川郡
香春町
赤池町
金田町
糸田町
川崎町
大任町
赤村
添田町
田川市
73.4%
38.7%
嘉穂郡
嘉穂町
山田市
稲築町
碓井町
桂川町
庄内町
穎田町
筑穂町
飯塚市
55.4%
77.5%
直方市
46.2%
鞍手郡
鞍手町
宮田町
小竹町
50.4%
中間市
水巻町
遠賀郡
岡垣町
49.9%
宗像郡
宗像市
玄海町
津屋崎町
福間町
62.5%
粕屋郡
古賀町
新宮町
久山町
篠栗町
宇美町
粕屋町
60.0%
筑紫郡
太宰府市
大野城市
春日市
那珂川町
筑紫野市
60.8%
福岡市
東区
博多区
南区
早良区
西区
87.3%
糸島郡
前原町
志摩町
二丈町
57.2%
大島村
朝倉郡より
三井郡より
11.8%
27.0%
5.9%
5.2%
14.1%
37.8%
6.7%
12.0%
12.8%
10.3%
9.3%
7.4%
13.8%
11.2%
5.3%
40.2%
6.1%
29.6%
7.1%
30.5%
29.4%
5.6%
5.2%
37.9%
11.7%

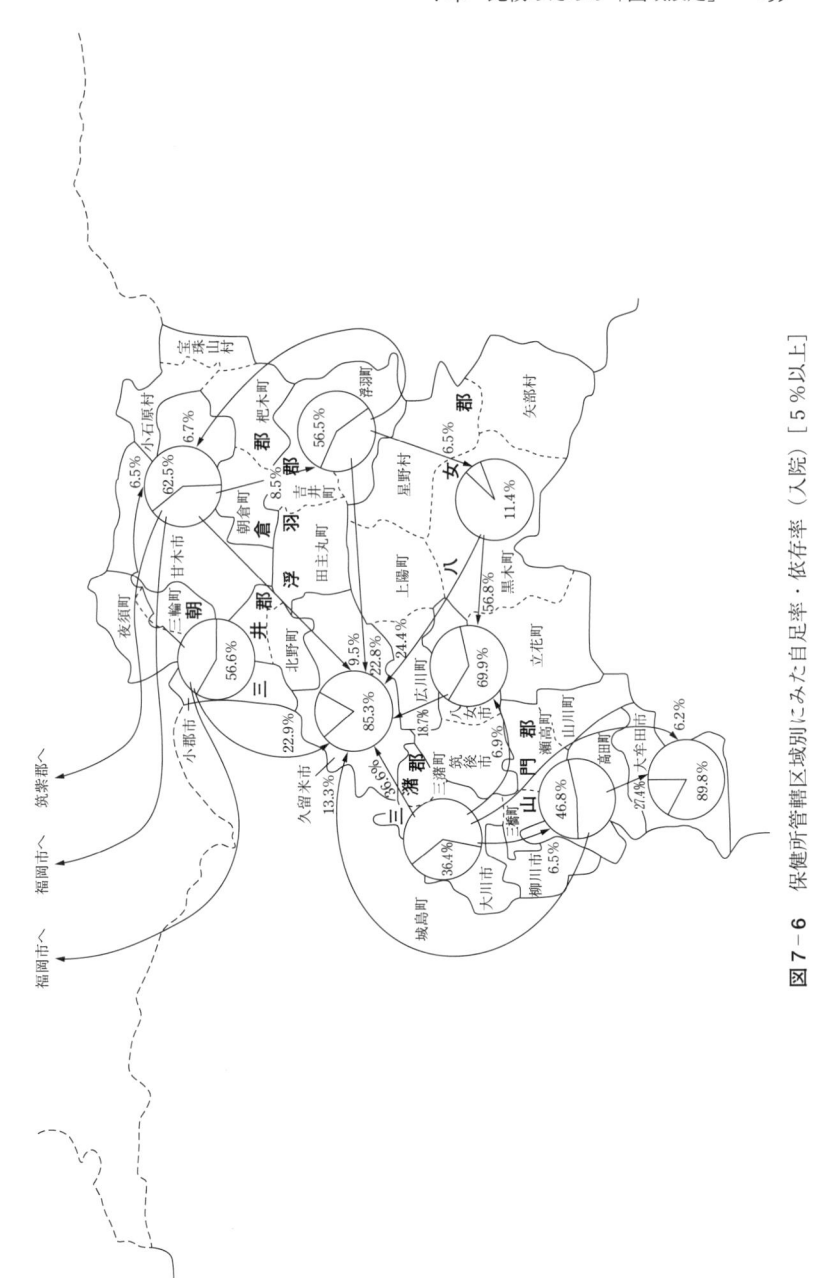

7章　比較のための「圏域設定」　239

図7-6　保健所管轄区域別にみた自足率・依存率（入院）［5％以上］

表 7-5 保健所管轄区域別にみた自足率・依存率（入院，1985年当時）

受療地＼住所地	福岡県	北九州広域生活圏					福岡広域生活圏					
		北九州市	遠賀	京都	築上		福岡市	宗像	粕屋	筑紫	糸島	朝倉
福岡県	100	100	100	100	100		100	100	100	100	100	100
北九州市	23.3	91.7	37.8	27.0	11.8		0.4	6.7	0.8	0.3	0.2	0.2
遠 賀	1.7	1.2	49.9	0.3	—		0.1	2.7	0.1	0.1	0.1	—
京 都	2.2	0.5	0.1	62.4	11.2		0.0	—	0.2	—	—	—
築 上	1.3	0.3	—	3.6	73.4		0.0	0.1	—	—	—	—
福岡市	24.5	1.2	1.8	1.5	1.5		87.3	11.7	30.5	29.4	37.9	5.6
宗 像	2.9	2.0	4.6	1.1	0.2		1.3	62.5	2.5	0.8	0.3	0.4
粕 屋	4.1	1.1	2.0	0.4	—		3.4	13.8	60.0	2.5	1.1	0.7
筑 紫	4.9	0.4	1.0	0.4	0.5		4.5	0.6	3.5	60.8	2.3	7.1
糸 島	1.1	—	—	—	—		0.8	0.1	0.2	0.3	57.2	0.1
朝 倉	1.6	0.0	0.1	0.1	0.1		0.4	0.1	0.1	0.9	0.2	62.5
直 方	1.4	0.2	1.3	—	—		0.0	0.1	—	—	—	—
宮 田	0.8	0.1	0.3	—	—		0.0	0.1	0.0	0.0	—	—
飯 塚	4.7	0.3	0.4	0.7	0.5		0.2	0.6	0.4	—	0.1	0.1
大 隈	0.9	0.0	—	—	—		—	—	—	—	—	—
田 川	3.6	0.4	0.3	1.7	0.4		0.1	0.1	0.1	0.1	—	0.1
添 田	0.5	0.0	—	—	—		0.0	—	—	—	—	0.2
大牟田市	4.8	0.1	—	0.1	—		0.1	0.1	0.0	0.2	—	—
久留米	7.8	0.2	0.3	0.3	0.4		0.4	0.3	0.4	2.8	0.3	9.5
三 井	1.4	0.1	0.1	0.2	0.1		0.1	0.1	0.3	0.9	0.2	3.5
浮 羽	1.4	0.1	0.1	0.2	—		0.3	0.1	0.5	0.1	—	8.5
八 女	2.7	0.1	0.1	0.1	0.1		0.3	0.3	0.4	0.1	—	0.7
黒 木	0.3	0.0	0.1	—	—		0.0	0.1	0.0	—	—	0.7
三 潴	0.7	—	—	—	—		0.0	—	—	0.1	0.1	—
山 門	1.3	0.0	0.1	—	—		0.0	—	—	0.1	—	—

（注） —印は患者無し。
（出所） 福岡県衛生部『福岡県医療実態調査』昭和59年10月17日。

数値を引いたものが「依存率」である。すなわち，100%からその数値を差し引いて得られた数値が「自地区内居住患者が居住地区外の医療施設を利用した患者の割合」である。表7-5は数値で，「保健所管轄区域別に見た患者動向」を「自足率・依存率」について示したものである。「総数」，「外来」で同様のことが可能であるが，ここでも「入院」のみでの結果を示している。

次に，図7-7を見ていただきたい。図7-7は，「保健所管轄区域別に

(単位：％)

筑豊広域生活圏						筑後広域生活圏								県外
直方	宮田	飯塚	大隈	田川	添田	大牟田市	久留米	三井	浮羽	八女	黒木	三潴	山門	
100	100	100	100	100	100	100	100	100	100	100	100	100	100	100
14.1	5.2	2.1	1.4	5.9	4.7	0.1	0.2	—	0.5	0.2	—	0.3	0.3	16.2
1.1	0.3	0.1	0.1	0.1	—	0.0	—	—	0.1	—	—	—	—	0.3
0.4	—	0.3	0.3	4.1	5.3	—	—	—	—	—	—	—	—	0.6
0.1	—	0.0	—	0.1	—	—	—	—	—	—	—	—	—	1.5
3.9	6.1	3.9	3.8	2.5	0.8	1.6	1.7	5.2	1.3	1.4	1.3	2.4	1.9	32.3
4.9	7.4	1.1	1.2	1.1	0.8	0.1	0.2	0.6	0.3	0.3	—	0.4	0.1	2.6
1.0	3.1	2.4	1.2	0.7	0.6	0.0	0.2	0.5	0.2	0.1	0.2	0.2	0.1	1.6
1.0	0.7	0.9	1.2	0.7	0.4	1.0	1.2	3.3	1.1	0.9	1.5	1.1	1.0	4.3
—	0.1	—	0.1	—	—	—	—	0.1	—	—	—	—	—	0.6
0.1	—	0.2	0.6	0.1	—	0.3	0.2	6.5	6.7	0.1	—	—	0.3	0.8
46.2	12.8	2.5	0.7	1.4	—	—	—	—	—	—	—	—	—	0.2
12.0	50.4	1.0	0.2	0.4	0.4	—	—	—	—	—	—	—	—	—
10.3	9.3	77.5	29.6	4.2	6.1	0.0	0.1	0.4	0.2	—	—	—	0.1	2.0
0.4	0.4	4.4	55.4	0.4	—	—	—	—	—	—	—	—	—	0.0
2.3	2.2	2.3	2.1	73.4	40.2	—	0.1	—	0.3	0.1	—	—	0.1	0.4
0.8	1.0	0.1	0.7	3.5	38.7	—	0.0	—	0.1	—	—	—	—	0.1
—	0.1	0.1	—	0.1	—	89.8	0.5	0.3	0.1	1.4	0.8	6.2	27.4	9.6
0.8	—	0.7	0.7	1.3	1.9	3.9	85.3	22.9	22.8	18.7	24.4	36.6	13.3	18.3
0.3	0.3	0.2	0.1	0.0	—	0.3	3.3	56.6	2.1	0.4	0.6	0.9	1.0	1.9
0.1	0.3	0.1	0.1	0.1	—	0.5	1.8	1.8	56.5	0.9	1.3	1.6	1.5	3.0
0.3	0.1	0.2	0.1	0.1	—	0.6	4.0	1.2	1.1	69.9	56.8	6.9	4.3	1.4
—	—	—	—	—	—	0.0	0.2	0.1	6.5	1.9	11.4	0.3	—	0.6
0.1	—	—	0.2	—	—	0.0	0.6	0.3	—	2.1	—	36.4	1.5	1.1
—	—	0.0	0.1	—	—	1.5	0.4	0.2	—	2.3	1.5	6.5	46.8	0.8

みた患者動向」を「自給率・吸収率」で示したものである。円グラフに記載された数値が「自給率」である。すなわち，数値は「自地区内医療施設で受療した患者のうち自地区内に居住する患者の割合」を示している。100％からその数値を引いたものが「吸収率」である。すなわち，100％からその数値を差し引いて得られた数値が「自地区内医療施設で受療した患者のうち自地区外に居住する患者の割合」である。表7-6は数値で「保健所管轄区域別に見た患者動向」を「自給率・吸収率」について示したも

242

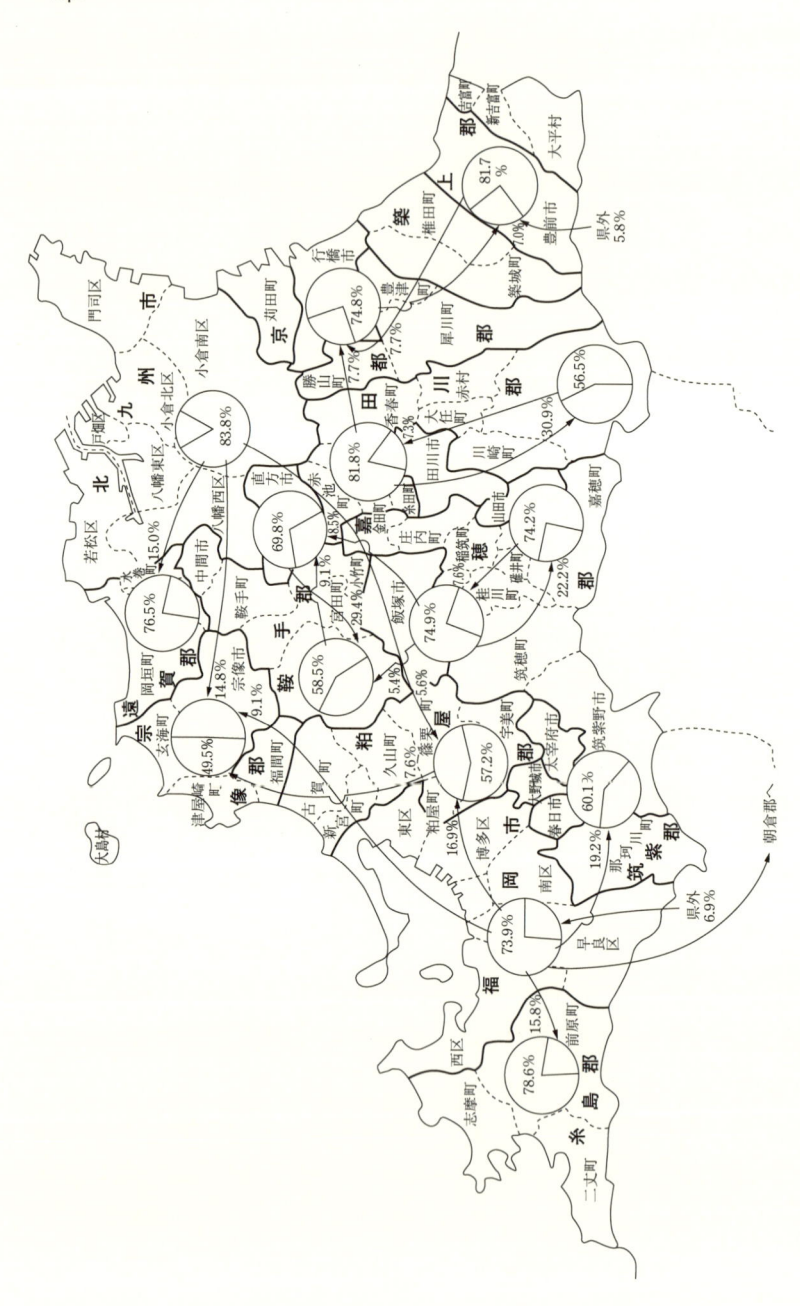

福岡県の地図（通勤通学圏を示す円グラフ付き）

主な地名と数値：
- 新吉富村、大平村（築上郡）81.7%、県外5.8%、豊前市（1.0%）
- 行橋市、苅田町 74.8%、勝山町・犀川町 77.7%、京都郡、豊津町 7.7%
- 田川郡 81.8%、香春町 42.3%、大任町、川崎町、添田町、糸田町、金田町、赤池町 48.5%
- 大川市 56.5%、30.9%
- 嘉穂郡 74.2%、22.2%、稲築町 7.6%、碓井町、嘉穂町、筑穂町 74.9%
- 北九州市（門司区、戸畑区、八幡東区、八幡西区、小倉北区、小倉南区、若松区）83.8%
- 中間市 15.0%、直方市 69.8%、鞍手郡、宮田町、小竹町 29.4%、9.1%
- 遠賀郡 76.5%、岡垣町、水巻町、芦屋町 14.8%
- 宗像市 9.1%、玄海町 49.5%、津屋崎町、福間町、古賀市、新宮町
- 粕屋郡、宇美町 57.2%、篠栗町 7.6%、志免町、須恵町、久山町 58.5%、5.4%、5.6%
- 福岡市（東区、博多区、中央区、南区、城南区、早良区、西区）73.9%、16.9%
- 太宰府市、筑紫野市 60.1%、19.2%、朝倉郡へ、県外 6.9%
- 糸島郡、前原市 15.8%、志摩町、二丈町 78.6%
- 大島村

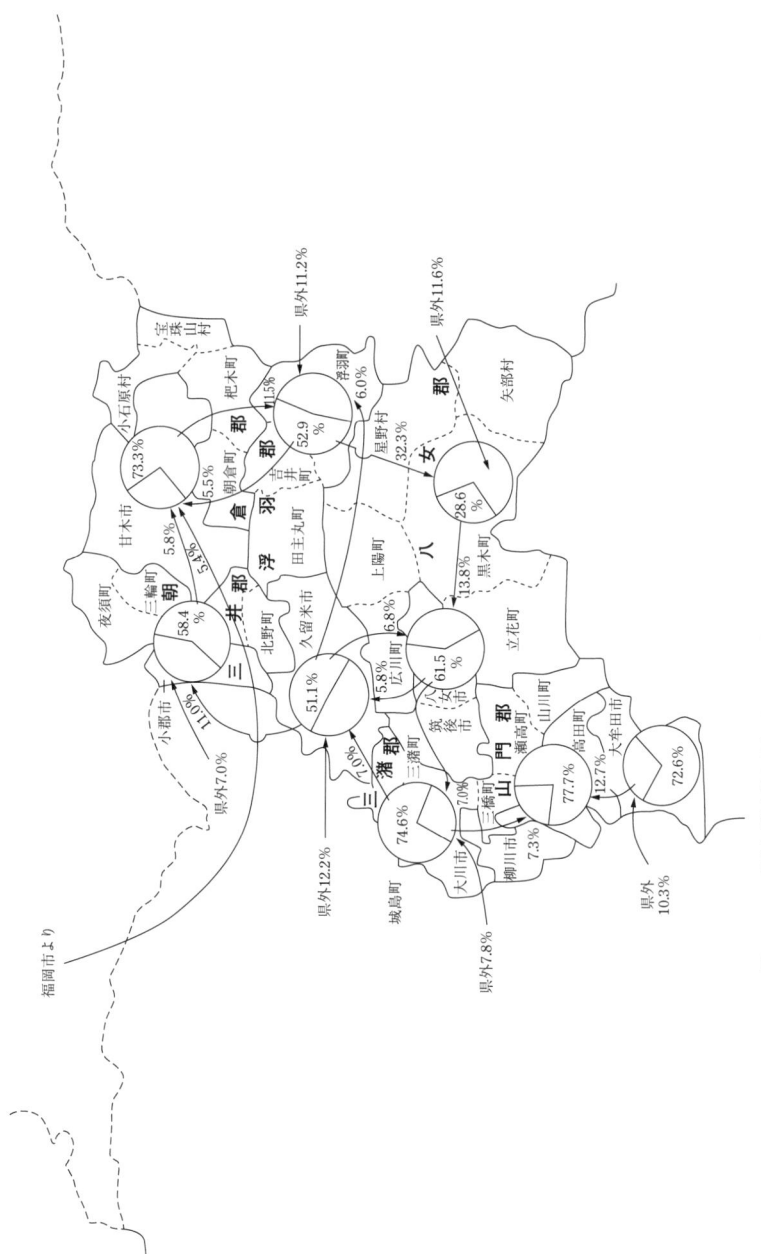

7章 比較のための「圏域設定」 243

図7-7 保健所管轄区域別にみた自給率・吸収率（入院）[5％以上]

表7-6　保健所管轄区域別にみた自給率・吸収率（入院，1985年当時）

受療地＼住所地	福岡県	北九州広域生活圏				福岡広域生活圏					
		北九州市	遠賀	京都	築上	福岡市	宗像	粕屋	筑紫	糸島	朝倉
福　岡　県	100	21.3	2.7	2.6	1.5	20.8	2.3	3.9	4.8	1.5	1.9
北九州市	100	83.8	4.3	3.0	0.8	0.4	0.7	0.1	0.1	0.0	0.0
遠　　賀	100	15.0	76.5	0.5	—	1.0	3.5	0.2	0.1	0.1	—
京　　都	100	4.9	0.1	74.8	7.7	0.1	—	0.3	—	—	—
築　　上	100	4.7	—	7.0	81.7	0.1	0.1	—	—	—	—
福　岡　市	100	1.0	0.2	0.2	0.1	73.9	1.1	4.9	5.8	2.2	0.4
宗　　像	100	14.8	4.2	1.0	0.1	9.1	49.5	3.5	1.3	0.1	0.2
粕　　屋	100	5.6	1.3	0.2	—	16.9	7.6	57.2	2.9	0.4	0.3
筑　　紫	100	1.7	0.5	0.2	0.1	19.2	0.3	2.8	60.1	0.7	2.8
糸　　島	100	—	—	—	—	15.8	0.3	0.8	1.2	78.6	0.1
朝　　倉	100	0.6	0.1	0.1	0.1	5.4	0.1	0.3	2.6	0.2	73.3
直　　方	100	3.6	2.6	—	—	0.6	0.2	—	—	—	—
宮　　田	100	1.9	0.8	—	—	0.7	0.3	0.2	0.2	—	—
飯　　塚	100	1.4	0.2	0.4	0.1	1.0	0.3	0.3	0.4	0.0	0.1
大　　隈	100	0.2	—	—	—	0.2	—	—	—	—	—
田　　川	100	2.0	0.1	1.2	0.2	0.6	0.0	0.1	0.1	—	0.1
添　　田	100	1.2	—	—	—	0.3	—	—	—	—	0.9
大牟田市	100	0.4	—	0.0	—	0.2	0.0	0.0	0.2	—	—
久　留　米	100	0.6	0.1	0.1	0.1	1.2	0.1	0.2	1.7	0.1	2.3
三　　井	100	1.3	0.2	0.4	0.1	4.9	0.1	0.8	3.0	0.1	4.7
浮　　羽	100	1.0	0.1	0.3	—	3.8	0.2	0.9	1.6	0.1	11.5
八　　女	100	0.9	0.1	0.1	0.1	2.6	0.3	0.5	0.3	—	0.5
黒　　木	100	0.5	1.1	—	—	0.5	0.5	0.5	—	—	5.3
三　　潴	100	—	—	—	—	0.2	—	—	0.4	0.2	—
山　　門	100	0.1	0.1	—	—	0.6	—	—	0.2	—	—

（注）　一印は患者無し．
（出所）　表7-6に同じ．

のである．これについても，図7-6，表7-5と同様に「入院」のみで示している．

　ここまでの検討でわかってきたことは，図7-4，図7-5では見えにくかったことが，図7-6，図7-7によって明らかになってきたということである．そこで，$G=(\Sigma AB+C-D)/E$という算式によれば病床不足という結果が出た「筑後広域生活圏」に的を絞ってみることにしよう．

　確かに，「筑後広域生活圏」では病床不足という結果が出た．それを検

7章 比較のための「圏域設定」 245

(単位：％)

筑豊広域生活圏						筑後広域生活圏								県
直方	宮田	飯塚	大隈	田川	添田	大牟田市	久留米	三井	浮羽	八女	黒木	三潴	山門	外
2.0	1.0	4.6	1.2	4.1	0.7	3.9	4.7	1.4	1.3	2.4	0.7	1.5	2.2	5.2
1.2	0.2	0.4	0.1	1.0	0.1	0.0	0.0	—	0.0	0.0	—	0.0	0.0	3.6
1.3	0.2	0.2	0.1	0.2	—	0.1	—	—	0.1	—	—	—	—	1.0
0.4	—	0.6	0.2	7.7	1.6	—	—	—	—	—	—	—	—	1.4
0.1	—	0.1	—	0.4	—	—	—	—	—	—	—	—	—	5.8
0.3	0.2	0.7	0.2	0.4	0.0	0.3	0.3	0.3	0.1	0.1	0.0	0.1	0.2	6.9
3.5	2.5	1.7	0.5	1.6	0.2	0.2	0.3	0.3	0.1	0.2	—	0.2	0.1	4.7
0.5	0.7	2.7	0.3	0.7	0.1	0.0	0.2	0.2	0.1	0.1	0.0	0.1	0.1	2.0
0.4	0.1	0.8	0.3	0.6	0.1	0.8	1.2	1.0	0.3	0.4	0.2	0.3	0.5	4.5
—	0.1	—	0.1	—	—	—	—	0.1	—	—	—	—	—	2.8
0.1	—	0.5	0.4	0.2	—	0.7	0.7	5.8	5.5	0.2	0.1	0.2	0.3	2.4
69.8	9.1	8.5	0.6	4.1	—	—	—	—	—	—	—	—	—	0.8
29.4	58.5	5.4	0.3	1.9	0.3	—	—	—	—	—	—	—	—	—
4.4	1.9	74.9	7.6	3.6	0.9	0.0	0.1	0.1	0.1	—	—	—	0.0	2.2
0.9	0.5	22.2	74.2	1.7	—	—	—	—	—	—	—	—	—	0.2
1.3	0.6	2.8	0.7	81.8	7.3	—	0.1	—	0.1	0.0	—	—	0.1	0.6
3.4	2.2	1.2	1.9	30.9	56.5	—	0.3	—	0.3	—	—	—	—	0.9
—	0.0	0.1	—	0.1	—	72.6	0.5	0.1	0.0	0.7	0.1	1.9	12.7	10.3
0.2	—	0.4	0.1	0.7	0.2	2.0	51.1	4.3	3.9	5.8	2.1	7.0	3.8	12.2
0.5	0.2	0.6	0.1	0.1	—	0.8	11.0	58.4	2.0	0.7	0.3	1.0	1.5	7.0
0.2	0.2	0.2	0.1	0.3	—	1.5	6.0	1.8	52.9	1.5	0.6	1.7	2.4	11.2
0.2	0.1	0.4	0.1	0.2	—	0.9	6.8	0.6	0.5	61.5	13.8	3.8	3.5	2.6
—	—	—	—	—	—	0.5	3.7	0.5	32.3	11.1	28.6	1.6	1.6	11.6
0.2	—	—	0.4	—	—	0.2	3.9	0.6	—	7.0	—	74.6	4.7	7.8
—	—	0.1	0.1	—	—	4.3	1.3	0.2	—	4.2	0.7	7.3	77.7	3.0

証するために，圏域を細かく保健所管轄区域にとって検討してみた。図7-3で示した概念図に，保健所管轄区域別の「自足率・依存率（表7-5）」（横軸）と「自給率・吸収率（表7-6）」（縦軸）をクロスさせてポイントを置いてみたものが図7-8である。

「筑後広域生活圏」は，「大牟田保健所」，「久留米保健所」，「三井保健所」，「浮羽保健所」，「八女保健所」，「黒木保健所」，「三潴保健所」，「山門保健所」の八つの保健所が管轄している圏域である。図7-8からわかる

246

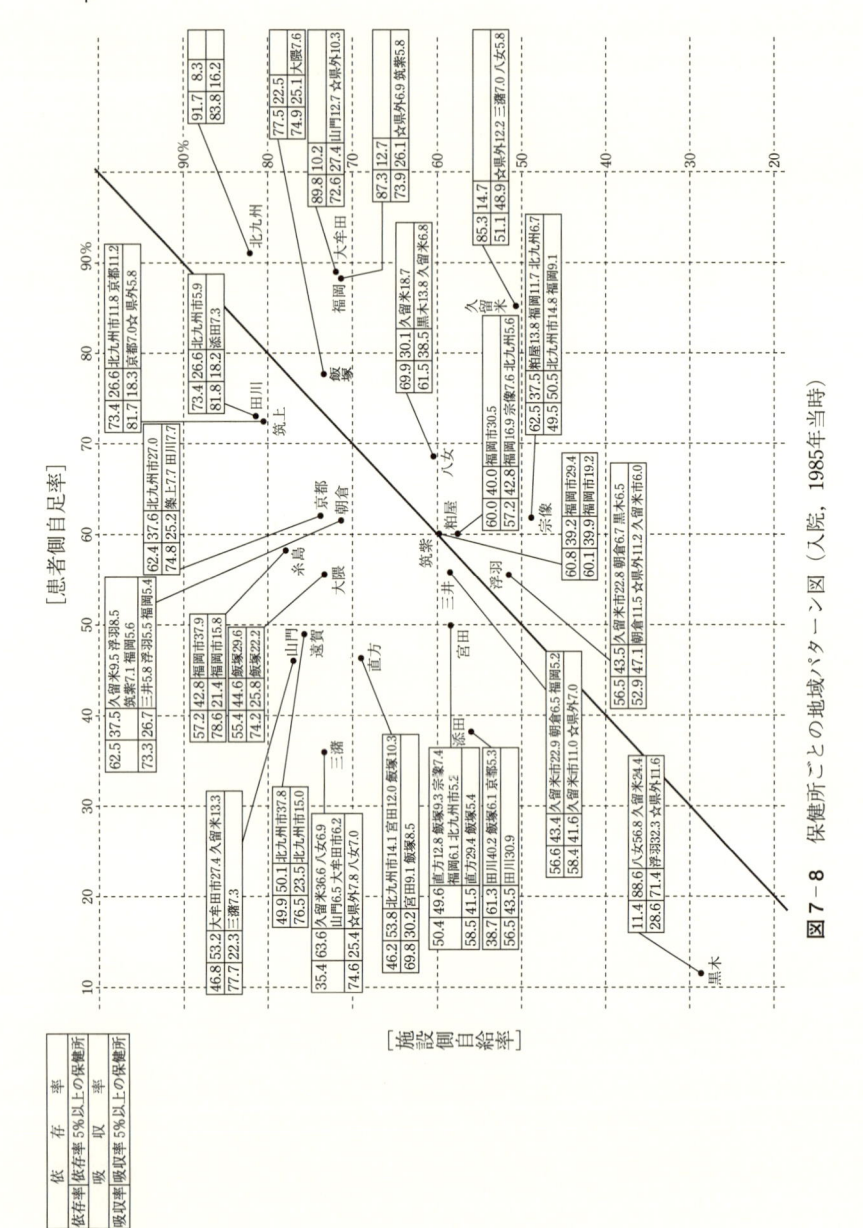

図 7-8 保健所ごとの地域パターン図（入院，1985年当時）

表7-1　80%をラインとした地域パターン類型（入院，1985年当時）

自地域完結型	北九州保健所区域（以下同じ）
患者吸収型	大牟田，福岡，久留米
他地域依存型	田川，築上
相互依存型	飯塚，八女，京都，朝倉，筑紫，粕屋，宗像，糸島，大隈，三井，浮羽，山門，遠賀，直方，宮田，三潴，添田，黒木

ことは，久留米保健所管轄区域が，典型的な「患者吸収型地区」（「自足率85.3%；依存率14.7%」と「自給率51.1%；吸収率48.9%」）として存在していることであり，その周辺の「三潴保健所」管轄区域，「山門保健所」管轄区域等は「他地域依存型地区」に近い「相互依存型地区」であるということである。たとえば，「三潴保健所管轄区域」は，「自足率」35.4%；「依存率」63.6%であり，「自給率」74.6%；「吸収率」25.4%となっているのである。要するに，広く四圏域を設定することによって得られた，「筑後広域生活圏の病床の不足という現象」は，「筑後広域生活圏にある久留米市に病床が集中しているという現実が，筑後広域生活圏の中での病床過疎という状態の中で見えなくなっていること」から生じたのである。

　表7-1は，「自足率」と「自給率」について，80%でラインを引いた場合に現れる「地域パターン類型」である。ラインを70%にとると，パターンが変わってくることは言うまでもない。

　圏域を広くとれば，他の区域の医療機関に依存したり，他の区域の患者を吸収していることが表面化しないことがあるとしても，圏域を細かくとることによって，それが表面化することになることを理解できたであろう。

● もっと考えてみたい人へ／テーマ

1　「老人保健福祉計画」や「介護保険事業」などの計画では，圏域はどのように設定されることになっているのであろうか。
2　病院などの医療施設でなく，社会施設でも同様に，入所者の移動についての作業はできるのだろうか。

3 同様の作業を国際的に行うとしたら，どのようなことに注意しなければならないのだろうか。「医療の需要の側がどの程度社会化しているのか」ということや，医療の供給体制が国ごとで相違していることは，どのように考慮されなければならないのであろうか。

●もっと考えてみたい人へ／文献
朝日俊弘著『地域医療計画批判』批評社，1988年。
久塚純一著「社会保障医療の確保と医療供給体制の今後」，[北九州大学法学会『法政論集』15巻，4号，1988年所収]。
福岡県地方自治研究所『「医療法」改正に伴う地域医療計画の策定について』1990年。

3 「地域医療計画」策定と病床数の推移
── くり返される患者の争奪戦

はたして，その後，病床数はどうなったのであろうか。「地域医療計画」の効果として，増床の規制はできたのであろうか。1985年から87年ごろにかけて，そして，その後，病床数はどのように推移したのであろうか。

1 各都道府県で二次医療圏はどのように設定されたか

表7-8にあるように，1987年2月20日に公示した神奈川県から，1989年3月31日に公示した富山県に至るまで，47都道府県で地域医療計画が出そろった。都道府県で設定された二次医療圏の数，二次医療圏内での過剰医療圏数，必要病床数，既存病床数は表7-8，表7-9の通りである。これらについて，いくつかの大雑把なパターン化を試みてみよう。まず指摘できることは，「二次医療圏数に占める病院病床過剰圏域数の割合」が低いものは，早い段階で策定・公示が完了している傾向があるということである。次に，「都道府県レベルで見た場合に病床が過剰となるもの」が，

7章 比較のための「圏域設定」　249

表 7-8　公示順にとらえ直した「地域医療計画」(病院一般病床数)

No.	都道府県	公示年月日	一般病床 (病院)				都道府県レベルでの病床過不足
			2次医療圏数	過剰医療圏数	必要病床数	既存病床数	
1	神奈川	昭62. 2.20	8	8	52,340	56,344	⊕
2	兵庫	62. 4. 1	10	2	48,919	47,496	⊖
3	鹿児島	62. 6. 1	12	1	24,537	20,805	⊖
4	新潟	62. 6.10	13	3	22,700	20,099	⊖
5	広島	62. 7.20	10	2	32,411	27,850	⊖
6	宮崎	62. 8.21	6	6	13,013	13,893	⊕
7	愛知	62. 8.31	8	4	46,968	56,179	⊕
8	熊本	62. 9. 1	10	2	24,798	24,804	⊕
9	岡山	62.10. 1	5	4	21,148	23,498	⊕
10	山口	62.10.27	9	5	18,357	20,690	⊕
11	徳島	62.11.20	3	0	12,136	11,495	⊖
12	石川	62.12. 1	4	2	14,867	16,737	⊕
13	長野	62.12. 3	10	3	18,692	17,334	⊖
14	島根	62.12.22	6	1	9,914	8,135	⊖
15	青森	62.12.24	6	4	13,684	14,634	⊕
16	山形	62.12.25	4	0	12,463	9,620	⊖
17	山梨	62.12.26	8	1	8,678	7,929	⊖
18	埼玉	63. 1.25	9	7	43,674	47,149	⊕
19	福島	63. 2. 1	7	4	20,932	23,509	⊕
20	大分	63. 2.23	10	0	14,921	13,373	⊖
21	岩手	63. 3. 1	9	2	14,777	15,126	⊕
22	秋田	63. 3.22	8	4	12,359	12,352	⊖
23	高知	63. 3.31	4	2	13,405	16,234	⊕
〃	長崎	63. 3.31	9	5	17,584	18,802	⊕
〃	福井	63. 3.31	4	1	9,988	9,230	⊖
26	北海道	63. 4. 1	21	5	77,476	76,175	⊖
〃	千葉	63. 4. 1	12	8	34,802	40,348	⊕
〃	滋賀	63. 4. 1	7	0	11,250	9,195	⊖
〃	愛媛	63. 4. 1	6	3	20,538	18,078	⊖
〃	佐賀	63. 4. 1	3	1	10,628	10,462	⊖
31	京都	63. 4. 8	6	1	27,144	29,850	⊕
32	奈良	63. 4.30	3	1	12,478	10,462	⊖
33	鳥取	63. 6. 1	3	0	6,934	5,659	⊖
34	群馬	63. 6.17	10	8	16,543	18,003	⊕
35	栃木	63. 6.20	5	3	15,075	15,680	⊕
〃	大阪	63. 6.20	4	4	71,751	98,681	⊕

表 7-8 （つづき）

No.	都道府県	公 示年月日	一 般 病 床（病院）				都道府県レベルでの病床過不足
			2次医療圏数	過剰医療圏数	必 要病床数	既 存病床数	
37	和歌山	63. 7. 1	6	1	11,819	11,969	⊕
38	静 岡	63. 7. 8	10	7	27,588	29,292	⊕
39	宮 城	63. 8. 3	5	1	19,476	18,394	⊖
40	茨 城	63.10.31	6	5	20,609	24,832	⊕
41	三 重	63.12.27	4	2	15,396	15,800	⊕
〃	福 岡	63.12.27	10	6	54,457	64,928	⊕
43	岐 阜	平 1. 1.17	5	3	16,139	17,004	⊕
44	沖 縄	1. 1.25	5	3	11,293	12,227	⊕
45	東 京	1. 2.25	13	6	104,819	105,409	⊕
〃	香 川	1. 2.25	5	0	14,460	12,837	⊖
47	富 山	1. 3.31	4	2	14,290	14,155	⊖

策定・公示が後期に集中している傾向があることも指摘できる。これらの2点から想像できることは，地域医療計画が病床規制を一つのねらいとしていたことから，計画を策定・公示するまでに長期間を要したもの（公示が後期のもの）ほど，その間に増床がなされたのでないか，ということである。ただし，これは，まだ，想像のレベルである。

想像したことを念頭において，さらに作業を進めよう。各都道府県における「二次医療圏数に占める病床過剰圏域数の比率」を5段階に区分してみよう（表7-10）。各都道府県における「二次医療圏数に占める病床過剰圏域数の比率」が0〜20％のものをA型，21〜40％のものをA－B型，41〜60％のものをB型，61〜80％のものをB－C型，最後に81〜100％のものをC型としてみよう。A型にあたるものは京都，和歌山等16あり，C型にあたるものは茨城等4である。表7-10のようにA型は，さらに二つに分類される。すなわち，病床過剰圏域数の比率が低いにもかかわらず，都道府県レベルでは病床過剰であるというものが京都府，和歌山県，熊本県の三つでみられる。これらの三つについては，府県レベルで見れば病院病床過剰とされながらも，「二次医療圏数に占める病床過剰圏域数の比率」

7章 比較のための「圏域設定」 251

表7-9 都道府県別必要病床数及び既存病床数の状況 (1987～89年当時)

No.	都道府県	公示年月日	2次医療圏数	過剰医療圏数	一般病床 必要病床数	一般病床 既存病床数		精神病床 必要病床数	精神病床 既存病床数		結核病床 必要病床数	結核病床 既存病床数
		昭										
1	北海道	63. 4. 1	21	5	77,476	76,179	過剰	20,683	21,055	過剰	1,860	2,460
2	青森	62.12.24	6	4	13,684	14,634	過剰	4,638	4,899	過剰	762	923
3	岩手	63. 3. 1	9	2	14,777	15,126	過剰	4,431	4,897	不足	783	748
4	宮城	63. 8. 3	5	1	19,476	18,394	不足	6,658	4,800	不足	1,085	782
5	秋田	63. 3.22	8	4	12,359	12,352	過剰	4,013	4,882	不足	689	486
6	山形	62.12.25	4	0	12,463	9,620	不足	3,832	3,008	不足	723	232
7	福島	63. 2. 1	7	4	20,932	23,509	過剰	6,549	8,813	不足	1,100	897
8	茨城	63.10.31	6	5	20,609	24,832	過剰	6,728	8,715	不足	1,079	811
9	栃木	63. 6.20	5	3	15,075	15,680	過剰	4,711	5,634	不足	813	706
10	群馬	63. 6.17	10	8	16,543	18,003	過剰	4,441	5,717	不足	765	516
11	埼玉	63. 1.25	9	7	43,674	47,149	不足	14,596	11,591	不足	1,532	1,261
12	千葉	63. 4. 1	12	8	34,802	40,348	不足	13,258	12,130	不足	1,962	1,059
		平										
13	東京	1. 2.25	13	6	104,819	105,409	不足	28,783	26,744	不足	4,849	3,261
14	神奈川	62. 2.20	8	8	52,340	56,344	不足	16,990	12,256	不足	2,450	1,110
15	新潟	62. 6.10	13	3	22,700	20,099	不足	5,908	7,401	不足	1,079	527
16	富山	1. 3.31	4	2	14,290	14,155	過剰	3,631	3,699	不足	677	575
17	石川	62.12. 1	4	2	14,867	16,737	過剰	3,599	4,109	不足	641	581
18	福井	63. 3.31	4	1	9,988	9,230	不足	2,618	2,096	過剰	470	546
19	山梨	62.12.26	8	1	8,678	7,929	不足	1,966	2,696	過剰	348	447
20	長野	62.12. 3	10	3	18,692	17,334	不足	5,137	6,102	不足	926	493
21	岐阜	1. 1.17	5	3	16,139	17,004	過剰	4,353	4,479	不足	1,024	723
22	静岡	63. 7. 8	10	7	27,588	29,292	不足	7,931	7,570	不足	1,665	781
23	愛知	62. 8.31	8	4	46,968	56,179	不足	14,300	13,487	不足	2,808	2,284
24	三重	63.12.27	4	2	15,396	15,800	過剰	3,861	5,376	不足	970	899
25	滋賀	63. 4. 1	7	0	11,250	9,195	不足	2,437	2,190	不足	810	481
26	京都	63. 4. 8	6	1	27,144	29,850	過剰	6,377	7,029	不足	1,751	1,407
27	大阪	63. 6.20	4	4	71,751	98,681	過剰	20,957	22,115	不足	5,270	3,505
28	兵庫	62. 4. 1	10	8	48,919	47,496	不足	12,126	11,199	不足	3,621	2,298
29	奈良	63. 4.30	3	0	12,478	10,462	不足	3,206	2,644	不足	862	355
30	和歌山	63. 7. 1	6	1	11,819	11,969	過剰	2,582	2,999	不足	801	751
31	鳥取	63. 6. 1	3	0	6,934	5,659	不足	2,014	1,984	不足	367	200
32	島根	62.12.22	6	1	9,914	8,135	不足	2,719	2,510	不足	497	313
33	岡山	62.10. 1	5	4	21,148	23,498	不足	6,150	5,744	不足	1,101	934
34	広島	62. 7.20	10	2	32,411	27,850	不足	9,167	8,761	不足	1,562	1,343
35	山口	62.10.27	9	5	18,357	20,690	過剰	5,509	6,426	不足	1,000	763
36	徳島	62.11.20	3	0	12,136	11,495	過剰	3,836	4,740	過剰	545	684

表7-9 (つづき)

No.	都道府県	公示年月日	一般病床 2次医療圏数	一般病床 過剰医療圏数	一般病床 必要病床数	一般病床 既存病床数	精神病床	精神病床 必要病床数	精神病床 既存病床数	結核病床	結核病床 必要病床数	結核病床 既存病床数
37	香川	1. 2.25	5	0	14,460	12,837	不足	4,450	4,345	不足	800	545
38	愛媛	63. 4. 1	6	3	20,538	18,078	不足	6,272	5,020	不足	1,126	706
39	高知	63. 3.31	4	2	13,405	16,234	過剰	3,700	4,212	過剰	661	697
40	福岡	63.12.27	10	6	54,457	64,928	不足	22,315	21,549	不足	3,546	2,654
41	佐賀	63. 4. 1	3	1	10,628	10,462	過剰	4,431	4,481	不足	748	525
42	長崎	63. 3.31	9	5	17,584	18,802	過剰	7,414	8,551	不足	1,308	790
43	熊本	62. 9. 1	10	2	24,798	24,804	過剰	8,801	9,154	不足	1,617	1,013
44	大分	63. 2.23	10	0	14,921	13,373	不足	5,880	4,751	不足	1,048	893
45	宮崎	62. 8.21	6	6	13,013	13,893	過剰	5,550	6,348	不足	931	752
46	鹿児島	62. 6. 1	12	1	24,537	20,805	過剰	8,566	10,104	不足	1,653	982
47	沖縄	1. 1.25	5	3	11,293	12,227	過剰	4,897	5,544	不足	745	234
合計			345	142	1,158,230	1,212,757	過剰 27	352,971	354,556	過剰 6	63,430	45,933

(注) 既存病床数は各都道府県での「地域医療計画」によるものであるから,時期的には統一されていない。

が0〜20%であることから,病院病床の過密な圏域と過疎の圏域があることを想像させる。三つについて具体的に見たものが**表7-11,表7-12,表7-13**である。これらを見ると,府県内の病院病床が偏在していることが目につくことから,a. 二次医療圏内での病床不足圏の数と,b. 都道府県レベルでの病院病床の過不足という単純なクロスが無意味でないことがわかる。

そこで,次のことについて考えをめぐらせることとなる。すなわち,a. 都道府県レベルで病院病床が過剰であったり不足であったりすることと,b. 病院病床の増床のあり方,との相関関係についてである。言い換えれば,「病院病床が過剰であると判断されるにもかかわらず,増床を続けているものはないか(あるはずである)」,「病院病床が不足していると判断されるにもかかわらず,増床が見られないものはないか(あるはずである)」ということが検討されなければならない。これらは,日本の社会保障医療のありようと関係している。簡単に言えば,需要の側の国民皆保険

表7-10 病院病床過剰圏域割合によるパターン

[A型 (16)、C型 (4)]

型	都道府県レベルでの過剰 or 不足	都道府県	公示年月日(昭和及び平成)	2次医療圏数	過剰医療圏数	%	必要病床数	既存病床数	過剰(+) or 不足(-)病床数
A型	過剰	京都	63. 4. 8	6	1	17	27,144	29,850	+2,706
		和歌山	63. 7. 1	6	1	17	11,819	11,969	+150
		熊本	62. 9. 1	10	2	20	24,798	24,804	+6
	不足	宮城	63. 8. 3	5	1	20	19,476	18,394	-1,082
		山形	62.12.25	4	0	0	12,463	9,620	-2,843
		山梨	62.12.26	8	1	12.5	8,678	7,929	-749
		滋賀	63. 4. 1	7	0	0	11,250	9,195	-2,055
		兵庫	62. 4. 1	10	2	20	48,919	47,496	-1,423
		奈良	63. 4.30	3	0	0	12,478	10,462	-2,016
		鳥取	63. 6. 1	3	0	0	6,934	5,659	-1,275
		島根	62.12.22	6	1	17	9,914	8,135	-779
		広島	62. 7.20	10	2	20	32,411	27,850	-4,561
		徳島	62.11.20	3	0	0	12,136	11,495	-641
		香川	1. 2.25	5	0	0	14,460	12,837	-1,623
		大分	63. 2.23	10	0	0	14,921	13,373	-1,548
		鹿児島	62. 6. 1	12	1	8	24,537	20,805	-3,732
C型	過剰	茨城	63.10.31	6	5	83	20,609	24,832	+4,223
		神奈川	62. 2.20	8	8	100	52,340	56,344	+4,004
		大阪	63. 6.20	4	4	100	71,751	98,681	+26,930
		宮崎	62. 8.21	6	6	100	13,013	13,893	+880

体制と自由開業医制・出来高払い制という供給体制との存在がそれにあたる。

2 病院病床の過剰・不足都道府県と増床との関係

考えることを全体的構造の中に位置づけることを目的として，少し，背景についても述べておこう。地域医療計画のねらいの一つとして，病床規制があったことから，都道府県での医療計画公示前に生じたことは，駆け込み開業，駆け込み増床であった（**表7-14**）。その後，「……医療計画の作成については，計画作成の見直し等を早急に行ない，任意的記載事項に係る部分の作成に日時を要すると見込まれる場合には，当面の措置として，

表7-10 (つづき)

[A-B型(7), B型(15), B-C型(6)]

型	都道府県レベルでの過剰or不足	都道府県	公示年月日	2次医療圏数	過剰医療圏数	%	必要病床数	既存病床数	過剰(+)or不足(-)病床数
A-B型	過剰	岩手	63. 3. 1	9	2	22	14,777	15,126	+349
	不足	北海道	63. 4. 1	21	5	24	77,476	76,175	-1,301
		新潟	62. 6.10	13	3	23	22,700	20,099	-2,601
		福井	63. 3.31	4	1	25	9,988	9,230	-758
		長野	62.12. 3	10	3	30	18,692	17,334	-1,358
		佐賀	63. 4. 1	3	1	33	10,628	10,462	-166
B型	過剰	福島	63. 2. 1	7	4	57	20,932	23,509	+2,577
		栃木	63. 6.20	5	3	60	15,075	15,680	+605
		東京	1. 2.25	13	6	46	104,819	105,409	+590
		石川	62.12. 1	4	2	50	14,867	16,737	+1,870
		岐阜	1. 1.17	5	3	60	16,139	17,004	+865
		愛知	62. 8.31	8	4	50	46,968	56,179	+9,211
		三重	63.12.27	4	2	50	15,396	15,800	+404
		山口	62.10.27	9	5	56	18,357	20,690	+2,333
		高知	63. 3.31	4	2	50	13,405	16,234	+2,829
		福岡	63.12.27	10	6	60	54,457	64,928	+10,471
		長崎	63. 3.31	9	5	56	17,584	18,802	+1,218
		沖縄	1. 1.25	5	3	60	11,293	12,227	+934
	不足	秋田	63. 3.22	8	4	50	12,359	12,352	-7
		富山	1. 3.31	4	2	50	14,290	14,155	-135
		愛媛	63. 4. 1	6	3	50	20,538	18,078	-2,460
B-C型	過剰	青森	62.12.24	6	4	67	13,684	14,634	+950
		群馬	63. 6.17	10	8	80	16,543	18,003	+1,460
		埼玉	63. 1.25	9	7	78	43,674	47,149	+3,475
		千葉	63. 4. 1	12	8	67	34,802	40,348	+5,546
		静岡	63. 7. 8	10	7	70	27,588	29,292	+1,704
		岡山	62.10. 1	5	4	80	21,148	23,498	+2,350

当該部分を後日追加補充（計画の変更）する等により一日も早く医療計画が作成されるようにされたい」（総第23号，健政第37号，指17号，昭62. 6. 26，厚生省健康政策局総務課長，計画課長，指導課長から各都道府県衛生主管部（局）長あて）という通知が出されるに及んで，地域医療計画の性格はいっそう明らかなものとなった。

7章 比較のための「圏域設定」

表7-11 京都府医療計画

A 一般病床に関する既存病床数と必要病床数の比較（88.4.現在）

二次医療圏	既存病床数(1)	必要病床数(2)	比較(1)−(2)
丹後（1市10町）	809	1,184	△375
中丹（3市3町）	2,259	2,749	△490
中部（1市8町）	979	1,209	△230
京都・乙訓（3市1町）	22,178	18,052	4,126
南山城（3市4町）	3,395	3,442	△47
相楽（6市1村）	230	508	△278
計	29,850	27,144	2,706

B 精神病床および結核病床（全府域）

	既存病床数(1)	必要病床数(2)	比較(1)−(2)
精神病床	7,029	6,377	652
結核病床	1,407	1,751	△34

表7-12 和歌山県地域保健医療計画

A 一般病床に関する既存病床数と必要病床数の比較（88.4.現在）

二次医療圏	既存病床数(1)	必要病床数(2)	比較(1)−(2)
和歌山（2市9町）＊	7,527	6,768	759
橋本（1市4町1村）	707	825	△118
有田（1市5町）	636	722	△86
御坊（1市5町2村）	737	872	△135
田辺（1市6町3村）	1,186	1,316	△130
新宮（1市7町1村）	1,176	1,316	△140
計	11,969	11,819	150

＊ うち那賀サブ圏域6町。

B 精神病床および結核病床（全県域）

	既存病床数(1)	必要病床数(2)	比較(1)−(2)
精神病床	2,999	2,582	417
結核病床	751	801	△50

表 7-13 熊本県保健医療計画

A 一般病床に関する既存病床数と必要病床数の比較（87.9.1.現在）

二次保健医療圏	既存病床数(1)	必要病床数(2)	比較(1)−(2)
熊本（1市1郡+1村2町）	12,885	10,779	1,506
宇城（1市2郡）	1,675	1,606	69
有明（2市1郡）	1,557	1,955	△398
鹿本・菊池（2市2郡）	2,872	2,911	△39
阿蘇（1郡）	590	742	△152
上益城（1郡+1町）	357	413	△56
八代（1市1郡）	1,446	1,933	△487
芦北（1市1郡）	836	1,053	△217
球磨（1市1郡）	1,247	1,323	△76
天草（2市1郡）	1,939	2,083	△144
計	24,804	24,798	6

B 精神病床および結核病床（全県域）

	既存病床数(1)	必要病床数(2)	比較(1)−(2)
精神病床	9,154	8,801	353
結核病床	1,013	1,617	△604

　1989年3月に47番目の地域医療計画を策定・告示したのは富山県であった。ここまでに，「医療法」の改正時から3年以上を要したこととなる。地域医療計画が出そろう時期の前と後とで病院病床数はどのようになったのであろうか。この様子を，具体的には，1986年4月から1988年8月までの期間で検討してみよう。

　もちろん，すべての都道府県で増床がなされたが，増床の具合いを前述のA型からC型までのパターンと重ねてみてみよう。A型からC型までのパターンに増床数の多い順位を付けてみたのが**表7-15**である。ぼんやりとだが，何かが見えてきたような気がする。ここから推論できることは「増床の多寡ということが，病院病床過剰・不足と関連している」ということである。増床数の多いものの上から10位までをみると，公示段階で病床不足と判断されたものは，わずかに兵庫県と北海道の二つだけで，残りは，公示の段階で病床過剰と判断されたものである。増床の実数について

7章 比較のための「圏域設定」

表7-14 病院病床申請, 許可状況 (一般, 精神, 結核等)

(1988.9.13現在)

1. 申請病床数

	1月	2月	3月	4月	5月	6月	7月	8月	9月	10月	11月	12月	合計
1985年	2,937	3,556	5,529	4,836	3,440	4,087	3,385	3,927	3,318	3,975	3,792	4,370	47,152
1986年	3,548	4,286	7,394	6,507	5,561	7,869	6,093	5,228	6,578	5,738	3,696	6,225	68,723
1985年1986年同月比	1.21	1.21	1.34	1.35	1.62	1.93	1.80	1.33	1.98	1.44	0.97	1.42	1.46
1987年	5,697	6,065	11,955	3,556	4,476	3,732	5,516	5,756	7,062	5,092	6,432	9,633	74,972
1985年1987年同月比	1.94	1.71	2.16	0.74	1.30	0.91	1.63	1.47	2.13	1.28	1.70	2.20	1.59

2. 開設許可病床数

	1月	2月	3月	4月	5月	6月	7月	8月	9月	10月	11月	12月	合計
1985年	2,489	3,351	5,424	3,891	4,433	4,328	3,640	3,720	3,584	4,156	3,710	4,513	47,239
1986年	2,792	2,747	7,930	6,356	6,897	6,101	5,272	5,579	6,387	5,272	4,617	5,666	65,616
1985年1986年同月比	1.12	0.82	1.46	1.63	1.56	1.41	1.45	1.50	1.78	1.27	1.24	1.26	1.39
1987年	5,761	5,446	10,667	3,481	4,821	3,508	4,575	5,729	5,388	6,240	5,739	8,655	70,010
1985年1987年同月比	2.31	1.63	1.97	0.89	1.09	0.81	1.26	1.54	1.50	1.50	1.55	1.92	1.48

3. 使用許可病床数

	1月	2月	3月	4月	5月	6月	7月	8月	9月	10月	11月	12月	合計
1985年	3,039	3,223	4,295	5,367	4,633	3,047	4,656	3,013	2,843	3,875	3,881	4,036	45,908
1986年	2,168	2,225	7,742	7,256	4,168	5,247	4,805	3,376	3,391	5,416	3,893	5,685	55,372
1985年1986年同月比	0.71	0.69	1.80	1.35	0.90	1.72	1.03	1.12	1.19	1.40	1.00	1.41	1.21
1987年	2,675	2,676	7,116	6,938	8,253	4,896	5,373	4,544	5,483	6,214	5,085	7,140	66,393
1985年1987年同月比	0.88	0.83	1.66	1.29	1.78	1.61	1.15	1.51	1.93	1.60	1.31	1.77	1.45
1988年	3,096	4,394	9,693										
1985年1988年同月比	1.02	1.36	2.26										

(資料) 申請病床数, 開設許可病床数については都道府県報告。使用許可病床数については医療施設動態調査(速報)による。

表7-15 病院病床の増加 (1986.4～1988.8) パターン別

型	都道府県レベルでの過剰or不足	都道府県	病院 (1986年8月分月末病床数)-(1988年4月分月末病床数)	増加順位
A-B型	過剰	岩手	676	34
	不足	北海道	12,632	1
		新潟	1,248	23
		福井	304	41
		長野	468	39
		佐賀	969	28
B型	過剰	福島	1,457	20
		栃木	994	26
		東京	3,108	11
		石川	1,188	24
		岐阜	983	27
		愛知	3,574	9
		三重	1,020	25
		山口	2,285	15
		高知	396	40
		福岡	9,641	3
		長崎	2,082	16
		沖縄	2,808	12
	不足	秋田	535	36
		富山	917	33
		愛媛	557	3

も，数の多い増床は病院病床が過剰な府県で行われている。

そこで，圏域内での病院病床の増加数と病床の過不足の関係について検討することが求められることになる。都道府県レベルにおいて，病院病床の増加数(1986年4月～1988年8月)の多いもの上位10位と下位10位を縦軸にとり，医療計画公示時における病院病床の過剰・不足の10を横軸にとったものが図7-9である。ここでは，扱った都道府県が上位，下位それぞれ10であることと，病院病床の増加と過剰・不足を実数で扱っていることをことわっておこう。図7-9でⅠ型＝病床過剰であるにもかかわらず，

表7-15 (つづき)

型	都道府県レベルでの過剰 or 不足	都道府県	病院 (1986年8月分月末病床数)－(1988年4月分月末病床数)	増加順位
A型	過剰	京都	3,685	8
		和歌山	491	38
		熊本	1,922	17
	不足	宮城	961	30
		山形	245	43
		山梨	196	45
		滋賀	292	42
		兵庫	5,075	6
		奈良	963	29
		鳥取	－36	47
		島根	518	37
		広島	2,788	13
		徳島	1,363	22
		香川	5	46
		大分	925	32
		鹿児島	2,629	14
C型	過剰	茨城	1,781	18
		神奈川	5,993	4
		大阪	10,467	2
		宮崎	945	31

(注) 厚生省『医療施設動態調査月報』より作成。

増床数が多い府県＝が目につくことは明らかである。実際，このⅠ型では，病床不足圏域での不足数を大きく超える形で，過剰圏が存在しているのである。例として，千葉県（**表7-16**）と埼玉県（**表7-17**）の数字をあげておこう。逆に，**図7-9**にみるⅤ型（山形県，滋賀県，香川県）は，病床不足であるにもかかわらず，増床数が少ないものである。ここでは，全県域での病床不足数が県内での二次医療圏での病床不足数と一致する＝すべての二次医療圏が病床不足圏である＝ほどに増床についての魅力がない県であることを想像させる。例として，山形県（**表7-18**）と滋賀県（**表7-**

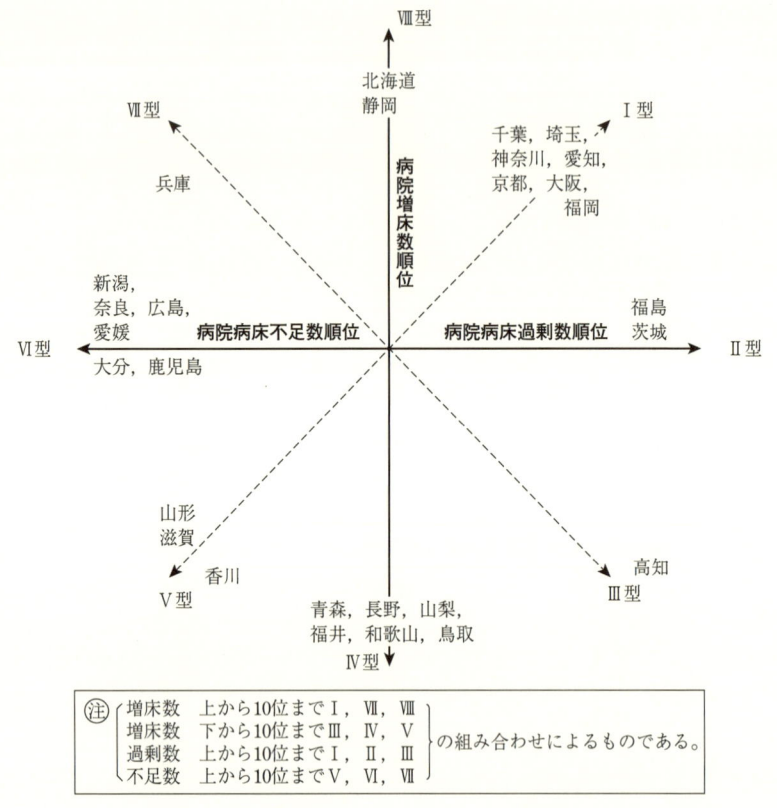

```
                    ↑ Ⅷ型
                    │
                 北海道
                 静岡
  Ⅶ型           病
    ↖          院           千葉, 埼玉,  ↗ Ⅰ型
      ↖        増           神奈川, 愛知,
        兵庫    床           京都, 大阪,
          ↖    数           福岡
            ↖  順
   新潟,       位
   奈良, 広島,                        福島
   愛媛                               茨城
──────────────────┼──────────────────→ Ⅱ型
 Ⅵ型   大分, 鹿児島  病院病床不足数順位 │ 病院病床過剰数順位
                    │
                    │                      ↘
                    │                        ↘
                 山形                          ↘ 高知
                 滋賀                            Ⅲ型
                    ↘ 香川
                   Ⅴ型
                     青森, 長野, 山梨,
                     福井, 和歌山, 鳥取
                            Ⅳ型
```

注 ┌ 増床数 上から10位までⅠ, Ⅶ, Ⅷ ┐
　 │ 増床数 下から10位までⅢ, Ⅳ, Ⅴ │ の組み合わせによるものである。
　 │ 過剰数 上から10位までⅠ, Ⅱ, Ⅲ │
　 └ 不足数 上から10位までⅤ, Ⅵ, Ⅶ ┘

図7-9　病院増床・過不足都道府県（ただし上・下位10都道府県のみを使用）

19）の数字をあげておこう。

3　開設・廃止（動態）と増床

　今まで検討してきたことを，病院の開設・廃止という動態との関係でとらえ，増床のありようについて考えてみよう。具体的には，「地域医療計画」が現実に動き出す直前（1986年以前），年間での各都道府県の動態を基礎に，その結果としての増床のありようを検討してみよう。ここまでは，いわば，結果としての増床について検討してきたが，さらに求められ

表7-16 千葉県保健医療計画〔Ⅰ型〕

A 一般病床に関する既存病床数と必要病床数の比較 (87.4.現在)

二次保健医療圏	既存病床数(1)	必要病床数(2)	比較(1)−(2)
東葛北部（5市2町）	7,469	6,221	1,248
東葛南部（6市）	9,003	7,905	1,098
千葉（1市）	7,083	5,961	1,127
印旛（3市6町2村）	4,856	3,218	1,638
香取（1市9町）	884	1,321	△437
海匝（3市4町）	1,783	1,854	△71
山武（1市7町1村）	1,108	1,259	△151
長生（1市5町1村）	824	1,105	△281
夷隅（1市5町）	900	751	149
安房（2市8町1村）	2,414	1,706	708
君津（3市1町）	2,366	2,122	244
市原（1市）	1,658	1,379	279
計	40,348	34,802	5,546

B 精神病床および結核病床（全県域）

	既存病床数(1)	必要病床数(2)	比較(1)−(2)
精神病床	12,130	13,258	△1,128
結核病床	1,059	1,962	△90

るものは，a. 廃止された施設を遙かに超える開設が，結果として増床をもたらしたり，b. 施設の開設や廃止の数が少なく，結果的に，増床をもたらさなかったりすることについての検討である。

1984年10月から1986年9月までの2年間に病院病床数が850床以上増加し，かつ，500床以上廃止された都道府県＝患者争奪戦が繰り広げられた都道府県＝をあげてみよう。**表7-20**をみると，a. 北海道，b. 宮城県，c. 福島県，d. 茨城県，e. 千葉県，f. 東京都，g. 神奈川県，h. 静岡県，i. 大阪府，j. 兵庫県，k. 岡山県，l. 長崎県，m. 熊本県，n. 鹿児島県，o. 沖縄県が，患者争奪戦を展開してきたものとして想像される。他方，開設においても廃止においても動きがない安定・沈静しているものは，a. 秋田県，b. 福井県，c. 山梨県，d. 岐阜県，e. 滋賀県，f. 鳥取県，g.

表7-17 埼玉県地域保健医療計画〔Ⅰ型〕

A 一般病床に関する既存病床数と必要病床数の比較（87.11.現在）

二次保健医療圏	既存病床数(1)	必要病床数(2)	比較(1)-(2)
東部（7市3町）	7,908	7,763	145
中央（11市2町1村）	12,633	12,240	393
西部第一（10市2町）	13,832	11,246	2,586
西部第二（2市5町1村）	3,375	3,457	△82
比企（1市5町3村）	1,606	1,511	95
秩父（1市5町3村）	543	738	△195
児玉（1市4町1村）	1,095	1,016	79
大里（2市6町1村）	2,903	2,761	142
利根（5市9町1村）	3,254	2,942	312
計	47,149	43,674	3,475

B 精神病床および結核病床（全県域）

	既存病床数(1)	必要病床数(2)	比較(1)-(2)
精神病床	11,591	14,596	△3,005
結核病床	1,261	1,532	△27

表7-18 山形県保健医療計画〔Ⅴ型〕

A 一般病床に関する既存病床数と必要病床数の比較（87.9.30現在）

二次保健医療圏	既存病床数(1)	必要病床数(2)	比較(1)-(2)
村山（7市7町）	4,889	6,010	△1,121
最上（1市4町3村）	850	924	△74
置賜（3市5町）	1,998	2,326	△328
庄内（2市11町1村）	1,883	3,203	△1,320
計	9,620	12,463	△2,843

B 精神病床および結核病床（全県域）

	既存病床数(1)	必要病床数(2)	比較(1)-(2)
精神病床	3,008	3,832	△824
結核病床	232	723	△49

表 7-19 滋賀県保健医療計画〔V型〕

A 一般病床に関する既存病床数と必要病床数の比較（87.12.現在）

二次保健医療圏	既存病床数(1)	必要病床数(2)	比較(1)-(2)
大津（1市1町）	2,899	2,947	△48
湖南（2市3町）	1,751	2,147	△396
甲賀（7町）	659	992	△333
中部（2市7町）	1,113	1,582	△469
湖東（1市7町）	1,333	1,670	△337
湖北（1市12町）	1,045	1,442	△397
湖西（5町1村）	395	470	△75
計	9,195	11,250	△2,055

B 精神病床および結核病床（全県域）

	既存病床数(1)	必要病床数(2)	比較(1)-(2)
精神病床	2,190	2,437	△247
結核病床	481	810	△32

山口県，h．大分県である。

　前述した「病院病床の過不足と増床の順位」と「動態としての増床のありよう」をクロスさせて考えると，以下のような結論を得ることができよう。

　〈都道府県単位でとらえた場合，日本の病院病床の増加は，開設・廃止の数が多いところで著しく見られ，それは，「医療法」の予定する「必要病床」を超えたからといってとどまるものではなく，むしろ，過剰な地区は，さらに過剰となる傾向を示している。逆に，開設・廃止が不活発な地区は，病床が不足している地区である。〉

図 7-20 病院数・病院病床数，開設－廃止・病床の規模，都道府県－11大都市別

	総数								20～49床								50～99床							
	開設				廃止				開設				廃止				開設				廃止			
	S59.10～60.9		S60.10～61.9		S59.10～60.9		S60.10～61.9		S59～60		S60～61		S59～60		S60～61		S59～60		S60～61		S59～60		S60～61	
	①	②	①	②	①	②	①	②	①	②	①	②	①	②	①	②	①	②	①	②	①	②	①	②
全国	190	15,360	216	18,651	157	8,846	131	8,857	73	2,801	92	3,356	107	3,233	85	2,521	67	4,393	65	4,217	33	2,091	24	1,605
北海道	11	813	27	2,258	9	516	7	405	2	70	9	368	4	158	5	157	6	400	12	860	5	358	1	50
青森	3	163	1	36	3	137	2	120	1	35	1	36	2	87	1	30	2	128	—	—	1	50	1	90
岩手	1	31	1	90	1	52	1	30	1	31	—	—	—	—	1	30	—	—	1	90	1	52	—	—
宮城	4	546	5	517	6	556	—	—	—	—	2	84	2	64	—	—	1	57	1	60	1	80	—	—
秋田	—	—	—	—	2	133	—	—	—	—	—	—	1	36	—	—	—	—	—	—	1	97	—	—
山形	2	300	2	210	1	150	—	—	—	—	—	—	—	—	—	—	—	—	1	60	—	—	—	—
福島	2	140	5	752	3	120	3	421	—	—	2	56	2	65	1	32	2	140	1	56	1	55	1	60
茨城	5	397	5	559	3	83	6	460	1	39	—	—	3	83	4	129	3	218	2	129	—	—	—	—
栃木	2	146	3	431	6	198	4	276	—	—	1	48	6	198	3	93	2	146	—	—	—	—	—	—
群馬	5	270	3	206	2	101	1	47	4	151	1	48	—	—	1	47	—	—	2	158	2	101	—	—
埼玉	15	1,065	5	158	3	116	3	95	6	239	5	158	2	64	2	44	7	426	—	—	1	52	1	51
千葉	10	963	7	1,046	12	384	6	151	3	115	—	—	10	282	6	151	3	228	2	156	2	102	—	—
東京	7	487	8	831	13	634	8	328	3	113	3	111	8	219	6	178	2	117	3	179	4	265	2	150
神奈川	3	258	9	1,500	6	292	4	464	2	76	1	34	5	148	—	—	—	—	2	151	—	—	3	221
新潟	1	321	1	244	—	—	2	333	—	—	—	—	—	—	—	—	2	121	—	—	—	—	—	—
富山	4	248	3	165	1	37	5	164	1	36	2	76	1	37	4	109	2	100	1	89	—	—	1	55
石川	3	153	2	105	9	310	5	211	2	85	1	35	7	195	4	152	1	68	1	70	2	115	1	59
福井	2	68	—	—	3	99	—	—	2	68	—	—	3	99	—	—	—	—	—	—	—	—	—	—
山梨	—	—	2	84	—	—	—	—	—	—	2	84	—	—	—	—	—	—	—	—	—	—	—	—
長野	2	186	1	200	6	246	4	216	1	36	—	—	4	113	3	71	—	—	—	—	2	133	—	—
岐阜	—	—	2	119	—	—	4	196	—	—	1	41	—	—	3	118	—	—	1	78	—	—	1	78
静岡	6	440	10	1,252	2	180	3	345	2	74	1	40	—	—	—	—	2	124	2	104	1	50	1	53
愛知	6	494	7	420	9	336	5	124	2	85	5	138	7	213	5	124	3	156	—	—	2	120	—	—
三重	2	148	4	204	—	—	1	60	1	44	1	30	—	—	—	—	—	—	3	174	—	—	1	60
滋賀	2	151	—	—	1	80	—	—	—	—	—	—	—	—	—	—	2	151	—	—	1	80	—	—
京都	1	23	3	186	5	194	2	80	1	23	1	26	4	91	1	20	—	—	1	50	—	—	1	60
大阪	15	1,136	13	1,319	4	147	2	365	5	217	5	217	3	86	1	46	7	485	3	170	1	61	—	—
兵庫	9	606	8	941	3	209	7	1,111	2	72	3	108	2	50	4	114	6	392	3	202	—	—	1	97
奈良	6	150	2	75	—	—	2	70	—	—	1	25	—	—	1	20	—	—	1	50	—	—	1	50
和歌山	2	370	2	90	1	293	—	—	—	—	1	40	—	—	—	—	1	58	1	50	—	—	—	—
鳥取	—	—	—	—	—	—	—	—	—	—	—	—	—	—	—	—	—	—	—	—	—	—	—	—
島根	2	62	3	322	—	—	1	20	2	62	—	—	—	—	1	20	—	—	1	64	—	—	—	—
岡山	2	500	2	364	6	594	4	369	1	40	1	44	4	83	3	91	—	—	—	—	1	51	—	—
広島	6	209	8	441	8	339	6	432	6	209	3	96	7	216	3	78	—	—	4	245	—	—	1	83
山口	—	—	5	205	—	—	—	—	—	—	4	153	—	—	—	—	—	—	1	52	—	—	—	—
徳島	7	383	3	110	3	366	1	23	4	163	3	110	2	57	1	23	2	100	—	—	—	—	—	—
香川	6	556	4	273	2	141	4	346	1	48	2	76	—	—	1	36	3	191	1	57	2	141	1	57
愛媛	1	35	9	410	3	256	3	84	1	35	6	208	1	24	3	84	—	—	3	202	1	51	—	—
高知	2	173	4	170	—	—	2	50	1	30	2	70	—	—	2	50	—	—	2	100	—	—	—	—
福岡	7	489	13	648	1	44	8	281	3	108	10	358	1	44	7	205	3	156	1	65	—	—	1	76
佐賀	2	189	1	28	2	56	—	—	—	—	1	28	2	56	—	—	2	189	—	—	—	—	—	—
長崎	3	521	5	435	4	413	2	230	—	—	2	75	2	64	—	—	1	95	1	90	1	74	1	80
熊本	6	609	7	298	4	333	4	209	1	40	4	141	3	100	1	34	—	—	3	157	—	—	3	175
大分	2	93	—	—	1	30	2	98	2	93	—	—	—	—	1	30	—	—	—	—	—	—	—	—
宮崎	3	244	2	105	2	67	2	54	2	94	—	—	2	67	2	54	—	—	2	105	—	—	—	—
鹿児島	6	430	6	422	6	212	5	351	3	106	4	162	6	212	4	151	1	67	1	60	—	—	—	—
沖縄	7	794	3	422	2	422	1	306	4	164	1	32	1	22	—	—	1	80	1	84	—	—	—	—
(再掲)																								
東京都の区部	7	487	5	368	12	589	8	328	3	113	2	67	7	174	6	178	2	117	2	104	4	265	2	150
札幌市	7	586	11	1,161	—	—	1	46	1	39	2	84	—	—	1	46	3	204	5	367	—	—	—	—
横浜市	2	231	5	553	3	198	1	62	1	49	1	34	2	54	—	—	—	—	1	96	—	—	1	62
川崎市	—	—	2	385	—	—	1	243	—	—	—	—	—	—	—	—	—	—	—	—	—	—	—	—
名古屋市	2	302	2	155	5	197	—	—	1	49	1	23	3	74	—	—	—	—	—	—	2	123	—	—
京都市	1	23	2	160	4	164	2	80	1	23	—	—	3	61	1	20	—	—	1	50	—	—	1	60
大阪市	4	261	3	271	1	26	—	—	2	95	2	91	1	26	—	—	2	166	—	—	—	—	—	—
神戸市	2	128	4	745	—	—	3	511	—	—	—	—	—	—	1	42	2	128	2	114	—	—	1	97
広島市	3	102	3	162	2	62	1	62	3	102	1	31	—	—	2	62	1	20	—	—	—	—	—	—
北九州市	1	18	2	83	—	—	1	20	1	18	2	83	—	—	1	20	—	—	—	—	—	—	—	—
福岡市	—	—	2	62	—	—	—	—	—	—	2	62	—	—	—	—	—	—	—	—	—	—	—	—

7章　比較のための「圏域設定」

（1984年10月～1986年9月）　　　①施設数，②病床数

100～299床								300～499床								500床以上			
開設				廃止				開設				廃止				開設			
S59~60		S60~61		S59~60		S60~61		S59~60		S60~61		S59~60		S60~61		S59~60		S60~61	
①	②	①	②	①	②	①	②	①	②	①	②	①	②	①	②	①	②	①	②
46	6,678	51	7,995	14	2,353	17	2,877	4	1,488	6	2,046	3	1,169	5	1,854	−	−	2	1,037
3	343	6	1,030	−	−	1	198	−	−	−	−	−	−	−	−	−	−	−	−
−	−	−	−	−	−	−	−	−	−	−	−	−	−	−	−	−	−	−	−
3	489	2	373	3	412	−	−	−	−	−	−	−	−	−	−	−	−	−	−
2	300	1	150	1	150	−	−	−	−	−	−	−	−	−	−	−	−	−	−
−	−	1	110	−	−	−	−	−	−	−	−	−	−	1	329	−	−	−	530
1	140	3	430	−	−	2	331	−	−	−	−	−	−	−	−	−	−	−	−
−	−	2	383	−	−	1	183	−	−	−	−	−	−	−	−	−	−	−	−
1	119	−	−	−	−	−	−	−	−	−	−	−	−	−	−	−	−	−	−
2	400	−	−	−	−	−	−	−	−	−	−	−	−	−	−	−	−	−	−
4	620	4	575	−	−	−	−	−	−	1	315	−	−	−	−	−	−	−	−
2	257	1	197	1	150	−	−	−	−	1	344	−	−	−	−	−	−	−	−
1	182	5	808	1	144	1	243	−	−	−	−	−	−	−	−	−	−	−	507
2	200	1	244	−	−	2	333	−	−	−	−	−	−	−	−	−	−	−	−
1	112	−	−	−	−	−	−	−	−	−	−	−	−	−	−	−	−	−	−
−	−	−	−	−	−	−	−	−	−	−	−	−	−	−	−	−	−	−	−
−	−	−	−	−	−	−	−	−	−	−	−	−	−	−	−	−	−	−	−
1	150	1	200	−	−	1	145	−	−	−	−	−	−	−	−	−	−	−	−
2	242	7	1,108	1	130	2	292	−	−	−	−	−	−	−	−	−	−	−	−
1	253	2	282	−	−	−	−	−	−	−	−	−	−	−	−	−	−	−	−
1	104	−	−	−	−	−	−	−	−	−	−	−	−	−	−	−	−	−	−
−	−	−	−	−	−	−	−	−	−	−	−	−	−	−	−	−	−	−	−
−	−	1	110	1	103	−	−	−	−	−	−	−	−	−	−	−	−	−	−
3	434	4	573	−	−	−	−	−	−	1	359	−	−	1	319	−	−	−	−
1	142	1	229	1	159	−	−	−	−	1	402	−	−	2	900	−	−	−	−
1	150	−	−	−	−	−	−	−	−	−	−	−	−	−	−	−	−	−	−
−	−	−	−	1	293	−	−	1	312	−	−	−	−	−	−	−	−	−	−
−	−	−	−	−	−	−	−	−	−	−	−	−	−	−	−	−	−	−	−
−	−	2	258	−	−	−	−	−	−	−	−	−	−	−	−	−	−	−	−
−	−	−	−	−	−	1	278	1	460	1	320	1	460	−	−	−	−	−	−
−	−	1	100	1	123	2	271	−	−	−	−	−	−	−	−	−	−	−	−
1	120	−	−	−	−	−	−	−	−	1	309	−	−	−	−	−	−	−	−
2	317	1	140	−	−	2	253	−	−	−	−	−	−	−	−	−	−	−	−
−	−	−	−	1	181	−	−	−	−	−	−	−	−	−	−	−	−	−	−
1	143	−	−	−	−	−	−	−	−	−	−	−	−	−	−	−	−	−	−
1	225	2	225	−	−	−	−	−	−	−	−	−	−	−	−	−	−	−	−
1	120	2	270	1	275	1	150	1	306	−	−	−	−	−	−	−	−	−	−
4	569	−	−	1	233	−	−	−	−	−	−	−	−	−	−	−	−	−	−
1	150	−	−	−	−	−	−	−	−	−	−	−	−	−	−	−	−	−	−
2	257	1	200	−	−	1	200	−	−	−	−	−	−	−	−	−	−	−	−
1	140	−	−	−	−	−	−	1	410	1	306	1	400	1	306	−	−	−	−
2	257	1	197	1	150	−	−	−	−	−	−	−	−	−	−	−	−	−	−
3	343	4	710	−	−	−	−	−	−	−	−	−	−	−	−	−	−	−	−
1	182	3	423	1	144	−	−	−	−	−	−	−	−	−	−	−	−	−	−
−	−	2	385	−	−	1	243	−	−	−	−	−	−	−	−	−	−	−	−
1	253	1	132	−	−	−	−	−	−	−	−	−	−	−	−	−	−	−	−
−	−	1	110	1	103	−	−	−	−	−	−	−	−	−	−	−	−	−	−
−	−	1	180	−	−	−	−	−	−	−	−	−	−	−	−	−	−	−	−
−	−	1	229	−	−	−	−	−	−	1	402	−	−	1	402	−	−	−	−
−	−	1	100	−	−	−	−	−	−	−	−	−	−	−	−	−	−	−	−
−	−	−	−	−	−	−	−	−	−	−	−	−	−	−	−	−	−	−	−

（資料）厚生省大臣官房統計情報部編『医療施設調査（動態調査）病院報告』（1985年，86年）より作成。

●もっと考えてみたい人へ／テーマ ─────────────

1　診療報酬体系が変化しつつある今日，病院病床の増減はどのような傾向を示しているのだろうか。新しいデータで作業を試みてみよう。
2　第一次の「地域医療計画」の策定の後を，どのような効果があったのかという点からフォローしてみよう。いったいどのようなことが生じたのかがみえてくるだろう。
3　ここでは省略したが，病院病床の増加の要因を細かくみると，日本の特殊事情がはっきりとみえてくる。何でもよいので，自分なりにつかまえてみよう。

●もっと考えてみたい人へ／文献 ─────────────

久塚純一著「出揃った地域医療計画──患者争奪戦か，適正配置か，規制か」[北九州大学法学会『法政論集』17巻，2号，1989年所収]。
厚生省老人保健福祉局老人福祉計画課・老人保健課監修『老人保健福祉計画作成ハンドブック』長寿社会開発センター，1993年。
厚生省大臣官房統計情報部保健社会統計課保健統計室監修『日本の患者と医療施設』厚生統計協会，1995年。
厚生省健康政策局計画課監修『平成6・7年度地域保健推進特別事業事例集』中央法規出版，1997年。
厚生省大臣官房統計情報部保健社会統計課保健統計室監修『地域医療基礎統計』（各年版）厚生統計協会。
久塚純一著「「医療制度改革」にみる医療供給体制の確保」[地方自治総合研究所『自治総研』通巻335号]，2006年。

8章 福祉の国際比較と「ケース」検討
——「実態」のとらえ方と「再構成」の手法

　「Aという国では甲のような人はXXXのように扱われる」が,「日本では甲のような人はYYYのように扱われる」と表現されることがある。このような表現の背景にあるものは,「Aという国における甲のような人の扱い方」と「日本における甲のような人の扱い方」を比較しようとする意図である。ここで注意してほしいのは,同一の「甲のような人」という表現を用いていることについてである。その「……というような人」の部分のあてはめられるものは,実は,A国と日本のそれぞれにおける,「さまざまな経歴をもった貧困な人」であったり,「さまざまな障害者」であったりすることになる。しかし,第三項をかけるような操作を介在させて,共通の「甲のような人」として扱うことになっているのである。国際比較のためにはそのような作業が常についてまわる。福祉の現場でなされている「ケース」検討という作業は,実はこのようなものである。

1　生ものを把握し記録する技術
——どのように記録されるか

　比較を試みようとするならば,それが制度についてのものであれ,人についてのものであれ,私たちは,比較になじむであろう複数のものを捉えようと試みなければならない。捉えようと試みるために観察を行うことになるのだが,いずれにしても,「対象物を対象物のままで」捉えることは困難であるから,「対象物を観察する側の言葉」で

捉えることとなる。このようなことは，比較福祉というテーマの関係でいうなら数多くの検討すべき課題を提供してくれる。

1 観察者の位置と被観察者の位置

　福祉に関連して，「比較の対象」について考えるとするならば，「福祉の制度」や「サービスを受ける主体」が視野に入ってくることになる。そのうちでも，「サービスを受ける主体」についての比較に関しては，困難な問題が横たわっている。それは，どのようにして「サービスを必要としている者」を「本人以外の外側から，把握すること」になっているのか，ということに関係している。これは，福祉についての制度を比較する場合においても同様である。なぜなら，制度の国際比較には，比較を試みる者が，比較の対象となる諸国の制度を，比較を成り立たしめるために，「比較を試みる者の言葉」に置き換えるという作業を介在させているからである。

　「サービスを受ける主体」についての比較の構造に戻ろう。ここにあるのは，「精神的・身体的障害を持っているとされる人」は，「そうではないとされる人が使用しているような，一般的な意味を持ってしまわざるをえない言語を使用して，いったい，自己のことをそのままの形で，表現できることとなっているのであろうか」という困難な課題である。もちろん，逆の関係があることも忘れてはならない。すなわち，「精神的・身体的障害を持っていないとされる人」は，「精神的・身体的障害を持っているとされる人が使用しているような，一般的な意味を持っているようには感じられない言語のままで，精神的・身体的障害を持っていないとされる人の意図していることを表現できることとなっているのであろうか」ということがそれにあたる。このような関係は，ニーズ把握，ケース検討等の場で常に生じていることである。

　このことは，「女性という性に属する人とされるひと」は，「女性という性に属さない人とされるひと，一般的には，男性という性に属する人とされているひとが多用し，したがって，われわれが気がつかないうちに一般

的な意味を持つことになってしまうこととなることが多い言語を使用して，もしくは，意図的に使用せずに，いったい，自己のことをそのままの形で，表現できることとなっているのであろうか（エクリチュール・フェミニン）」という課題も提供することになるし，さらには，「ちっちゃな人とされるひと」は「ちっちゃな人とされないひと，一般には，市民，大人，理性的な判断ができる人とされるひとが使用し，したがって，市民社会的普遍性を持ってしまうこととなることが多い言語を使用して，もしくは，使用せずに，いったい，自己のことを表現できることとなっているのであろうか」というような重要なテーマも提供してくれる。

2 「あっち」と「こっち」

いったい，「あっち」のことを，「あっち」の言葉をつかわずに，しかし，「あっち」の意味していることに近い形で表現することなど可能なのであろうか。

このようなテーマは，制度を比較する際にも基本となる重要なものである。Logememt-foyer と MAPAD（Maisons d'accueil pour personnes âgées dépendants）を例にとってみよう。

これらはともに，フランスにおける高齢者のための社会的施設である。日本語に翻訳しづらいので，それぞれ，ロジェマン・フォワイエ，MAPAD とされてしまうこともある。もう少し普通名詞化するとしたら，Logememt-foyer は，「原則として，65歳以上の者が入所する施設である。約40年ほど前から増加し続けているもので，ある程度の自立した生活が可能な高齢者に，適切な住居を確保する目的をもっているものとして位置づけられている。典型的なものは，独立した住空間，共同の空間，そして集団的サービスのための空間をもった施設である」となるだろう。また，MAPAD は，「この施設は，かつての老人ホームとロジュマン・フォワイエの中間的なものとして位置づけられている。障害や行動上の悩みを有する高齢者に対応するもので，80年代に増加している。治療セクションを併

用するものもあるが，医療施設ではなく，長期入院施設と区別しにくいという批判もある」となるだろう。決して十分な概念化とはいえないが，わずか二つの社会的施設についての概念化でも重労働である。入所している高齢者の数を比較しようと考えて，これらの社会的施設を日本における高齢者のための社会的施設と比較しようとするならば，日本の何と比較すればよいのだろうか。日本には，これらの概念にあてはまるものないのだが，それにもかかわらず，私たちは，日本とフランスの高齢者施設を比べて発言をくりかえしている。

　この章で考えてみようとしていることとの関係では，フランスのそれらが日本の具体的な「何」に当てはめられることになるか，という結論自体は大した問題ではない。ここで重要なことは，「フランスの何か」と「日本の何か」を比較するとしたら生じるであろう事柄について理解しておくことである。

　保健や福祉の現場に関して言えば，「ケース」記録や，「ケース」研究ということがこれに関係するものとして存在することになる。なぜなら，「ケース」には，選択，記録，検討などのあらゆる段階で，「本人を抜きにした本人についての記述」がもっともらしく行われるという質的なものが備わっているからである。その「ケース」とは，通常，検討の対象であったり，記録されたりするものであったりするが，いったい，「ケース」とはどのような形で存在することとなっているのであろうか。そもそも，実態＝生ものを「それ」として記録する試みは可能なのであろうか。

3　「ナマ」の記録について

　199X年Y月に，T地区で母子の餓死事件があった。
　ここでは，一般に言われている「生活保護」や「役所の対応」というようなことについては言及しない。ただ，餓死した本人たちの中で生じていることを考えてみることの重要性を考えるにとどめておこう。ここで資料として使用したものは情報公開制度によって入手できた「Aさんのつづ

った膨大なノート」のごく一部である。ノートの記述は3月11日で終わっている。

　読者がここでみるものは，私たちがよくみる字体で紹介したものであって，Aさんのつづったノートのままの状態ではない。本人の中で生じていることについて考えてみることの重要性を考えると，Aさんのつづったノートのままの状態で掲載することも考えられるが，そうすることがもっているその他の意味を考慮して，ここでは，私たちがよくみる字体で紹介することとした。

　3／10（日）はれ，ひえる，(11.7度)
　3／10（日）今日までで，私共の食事は，終わりと思っていたところ，子供が，明日から，お茶丈では苦しいからとて，毎日（うすせんぺい）を，三枚食べているのに，一枚明日のに残すと言って，食べないで，残したが，私は，毎日一枚のせんぺい丈を，朝と後からとの二回に分けて食べているので，明日に，残すものがない，子供は，毎日，ひもじいのを，じっと（ガマン）して不足も言わないし，気げんも悪くしてないので，大変，助かるが，今後のことが，不安である。
　3／10（日）朝，一寸顔そりした。
　3／10（日）かえって，私はこのころの，（ひもじさ）は，苦しくて，苦しくて，以前は，少し，しか食べなくても，どうもなかったのが，このころの，（ひもじさ）は，本当にひどくて困る，後，きれいに，なくなったら，気が狂うのではないかと，思う程，私は，毎日，毎日が，何でのよい（食べたい）（食べたい）と，言う気持ちで，何時も，頭から，食べ物の事が，離れなくて困る，なぜ，こんなに，なったのだろうか，20才の頃は，3年間，ほとんど，私は，食事はしなかったが，ぜんぜん，どうもなかったのに。
　3／11（月）はれ，ひえる，
　3／11（月）とう，とう，今朝までで，私共は，食事が終わった。明日

からは，何一つ，口にする物がない，少し丈，お茶の残りがあるが，ただお茶丈を毎日，のみつづけられるだろうか，子供も，私も，この頃は，まね方の量のお菓子を，毎日食べている丈で，子供も，私も，身体が，きつくて苦しい，私は，その上，（頭痛）（熱）で，苦しいのを，ガマンしてるが，第一起きる事ができるだろうか，もう長い間，昨年1／17（火），からの病気が，直らない上に，次，次と，病気，病気が，その都度，新しく起こって，私は，（ふらつき）が，どうしても，取れない，夜，フトンに，休んでからは，一寸横を向いても，（ふらつく）ので苦しい，これは，もう一年以上だから，取れなくて，困っているが，どうしようもない，私は，今朝，夢の中で（歯が，全部ぬけた夢）を見ているが，これは身内に，死人がある知らせと，聞いているので，子供が，先に，死ぬのではないかと，心配である。一緒に，死なせて頂きたい，後に残った者が，不幸だから。

● もっと考えてみたい人へ／テーマ
1　辞書，事典，図鑑等は，「あっち」と「こっち」をつなぐ役割を果たす。目の前にある「植物」と「植物図鑑」を見比べて，「目の前のコレ」は「ユウガオ」だという具合に，アイデンティファイさせるのである。その場合，たいてい，花びらの形なり，葉っぱの形についての特徴をみることになる。「それらの特徴があること」が「ソレであること」を示すことになるとはどういうことなのであろうか。
2　「このような特徴を持っているものをA」とするという態度と，「Aにはこのような特徴がある」という態度との関係はどうなっているのであろうか。
3　制度の比較を可能にするものは，各国における生（なま）の制度の概念化である。しかし，それだけでは不十分である。用心しなければならないことは，その他にどのようなことがあるであろうか。

● もっと考えてみたい人へ／文献
ミッシェル・フーコー著／神谷美恵子訳『精神疾患と心理学』みすず書房，1970年。

三浦つとむ著『こころとことば』季節社，1977年。
イバン・イリイチ他著／尾崎浩訳『専門家時代の幻想』新評論，1984年。
立川健二，山田広昭共著『現代言語論』新曜社，1990年。
三浦文夫，柄澤昭秀共編『痴呆症を介護する』朝日新聞社，1994年。
日本社会臨床学会編『他者への眼ざし「異文化」と「臨床」』社会評論社，1995年。
サイモン・バロン＝コーエン著／長野敬，長畑正道・今野義孝共訳『自閉症とマインド・ブラインドネス』青土社，1997年。
服部雄一著『多重人格者の真実』講談社，1998年。
マリナ・ヤゲーロ著／青柳悦子訳『言葉の国のアリス』夏目書房，1997年。
ブルデュー他著／安田尚訳『教師と学生のコミュニケーション』藤原書店，1999年。
大津由紀雄著『ことばに魅せられて　対話論』ひつじ書房，2008年。
川越修，鈴木晃仁編著『分別される生命』法政大学出版局，2008年。
ホミ・K・バーバ著／磯前順一，ダニエル・ガニモア訳『ナラティブの権利』みすず書房，2009年。

2　いわゆる「ケース」検討について
──専門（家）的試みとは……

　保健や福祉の専門（家）的営みは，「眼前にある人」について，できるかぎり，「眼前にある人」のままの状態に近い表現をしようと試みているのであろうか。あるいは，保健や福祉の特別な技術を使用することによって，「眼前にある人」を表現しようと試みているのであろうか。

1　「ケース」検討について
　まずは，高齢者に関しての，一般的な「ケース記録」において「使用される項目」の例を見ることから始めよう。ここでは，白澤政和『ケースマネージメント事例集』（中央法規出版，1983年）を使用してみよう。

［使用される項目］の例①
  1．ケース援助の概要
  2．プロフィール——氏名・性別・年齢
    a．身体的機能・精神的機能
    b．既往症・健康状態
    c．生活状況（家族構成図）
  3．援助の経過
    a．援助の始まり（日付入り経緯）
    b．生活上の問題点
    c．ケアパッケージの設定
    d．その後の経過（日付入り経緯）
  4．考察
　次にあげるのは、「ケース」を紹介し、ノウハウを伝えるための文献にみられる「使用される項目」の例である。ここでは、三浦文夫・柄澤昭秀共編『痴呆症を介護する』（朝日新聞社、1994年）を使用してみよう。
［使用される項目］の例②
  1．性・年齢
  2．家族構成
  3．生活歴
  4．本人および家族の状況
  5．家族の希望
  6．現状の評価と問題点
  7．解説
　ここで重要なことは、（例）としてとりあげたこれらについて、これはうまい方法であるだとか、へたな方法であるだとかの評価を下すことではない。重要なことは、「ケース記録」にしろ、「ノウハウ」にしろ、それらにはお決まりのパターンが存在しているということに気づくことである。とりあげた（例）をみれば、いくつかの共通点があることは明らかである。

さらに，このことは，一般的な「ケース記録票」というものが存在しているという事実自体から，さらには，「ケース検討」という行為自体が教育・訓練として存在しているという事実からも言いうることである。

たとえ，私たちが，このようなことに気づくことがなかったとしても，そのようなことについて，以下のように明快に解説している文献もある。その一部を紹介しておこう。

「……本書にはさらに，もう一つ特徴がある。統一されたフォーム（形）を全事例に適用することに意を注いだことである。一般にケース報告は，各領域で統一されたフォームもなくバラバラ，場合によっては，とりとめもなく記載されており，それがケースの理解を不十分にしたり，誤解したりする一因ともなっている。本書はそれを避けるため，①ケース内容を適切な短い言葉で表現した「表題」をつけ，②何が本当に問題なのかを「どんな問題が起こったか」に詳述し，③理解に必要なケースの背景を「プロフィール」に正確に記し，④問題発生に至る「これまでの経緯」を述べている。そして，⑤「問題の理解」において，内容の考察をより深め，⑥ケースがどのようになれば，"成功"であるかの基準となる「問題解決のための目標と方法」を明示し，⑦実際に行われた「ケアの取り組み」を経時的に詳述し，⑧それらの取り組みによってどれほどの「目標の達成」ができたかを問い，⑨報告者が「まとめ」ることを約束事とした。そして，最後に，⑩それぞれの領域の専門家に「コメント」を求め，評価に"奥行き"と"広がり"をもたせている。……」（井上勝也監修，佐藤眞一・米山淑子共編『不安／訴え／心気症状』事例集・高齢者のケア④，中央法規出版，1996年，3ページより）。

なすべき行為についてのこのような定式化は，「ケース記録」に限定されるものではない。定式化された思考は，専門家の「ケース検討」の場面にも蔓延しているといってよい。ただし，すべてのものが同じスタイルかと言えば，これまで紹介したものと違うスタイルのものもみることができる。先に紹介した文献の表現からすれば，以下の例はうまいやり方ではな

いようになるのかもしれない。

L．（ホームヘルパー）　ホームヘルパーをしております。ちょっと，分からないことがあるのですが。日常生活のところで，「食事」のところに1と書いてあるのはなんでしょうか？

N．（保健婦）　Aさんということで書いたので，Aさん自身が作って食べることをしておらずに，ただ，できたものを食べているだけだということです。私のなかでは，食事というものは，作って，食べて，片づけるということ全体に重点をおいていますから。この記録用紙の様式が十分ではなかったのでこうなっていますが。

H．（福祉関係の先生）　これは重要なポイントでしょうね。記録の様式が生活の実際を記録するには定式化しているということでしょうね。「生ものの人間」を決められた様式で記録に残すのは難しいですよね。

L．（ホームハルパー）　お風呂の半介助というのは，どなたが介助しているのでしょうか？

N．（保健婦）　団地のお風呂なので，自宅ではまったくお風呂に入れません。デイサービスで，週に1回入っているものをこのように書いております。

L．（ホームヘルパー）　妻はどうでしょうか？

N．（保健婦）　妻は自分で体を拭く程度です。

L．（ホームハルパー）　ということは，誰もお風呂に入っていないということでしょうか？

N．（保健婦）　はい。

（中略）

H．（福祉関係の先生）　中身に入りましょうか。さきほど，「お風呂に入らなくても死なない」というような，自己決定というようなことがあったのですが，ホームヘルパーさんは，やっぱり，お風呂に入っていないと気になるものですか？　以前，この研究会で「川でお風呂に入っているお爺さん」の話を聞いたのですが。

8章　福祉の国際比較と「ケース」検討

C．(ホームハルパー)　その話は，前にしましたね。「池に行けばいいから」ということでした。「戦争にいって何年も入ってないけど死んどらん」って，ですね。私たちは，そういうことではなくて，……

「在宅介護研究会(福岡県地方自治研究所)『介護研通信　と・と・と』第4号，6-7ページより)。

今一度「ケース」とは何であろうか，ということから考え直してみよう。

ここで再び問題としてとりあげることは，さまざまな分野の専門家が，学際的に一つの対象を捉えて「正しく」捉えたと考えてしまうことについてである。そのありようには二つのルートがある。一つは，さまざまな捉え方のうちから，より正しいと考えられる捉え方を模索するというものである。もう一つは，さまざまな捉え方をできるだけ生かして再構成するというものである。

とりわけ，現場における専門的知識のヒエラルヒーは，前者を要請することが多い。このことについて，もう少し考えてみよう。ここでとりあげるのは，「この本」でずいぶん以前にとりあげた(例)である。教室で多くの人が，一つの机を描いているとしよう。そこに集まって，一つの対象としての机を描くという作業をしている人々の描いたもの＝作品＝が，すべて同じ形のものであったとしたらどうだろう。少なくとも，そのことは，二つのことを意味していることになる。一つ目にいえることは，「対象としての机はこのようなものだ」ということを意味しているということである。もう一ついえることは，対象としての机を描いている人々が，すべて同じ場所＝視点＝から机をながめて描いているということである。後者はとりわけ重要である。なぜなら，対象を描こうとして集合している人々が，「対象の実態を表現する方法が一つしかない」と考えており，しかも，「その方法が対象をもっとも的確に表現している」と考えていることになるからである。

重要なことは，「絵画や文章，そして「ケース」記録や論文として表現されたものは，確かに，対象物を描いているのではあるが，それにとどま

Word & Music by John Lennon and Paul McCartney Copyright © 1969 Sony/ATV Music Publishing LLC. All rights administered by Sony/ATV Music Publishing LLC, 8 Music Square West, Nashville, TN 37203. All Rights Reserved. Used by Permission.
The rights for Japan licensed to Sony Music Publishing (Japan) Inc.
JASRAC 出1106101-101
（出所）『Complete The Beatles』シンコー・ミュージック，1989年及び『バンド・スコア　ザ・ビートルズ1967年〜1970年』シンコー・ミュージック，1999年。

図8-1　Get Back

らずに，描いた人の視点をも描くことになっている」ということを知っておくことである。

　図8-1を見ていただきたい。タブ譜を見ただけで音が頭の中に出てくる人もいるだろう。これは，The Beatlesの"Get Back"のイントロの部分である。そう聞いた瞬間に，ポピュラー音楽が好きな人なら，「ズッチャーッ，ズッチャーッ，ズッチャーッ，ズッチャーッ，／ズッチャーッ，ズッチャーッ，ズッチャーッ，ズッチャーッ，／ズッチャーッ，ズッチャーッ，ズッチャーッ，ズッチャーッ，／ズッチャーッ，ズッチャーッ，ジャーン，ジャーン」というメロディーが頭に浮かんだかもしれない。あるいは，ビルの屋上でビートルズが歌っていた映画のシーンを想い出した人もあるだろう。音楽，とくに，ビートルズが好きな人がいたら「ベースギ

ター」のパートのみを思い浮かべたり，「ドラム」の部分のみを思い浮かべたりした人もあるかもしれない。The Beatles の "Get Back" を聴くとしても，ある人は，メインの（？）メロディーで追っかけているかもしれないし，また，他の人は，ドラムのリズムで追っかけているかもしれない。全体を楽譜で再現すると「ボーカル」「ピアノ」「第一ギター」「第二ギター」「ベースギター」「ドラム」のパートが組み合わされて図 8-1 のようになる。「第一ギター」「第二ギター」については，通常の「五線譜」上に記された音符とともに，ギターの第何弦のどのフレットの部分を押さえるのかということが「TAB 譜」でも提示されている。「ドラム」については，「タータタ」というリズムで，右手と左手を組み合わせて「スネアドラム」をたたいたり，「バスドラム」をどのようなリズムでたたく（踏む）かということが，「リズム譜」で提示されている。

　重要なことは，「一つの総体として存在しているようなものについて，特定の部分だけを捕まえて全体を表現しているように感じたりすることがある」，ということに気づくことである。そして，私たちが，全体を最も良く表している部分というものをつくり出すことさえしている，ということに気づくことである。比較をする場合，このことを意識しておくことは大変重要なことである。

2　ある医師の試み

　「ある医師」が試みている例をあげよう。彼は九州大学医学部神経精神医学教室の講師である（紹介する本が1997年に出版された当時）。彼の関心は以下のような点に現れている。

　「……本論でも詳述されるように，そのような精神医学的事象とは「眼前に他者が在る」といったわれわれの具体的な経験のことである。それ以外の事象は，その生ける具体性においてわれわれ精神科医には何も与えられてはいない。「病気の現象学」や「心の現象学」などは本来，学問的には存立しえない現象学なのである。というのも，病気や心とい

ったものは，具体的に眼前で経験しえず，かつ反省的にも直観されることがありえない自然科学的かつ心理学的な概念的構築物でしかないからである。われわれは，病気を「そこ」で見ることができず，また心も「そこ」で見ることはできない。それらは，ただ思念的に構築され，また心理学的に想像されるだけなのである。われわれ精神科医が生き生きと経験できる事象は，「眼前に在る他者」だけである。われわれは，「そこ」に在る他者に向かってのみ，われわれ自身の体験と思惟を正当に記述することが学問的に許されている。……」（松尾正『存在と他者』金剛出版，1997年，10ページ）。

その彼が「記録を超える透明な無」（第Ⅰ部）として，「分裂する他者・ノケオの記録」（第一章）・「記録を超えるものの記述」（第二章）で，ノケオについて試みている。第一章は「透明な無の暴露と隠蔽」，「陳述と自閉」とから構成されているが，以下に引用したものは，前者の一部分である。

「今，病棟で他の人々が雑談しているのを見て，やはり自分に関係することがいわれているような……そんな不安な感じはありませんか？」
「……エエ……マァ……かすかに，でも，……あまりありません。」
　そんな話題になると，ノケオの笑顔は，急に不自然に凍りつくように硬く，凝固してしまった。やはり内的体験の無理な体験化とその陳述を促されると，ノケオは非常に不自然さと困難さを露呈するようであった。そもそも，表現不可能なものは，その表現不可能性において表現することすら，まったく不可能なことであるから。
　私は，急いで，話題の可能性が消え去らないうちに，もとの日常的な次元へと押し戻さねばならなかった。
「しかし，今日のあなたはとても良い……楽そうな印象を与えますよ。」
「ええ，そうですか。……そうですね。」
「昨日は，カラオケもお上手でしたよ。」

「アア……ハッハッハッ,お聞きになっていらっしゃいましたか……アッ,アノォ……昔から落ち着きのない感じなのですが……ウロウロするのは,やはり薬のせいですか?」
「足や体がムズムズして,じっと座っておれない感じはありませんか?」
「いえ,それはありません。」
「じゃ,特に心配はいりませんよ。時間がたてば自然と落ちつきますので。」
「ハイ,わかりました。」
　かなりの長い時間,面と向かって対応していても,少なくとも私自身の中には特別な緊迫感は生じなかった。おそらく,ノケオ自身でも,そうなのだろう。(『存在と他者』同前,68-69ページより)

　松尾氏の試みについては,余分なコメントは不要であろう。なぜなら,松尾氏の「コメントすることを避ける試み」について,記号化するコメントをなすことは,試みを土台から崩壊させることになるからである。

3　「知的障害者の言語」についての研究の試み

　「発達」と「コミュニケーション」というキーを使って研究がなされている例をあげよう。ここで紹介する研究は,「近年,一般児童に関する言語発達研究は長足の進歩を遂げたが,そのおかげで,知的障害者の言語過程に関する我々の理解も大きく塗り替えられることになった。読者は,本書によって,その激動の様をうかがい知ることができるであろう。例えば,その一つに,"コミュニケーション"という斬新な考え方がある。知的障害者の言語の問題は,従来,認知や脳の気質的障害と結びつけられることが多かったが,現在,"コミュニケーション"という新しい枠組みによって捉え直されつつある。そして我々は,認知および社会的発達における言語の役割を,以前にもましてより鮮明に描き出すことができるようになったのである」というコンセプトのもとになされているものである(M. ベ

ヴェリッジ，G. コンティ・ラムズデン，I. リュダー共編／今野和夫・清水貞夫監訳『知的障害者の言語とコミュニケーション』学苑社，1994年，上巻，まえがき1ページ）。以下で下巻に記述されたものの一部を紹介しておこう。

　一例をあげれば，筆者が初めてドナルドを訪ねたとき，彼は，自分と妻がアパートから追い出しを受けたことについてまくしたてた。その理由を尋ねてみると，彼の返事は次のようなものであった。

　えーと，理由はいくつかあって，やつらは煙でくすぶり出さないんだ。アパートの建物のどこもなんだ。やつらは，ドアは新品だと言うんだ。1階か2階のやつが，別のドアをバタンと閉める，と言うんだ。

　ドナルドは，最初の出だしではまともであるが，続けて追い出しを受けた理由について述べるというよりは，また別の二つの話を始めてしまったのである。後で判明したことだが，その一つは，追い出しを受けるにいたった事件についてであった。
　彼ら夫婦がトラブルを起こして騒々しいということで，隣人が苦情を言いに夜間にアパートに乗りこんできた。その際，ドナルドの言い分によれば，その隣人が彼の部屋のドアを壊してしまったのである。
　ところで，上の返事の中で，最初ドナルドは，ドアの件ではなく，追い出しに対抗すべく，家主に，煙でゴキブリを退治してもらおうとしたが断られたことについて語っているのである。
　ドナルドの話を理解するのはとても大変である。それは，彼が，話をはっきりさせるために質問しても，ちゃんと答えてくれないからである。例えば，追い出しを受けている理由がわからないので，筆者が「なぜ，追い出しを受けているの？」と聞いても，彼の答えは次の通りである。

うるさいと言うんだ。そう……そう……まず，10時から10時までなんだ。ここは会社みたいなんだ。それで，俺は，きのう，弁護士に会いに行ったんだ。それについて，ずっと，やつらは，ずっと喧嘩をふっかけてくるんだ。

　ドナルドの言っていることを理解するためには，彼の苦情，説明，苛立ちなどを最後まですべて聞いてしまってから，話の断片をつなぎあわせていくしか方法はない。それはまるで，ピースが全部揃っていないジグゾーパズルを完成させるようなものである。(『知的障害者の言語とコミュニケーション』同前，下巻，130-131ページ)

　この「下巻」に見られる研究は，以下のような理由から私たちの関心を引くかもしれない。それは，「そのような人々」について，「会話や行動を分析し，一定の傾向があるとする方法に依存している」ということである。そして，このことについては，「研究の対象とされる多くの人々」がどのようにして選出されたかということが，さらなる課題となるであろう。欠落しているのは，結果のように語られている「会話や行動について一定の特徴を示す人々」について，私たちが，なぜ，いかに気づくことになっているのかということについての根元的アプローチである。

●もっと考えてみたい人へ／テーマ
1　「あるテーマ」についての論じ方が，約束されたように，同一のものとなっていることはないだろうか。もし，そういうことがあるとしたら，それは，「そのテーマとはそのようなものである」ということを示している場合もあるし，「みんなが同じところからそのテーマを見ている」ということを示していることにもなる。
2　「比較」をする際にどの部分を切り取って比較するのか，ということも同じような構造になっている。
3　今一度，「ケース」とは何だろう。

●もっと考えてみたい人へ／文献

藤田博史著『精神病の構造——シニフィアンの精神病理学』青土社，1990年。
ジャック・ラカン著／藤田博史訳『テレヴィジオン』青土社，1992年。
ジル・ドゥルーズ著／平井啓之訳・解題『差異について』青土社，1992年。
ピエール・ババン著／小此木啓吾監修，小林修訳『フロイト——無意識の扉を開く』創元社，1992年。
ピエール・ブルデュー著／稲賀繁美訳『話すということ——言語的交換のエコノミー』藤原書店，1993年。
藤田博史著『人間という症候』青土社，1993年。
白澤政和編著『ケースマネージメント事例集』中央法規出版，1993年。
氏原寛，東山紘久共著『カウンセリング事例集』ミネルヴァ書房，1994年。
M. ベヴェリッジ，G. コンティ・ラムズデン，I. リュダー共編／今野和夫，清水貞夫監訳『知的障害者の言語とコミュニケーション』上・下，学苑社，1994年。
モートン・シャッツマン著／岸田秀訳『魂の殺害者』（新装版），草思社，1994年。
C. G. ユング著／安田一郎訳『分裂病の心理』青土社，1995年。
井上勝也監修，佐藤眞一・米山淑子共編『不安／訴え／心気症状』事例集，高齢者のケア④，中央法規出版，1996年。
松尾正著『存在と他者』金剛出版，1997年。
エティエンヌ・トリヤ著／安田一郎，横倉れい共訳『ヒステリーの歴史』青土社，1998年。
J＝D・ナシオ著／姉歯一彦訳『ヒステリー　精神分析の申し子』青土社，1998年。
好井裕明，山田富秋，西阪仰編『会話分析への招待』世界思想社，1999年。
ミシェル・フーコー著／中村雄二郎訳『知の考古学（新装新版）』河出書房新社，2006年。
久塚純一，石塚優，原清一共編著『高齢者福祉を問う』早稲田大学出版部，2009年。

③ 翻訳者は「誰」の「何」を代弁しているのか
── 「本人の意図」とは……

　諸国の制度を国際比較する際に，それぞれの国の諸制度を，一つの統一された概念を使って，抽象化されたものに置き換える作業は避けられない。そこでなされることは，「あっち」側のあるものと，「こっち」側のあるものとを同一の基準の下に置き換えて比べるというものである。したがって，当該国で実施されているものが，実態としてどのようなものであろうと，それとはかかわりなしに，観察者の持っている基準に照らされて解釈されるということが生じる。これと同様のことは，福祉のサービスを受けることになる人々についても生じる。私たちのまわりには，「本人」を抜きにして，「本人」のことを表現しているかのような様相を呈している数多くのシステムが存在するが，はたして，問題はないのであろうか。

1　翻訳者は「何」を代弁しようとしているのか

　一般に，翻訳者は「本人の意図」を代弁しようとしているといわれている。しかし，そこには，数限りない障害物が待っている。たとえば，「本人が，翻訳を試みようとしている者の理解できる言語で表現できる者なのか？」，「翻訳を試みる者が，本人の意図をそのままの姿で把握することができる者なのか？」，「本人の意図を，一般的な言語に置き換えることができるのか？」，というようなものがそれに該当する。

　これを国際比較に置き換えてみると，まず問題になることは，比較の対象となっている対象物が，比較を試みる者の理解できる形での資料として存在しているのか，ということが問われることとなる。

　次に問題となることは，比較を試みる者が，対象物を対象物そのものに近い形で把握する能力を持っているのか，ということである。

さらに，対象物が，比較という舞台にオンテーブルできる可能性を持ったものなのか，ということも問題となる。ここでは，具体的な対象物を一般化して伝えるための技術や道具として広く承認されているものが，一体「何」であるのか，が検討課題となるであろう。

いずれにしても，最終的には，翻訳者は「何」を代弁しようとしているのか，という問題意識や意図が問われることとなる。

2 裁判制度の代理人の役割

前述したようなことは，「あっち」と「こっち」が登場する場面で必ず出てくる。たとえば，「通訳」の必要な場面，「弁護士」が必要になる場面，などがそれに当たる。日常生活は関係性を基盤にしないと成立しないことがほとんどであるから，仲介機能を果たすものは，人であれ，器具であれ，いたるところに存在している。人でいえば，専門職が介在するのはこのような場面である。

ここでは，システムとしての裁判をとりあげることにしよう。障害者の裁判を受ける権利が不十分なものであるということは，一般に言われていることである。そのような主張をする際にとりあげられるものは，裁判というシステムを構成する「ハード」，「ソフト」両面での問題点ということになる。たとえば，「建築物としての裁判所へのアクセス」，「建築物としての裁判所の内部構造」というような「ハード」面のことや，「手話通訳が存在するか」，「点字の書面があるか」というような「ソフト」面のことが検討項目となることが多い。どのような「ハード」と「ソフト」を整えればよいのか，といった技術面での結論も重要であろうが，さらに重要なことは，「ハード」面のことと，「ソフト」面のことが整えば，ある場面では「障害者とされた人」が，他の場面では「障害者ではない人」になることがある，と考えているということに気づくことである。重要なことは「問題」や「考え方」を固定的にすることではないし，「固定的な問題」を解決したりすることでもない。ポイントとなるのは，「問題」が見え隠れ

するような場面を意識的に創設してみることである。

　関東弁護士会連合会編『障害者の人権』（明石書房，1995年）は，「捜査段階における障害者の権利保障の実態」，「障害者の裁判を受ける権利の問題点」，「裁判所の施設状況」というような項目立てで，「障害者の裁判を受ける権利」についての問題点を指摘している。ただし，これについても限界がないわけではない。たとえば，「知的障害者は障害のため，自己決定そのものに関する能力が不十分であるので，これを補うため，弁護士と社会福祉機関との連携がとくに必要である」（同前，52ページ）という表現に見られるようなものがそれにあたるといえよう。考え方がこのようになってしまうことについては，近代以降の裁判制度に内在している価値体系から導かれる当然の結論であるということもできよう。とはいっても，「あっち」のことを「あっち」の言語で表現する試みが不十分であることは指摘しておかなければならない。

　複数の国の具体的な制度を抽象化して，比較を行う際に重要になってくるのは，比較を行う意図を持った者が，比較の対象となっているものについて，どの程度実態に近い形で再構成できるのか，ということなのである。

3　自己決定とパターナリズムの力学

　使い古されすぎた用語法であるが，今一度，「自己決定とパターナリズム」について簡単におさらいをしておこう。

　ホームヘルパーから「何年もお風呂に入っていない人がいるのですが……」という問いかけがなされたとしよう。その問いかけに対しては，実際には，それぞれ細かい事情があるから，一概に結論を出すわけにはいかない。しかし，公式的に言えば，ここには，「本人が選択したのであれば，それでよい」という考え方と，「本人が何といっても，お風呂に入って清潔にした方がよい」＝「本人」ではなく，「本人」より以上に，「よりよく判断できる者」が判断すべきである＝という考え方が衝突しているということになるのである。

最後に「自己決定」について，精神障害者とされている人が話した記録の一部を紹介しておこう。

　この行為は現実主義的考えを持っている人には，奇妙に思えるかもしれません。私は，「危険カード」というものを携帯していて，そこには緊急時に私にしてほしいこと，してほしくないことの詳細が書いてあります。例えば，私がいま蛇に襲われているとすると，私をよく知っている人は，そこに書いてあることに従うのです。つまり，蛇に攻撃をやめろというか，あるいは蛇を払い除けようとします。これはくすりよりよほど楽です。
　これは，いわゆる「妄想」と呼ばれているものの産物ではありません。私に自己決定をさせるための方法なのです。数時間の苦悩と数カ月の病院生活とでは大きな違いがあります。
　利益の衝突や，私たちに対する明白な敵対行為があります。それは，「分裂病友の会」で，患者の親や親戚で構成されていて，医学モデルに依存し，生化学や遺伝学的解決法を好んでいます。あるユーザーたちは弁護していますが，大多数はそうではありません。(ノーマライゼーションの現在シンポ実行委員会編『ノーマライゼーションの現在』現代書館，1992年，19-20ページ)

● もっと考えてみたい人へ／テーマ
1　障害とされる現象が，場所や状況を変えることによって，様々な姿となることについて，具体的な例をあげて考えてみよう。
2　福祉の専門職や弁護士が，「本人」とどのような関係にあるかについて考えてみよう。
3　「自己決定」と「パターナリズム」ということについてもう一度整理して考えてみよう。

8章　福祉の国際比較と「ケース」検討

●もっと考えてみたい人へ／文献

セシュエー著／村上仁，平野恵共訳『分裂病少女の手記』みすず書房，1955年。
アーヴィング・ゴッフマン著／石黒毅訳『スティグマの社会学——烙印を押されたアイデンティティ』せりか書房，1987年。
安積純子，岡原正幸，尾中文哉，立岩真也共著『生の技法』藤原書店，1990年。
ノーマライゼーションの現在シンポ実行委員会編『ノーマライゼーションの現在』現代書館，1992年。
チャールズ・ハート著／高見安規子訳『見えない病——自閉症者と家族の記録』晶文社，1992年。
生瀬克己『〈障害〉に殺された人びと』千書房，1993年。
上野千鶴子，富田幸子，梅田和子，大槻信子，前田昌江，青木和子，加藤万里共著「上野千鶴子『マザコン少年の末路』の記述をめぐって」『河合おんぱろす・増刊号』河合文化教育研究所，1994年。
関東弁護士会連合会編『障害者の人権』明石書店，1995年。
ジャック・デリダ著／鵜飼哲訳『盲者の記憶』みすず書房，1998年。
エランベルジェ著／中井久夫訳『エランベルジェ著作集1——無意識のパイオニアと患者たち』みすず書房，1999年。
吉見俊哉編著『1930年代のメディアと身体』青弓社，2002年。
臼井久美子編著『Q＆A障害者の欠格条項』明石書房，2002年。
庄司進一編著『生・老・病・死を考える15章』朝日新聞出版，2003年。
久保井規夫著『図説　病の文化史』つげ書房新社，2006年。
ミカエル・ウスティーノフ著／服部雄一郎訳『翻訳』（文庫クセジュ）白水社，2008年。

あとがき

　『比較福祉の方法』と題するこの書籍は，2001年に出版した『比較福祉論（新版）』（早稲田大学出版部）を改訂し，加筆したものである。早稲田大学出版部の事情もあって，今回は成文堂から出版することとなった。大幅に加筆する形で出版することになったが，出版するに当たっての著者の意図は，当初のものとあまり変わっていない。それについては，『比較福祉論（新版）』（早稲田大学出版部）の「あとがき」の一部を利用させていただきたい。

　「社会保障」や「社会福祉」についての研究はかなり進んだといってもよいであろう。しかし，それらに質的なものが伴っていたかと問われるならば，それに対する答えは，残念なことだが，「ノン……に近いといわざるをえない」となるであろう。これについては，私を含めた研究者に大きな責任があることは確かである。しかし，「社会保障」や「社会福祉」の研究に関しては，もう一つ指摘されなければならない重要なことがある。それは，『「社会保障」や「社会福祉」が，「良いこと」や「正義」と強く結びついたものとして存在している』ということである。結果として，「……というような制度を作るべきだ」というような私的な欲求に依拠したスタイルのものが，あたかも「社会保障」や「社会福祉」の研究であるかのように横行してしまうことになっている。いわば，アプリオリなものが支配しているかのように，研究が進められることが多いのである。そのこととの関係で，福祉は，社会科学の対象として存在する以前に，「こうあるべきだ」というような欲望の対象として存在してしまうことが多くなっているのである。その結果，方向性の定まった正義の主張に対して，「しかし……」と，根本的な問いを発することは，「誤った態度である」とされてしまうことが多いこととなる。研究とは，はたして，そのようなも

のであろうか。

　福祉の大衆化は，量的な裾野の拡大をもたらすことになるが，同時に，「自分の限られた経験を普遍的なものと勘違いしたりすること」や，「限られた情報を普遍的なものと思ったりすること」ももたらすこととなる。このことは，「社会保障」や「社会福祉」の「国際比較」についてもあてはまることである。そこに欠落しているものは方法論である。

　さらに指摘されなければならないことは，「制度の経緯についての細かいことを知っていること」や「あの人がこのようにしたのでこのような制度ができたというようなことを知っていること」が，研究を実践していることと同義のことであると考えてしまう態度についてである。これは，「社会保障」や「社会福祉」についての研究が，制度についての知識を不可欠の要素とするものであることから導かれるものであるが，研究をするという事にとっては，そのようなものは，当然の前提なのである。さらにいうなら，そのような「情報を知っている」というようなことは，すでに与えられた「何かを知っている」というものでしかなく，「なぜだろう」という営みとは異質なものであることも指摘されなければならないであろう。「○○君はデビュー前は△△だったんだって……」というコメンテーターの発言と研究とは同じではないのである。

　「比較福祉論」というタイトルの講義を始めたのは，1992年4月以降である。それ以前，早稲田大学の社会科学部に赴任するまでの11年間は，北九州大学（現在の北九州市立大学）の法学部で，主に「社会保障法」を担当していた。「社会保障」というシステム自体が，生きている人間を対象とするものでありながらも，「社会保障に法的側面から光を当て，その独自性について考える」というようなスタイルには，限界があるのではないか，と感じながら，「あーでもない。こーでもない」と考えていた。

　もし，「社会保障」や「社会福祉」について，ダイナミックに論を展開しようと試みるのならば，「医学」，「法学」，「歴史学」，「哲学」，「言語学」，「心理学」，「経済学」などの諸科学を動員することが不可欠である。

しかも，その要請される学際性とは，複数の研究者によって確保されるより，一人で確保することが望ましいことはいうまでもない。縁あって，現職に就くこととなったが，嫌が応でも学際性が要請される社会科学部での講義，とりわけ「比較福祉論」は，私にとって一つの試みの場となった。当初から，講義は「国際比較」(の結果)というよりも，方法論的なものとなっていたが，私の関心にマッチしたテキストがなかったため，テキストを使用せずに講義を進めていた。さぞや，受講生には迷惑をかけたことであろう。その後，私の関心を一冊にまとめることができたが，旧版『比較福祉論』(早稲田大学出版部)を使用して進めたマルチメディア教室での講義は楽しいものとなった。

　このテキストにとりあげたテーマの多くは，日頃の「感覚」，「観察」，「議論」，「研究会」をベースとしているといってもよいであろう。たとえば，「研究会」については，早稲田大学に赴任する以前から継続している「在宅介護研究会」(2011年も継続中)をあげることができる。研究会の構成メンバーは，「ホーム・ヘルパー」，「保健師」，「研究者」，「行政関係者」などで，『高齢者福祉を問う』(共編著，早稲田大学出版部，2009年)はその成果の一部である。

　本書は「0章」(開講の章)とそれ以降の全8章からなり，各章は，原則として3節から構成される。さらに，各節の終わりには，「もっと考えてみたい人」を対象に，三つの追加「テーマ」と，数冊の「文献」を掲げてみた。追加「テーマ」を掲げたのは，「さらに，自分で試みてほしい」という気持ちからである。「文献」については，「自分もやってみよう」と感じた読者が，チャレンジする際に「ヒント」を提供してくれそうなものを掲げた。多くのものは私が推薦するものである。ただし，それらの中には，「反面教師」としてヒントを提供してくれそうなものも含まれていることには注意してほしい。いったい，どの文献がそれにあたるのかは，読者が感じとってほしい。

　それぞれのパートには「問題発見」，「方法論」，「具体的な試み」という

ような内容物を盛り込むようにした。ただ，旧版『比較福祉論』(早稲田大学出版部)の時から，「本の読み方」や方法論についてのコメントをいただくことが多かったことも事実である。その点をふまえて，「0章」を設けたのである。0章で使用した「写真」は妻の佳代子が，(このような形で使用されることを知らずに)イスの上から撮影したものである。1章《比較福祉論への接近》では，「いったい，何をいかに問題とすべきか？」ということについて考えてみた。2章《比較福祉研究の現状》では，比較をするといったところで，「いったい，何と何を比較しようとしているのか？」ということについて考えてみた。さらに，3章《比較福祉の重層的構造》では，「福祉の制度の比較」と「福祉という制度における比較」ということについて考えてみた。つづく4章《比較福祉研究の方法》では，具体的にフランスの医療保障をとり上げ，「日仏比較歴史」ということからアプローチしてみた。5章《比較福祉研究と歴史的時期区分》では，「旧い論理が新しい論理に影響を与えている」ことについて考えてみた。6章《福祉と「セックス」・「ジェンダー」比較》では，「約束されたような議論のありよう」について考えてみた。7章《比較のための「圏域設定」》では，「比較のためには，圏域設定が重要な意味を持っている」ことについて，地域医療計画を例に，具体的に考えてみた。最後に，8章《福祉の国際比較と「ケース」検討》では，「実態のとらえ方と再構成」について考えつつ，もう一度問題を設定してみた。

『比較福祉の方法』についての作業を終えて感じていることは，「自由に書かせていただいたのではないだろうか」ということと，「よくもまあ，しつこいくらいに言葉を使って論理的に論述しようとしたものだ」ということである。ともすれば安易なものになりそうであった原稿が，しつこいくらいに論述するというスタイルに仕上がったのは，岡沢憲芙教授(早稲田大学社会科学部)との散歩中の対話や，坪郷實教授(早稲田大学社会科学部)の励ましによるところが大きかった。大変ありがたかった。この場をお借りして感謝の意を表したい。

大幅な改訂・加筆によって，長い間テキストとして使用してきた『比較福祉論』（早稲田大学出版部）が『比較福祉の方法』（成文堂）となった。心がけたのは，単純なリニューアルというものではなく，私の考えてきたことを誤解されることなく表現することであった。ありがたかったことは，この作業にあたって，成文堂が，『比較福祉論』（早稲田大学出版部）のデータ化，数か所の節の取り換え，加筆，校正のそれぞれの段階で，私の作業しやすいようにと心掛けてくださったことである。このような心遣いをしてくださったことと，完成まで，我慢強く付き合ってくださった相馬隆夫さんには心より感謝している。

　早稲田大学出版部の寺山浩司さんには，本著のもととなった『比較福祉論』執筆にあたって多くのアドバイスをいただき，煩雑な表や文章の編集，構成など，時には深夜にまでおつき合いいただいた。あらためてお礼を述べさせていただきたい。

　最後に付け加えなければならないことがある。それは，早稲田大学の大学院生，中央大学の大学院生との間で交わした会話から説明方法を身につけたこと，そして，指導中に「ヒント」をいただいたことについてである。数多くの若い研究者が育っていったが，さぞや「久塚スタイル」に悩まされたことであろう。

2011年5月

久　塚　純　一

著者略歴

久塚純一（ひさつか　じゅんいち）

1948年札幌市生まれ，同志社大学法学部法律学科，九州大学大学院法学研究科を経て，現在，早稲田大学社会科学総合学術院教授

著書『フランス社会保障医療形成史』（九州大学出版会），『比較福祉論』（早稲田大学出版部），『テキストブック　社会保障法』（共著，日本評論社），『世界の福祉』（共編著，早稲田大学出版部），『乳がんの政治学』（監訳，早稲田大学出版部），『社会保険と市民生活』（共著，放送大学教育振興会），『社会保障法　解体新書』（共編著，法律文化社），『世界のNPO』（共編著，早稲田大学出版部），『フーコーと法』（監訳，早稲田大学出版部），『福祉を学ぶ人のための法学』（共編著，法律文化社），『高齢者福祉を問う』（共編著，早稲田大学出版部），『「考え方」で考える社会保障法』（成文堂），『「ありよう」で捉える社会保障法』（成文堂）他

比較福祉の方法

2011年6月20日　初版第1刷発行
2017年3月20日　初版第2刷発行

著　者	久塚純一
発行者	阿部成一

〒162-0041　東京都新宿区早稲田鶴巻町514番地
発行所　株式会社　成文堂
電話 03(3203)9201(代)

製版・印刷・製本　シナノ印刷　　　　　　検印省略
☆乱丁・落丁本はおとりかえいたします☆
©2011　久塚純一
ISBN978-4-7923-6099-3 C3036
定価(本体3200円＋税)